Big Data Analytics Capability

Marketing Organization and Decision-Making Mechanism in Big Data Era

ビッグデータ分析能力

ビッグデータ時代のマーケティング組織と意思決定メカニズム

MORIMURA Fumikazu

森村文一 著

千倉書房

まえがき

データサイエンスという言葉が普及した一方で，実務家の方々とお話をすると「データはいろいろ集めているのだけれども，それらを活かすことができておらず塩漬けになっている」，「データを使って面白いことはできそうだが，使いたいデータが違う部門にあるので，こちらの思うままに使うことができない」，「データを分析しいろいろ結果を得るけれども，事業に役立つ結果を取捨選択することができていない」といった声をよく耳にする。これらのケースのように，データを活かしきれていないために経験や勘，または誰でも入手可能なデータの単純集計などを基に意思決定をする。そうすると，意思決定プロセスに不透明さが生まれることや，特定の人物の定義しがたい能力に依存すること，直接または潜在的な競合もすぐに立案可能なマーケティング戦略になること，これから実行しようとする施策の効果（例えば，売上予算など）が不明瞭で関係部門・人を説得できずなかなか実行に至らないといったことが起こる。

センシング技術や通信技術，データ処理技術が進化したおかげで，企業は多種多様で大量のデータ＝ビッグデータを集め，分析し，自らの事業に活かすことができる。これは伝統的に膨大な取引データを収集・蓄積しやすかった金融・保険，卸売・小売，宿泊・飲食サービスといった特定の産業に特有の現象ではない。例えば，製造業や建設業，農業や漁業においても機器にセンサーを埋め込み，様々な種類のデータを直接収集することができるし，継続的な機器運用データを用いて新たな試みを模索することができる。そして，ビッグデータ分析関連のサービスを提供する企業が増えたことにより，ひと昔前のようにビッグデータの分析や分析結果の可視化に驚くほど高額な費用を支払う必要もなくなってきている。書店にはビッグデータの収集から分析までのプロセスを解説した書籍や，ビッグデータを事業に活かすチームやプロジェクトについて実例を豊富に用いて解説する書籍がたくさん並ぶ。これらの書籍はビッグデータを事業に活かすことについて明確なイメージを提供してくれる。それにもかかわらず，先に紹介したような声が聞かれるのである。ここから，ビッグデータの性質やビッグデータの収集・分析・可視化のプロセスは知っているけれども，従業員やチーム・部門，組織全体に「何らかの資源」が足りないためにビッグデータを事業に活かすことができていないのではないか，と筆者は考えるようになった。

本書は，この「何らかの資源」として組織能力の１つであるビッグデータ分析能力を取り上げる。そして本書の目的はビッグデータ分析能力について理解することである。ビッグデータを経営成果に結びつけるためにはこの組織能力が必要不可欠なのだが，本書を通して１）ビッグデータ分析能力とは何か，２）この組織能力はどうやって高めることができるのか，３）この組織能力はどのような特徴を持つ組織のもと経営成果につながるのか，４）この組織能力は事業開発をどのように助けるのか，ということを考察する。本書は定量分析を採用し，様々な限界はあるけれども「ビッグデータ分析能力と経営成果に関する一般的な傾向を知り，一般化可能な知識を得る」ことを目指している。そのため，個別の産業，個別の企業，個別の事業に注目しそれらの異質性を含めてビッグデータ分析能力と経営成果の関係を議論することはできていない。しかし，ビッグデータ分析を組織に導入し，日々実務の第一線で活躍されている実務家の方々の厚い経験と，本書で考察したことがらが結びつき，何らかの気づきを得ることや意思決定の助けとなるものであれば，それほど嬉しいことはない。また，本書がきっかけとなり，ビッグデータ分析能力に関心を持つ様々な分野の研究者とともにビッグデータがより良く経営成果につながる諸条件を解明する機会が生まれるならば嬉しい限りである。

目次

第1章

Introduction

イントロダクション

Big data's power does not erase the need for vision or human insight. On the contrary, we still must have business leaders who can spot a great opportunity, understand how a market is developing, think creatively and propose truly novel offerings, articulate a compelling vision, persuade people to embrace it and work hard to realize it, and deal effectively with customers, employees, stockholders, and other stakeholders.（McAfee and Brynjolfsson, 2012, p.8）

概要

本書は，主役の概念としてビッグデータ分析能力（Big Data Analytics Capability）に焦点を当てる。そして，ビッグデータ分析能力を高める組織的要因や，ビッグデータ分析能力を経営成果につなげる際に必要となる組織的要因を明らかにすることを目的とする。第2章から第4章で，ビッグデータ分析能力を理解するとともに，ビッグデータ分析能力を高める要因や，ビッグデータ分析能力が経営成果を高めるための組織や事業プロセスの在り方について，先行研究を基に理解する。続く第5章から第7章では，先行研究で解明されていないビッグデータ分析能力高める要因や，ビッグデータ分析能力を経営成果につなげるための組織の性質や行動を明らかにする。

本書の結論は，ビッグデータ分析能力は経営成果を高めるが，より高い効果を得るためには次の3つの組織的要因を整備する必要があるということだ。1）新技術を調達し導入するITアウトソーシング能力，2）市場の見方を決める組織文化，3）インサイトを素早く事業行動に落とし込む意思決定プロセス，の3つを整えてこそ，ビッグデータ環境において持続的競争優位を得ると結論づける。

1 現象的な背景

日々の生活の中で，経済新聞や専門雑誌でなくてもテレビやソーシャルネットワーキングサービス（以下，SNS）で「ビッグデータ」という言葉を目にする機会が多くなった。この言葉は様々な文脈で使われているが，ビジネス（以下，事業）という文脈に限定するとビッグデータを活用した最適な学習サービスの提供，ビッグデータを活用した最適な医療や保険の提案，ビッグデータを活用した製品開発など，様々な製品・サービスの文脈で活用されている。例えば，日本経済新聞において「ビッグデータ」という言葉が含まれる記事数は，2010年に初めて登場して以降，経済産業省がビッグデータ利活用元年とする2017年まで急激に伸びている（**図1-1**）。それらの記事では，ビッグデータの収集・分析サービスを提供する企業やサービスを導入した企業などの先端事例が数多く報告されている。2018年以降はビッグデータそのものというよりはむしろ，ビッグデータ分析に関連する技術としての人工知能（Artificial Intelligence：以下，AI）や機械学習（Machine Learning），そしてデジタル・トランスフォーメーション（Digital Transformation）という包括的な概念に関する言葉が用いられるようになっている。

ビッグデータ分析を事業に活用する動きが活発化するドライバーは主に2つある。1つ目は，ビッグデータを活用して価値を創造することができたという成功事例が増えることである。成功事例に触れる機会が増えることで，どのような事業で，どのようなプロセスで，どのような製品・サービスの構築にビッグデータを活用すれば良いかという知識が生成される。日々手に入るビッグデータを活用して価値を創造した製品・サービスの例を見つけることは容易い。例えば，我々の生活になじみが深いところだと，スマートフォンのロック解除だろう。様々な顔写真データを用いてパターン認識精度を高めた顔認証技術を用いて，登録者とそうではない人の顔を確認することによって，瞬時にセキュリティロックを解除することができる。指でキーを入力しなくても良く，サッと解除したいときに加えて，指が届かない，両手が使えないなどの場面でも容易にロック解除ができ便利である。近年では，教育

図1-1　ビッグデータという単語を含む新聞記事数と，ビッグデータ分析能力という概念名を含む論文数推移

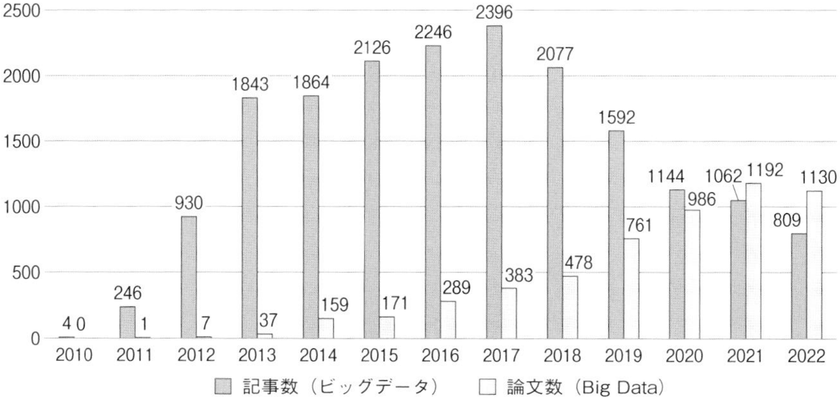

サービスにおいてもビッグデータ分析の活用が進んでいる。例えば，中学生・高校生向けの教育サービスでは問題と回答のパターンに関する大量のデータを基に，どのような科目の問題に躓きやすいならば別のどのような問題にも躓きやすいのかといった効率的学習の提案が行われている。サービスだけでなく，製品の開発や改善にもますますビッグデータの活用が進んでいる。例えば，家庭用電化製品だと，消費者の使用頻度や使用状況，問題と問題の原因などに関する大量のデータを用いて，製品の改良や新たな機能の追加，問題を迅速に解決するためのサービスの創造が行われている。上記のようなビッグデータを活用した製品・サービスはごく一部の例に過ぎない。他にも人流データを用いた街づくりや，画像処理技術を用いた疾患の早期発見を目的とした医療サービス，世界中の金融取引データを用いた個人資産運用サービスなど，我々が利用する製品・サービスでビッグデータと関係が無いものを見つける方が難しくなりつつある。

ビッグデータの活用が活発化するドライバーの２つ目は，ビッグデータの収集や分析の利用可能性が高まることである。この数年で，ビッグデータの収集・分析・解釈の一部またはすべてがパッケージになったサービスが増えた。そして，そのようなサービスの利用価格の低下が進んでいる。クラウド

に接続せず自社ネットワーク内で運用可能なスタンドアローン型サービスも，クラウドに接続しながらサービスを利用するクラウド型サービスも，規模は違えど数十万円～数百万円で利用できるようになってきた。また，複雑なプログラムを書かずに直感的な操作で誰でも簡単にデータ分析から分析結果の解釈まで行うことができるようになってきている。その他，ある産業特性に特化したデータ収集・分析サービスも現れている。このような動きは，ビッグデータ分析を事業に活用したいと考える企業にとって飛躍的に利用可能性を高める。

世界的には，ビッグデータ分析に関するサービスの市場は急速に拡大していくと予想されている。政策的にも経済的にも技術的にも，ビッグデータ活用に追い風が吹いているにもかかわらず，ビッグデータの収集や分析に関して積極的に投資する企業数は必ずしも増えているとは言えない。ビッグデータの利活用に密接に関わるAIに関するプライベートセクターの投資について，2020年度の世界における日本の投資額順位は9位だが，投資額はアメリカの25分の1以下，中国の10分の1以下と，他の先進国に比べて著しく低い（Zhang et al., 2021）。一般社団法人電子情報技術産業協会（以下，JEITA）のITトレンド調査報告書2021によると，企業のIT投資額は減っていないが，IT投資の目的として注目しているテーマはネットワーク・サイバーセキュリティ対策，業務におけるモバイル端末活用，ITシステム運用の効率化・自動化，業務オンライン化と仮想化，ITシステム連携（自社運用またはクラウド）が並ぶ。これらの次にようやくビッグデータやAI技術の活用といったテーマが登場する。ビッグデータやAI技術の活用に取り組み済みの企業は，16~17％に留まる(1)（JEITA, 2021）。

日本において，消費者や顧客企業のニーズをより良く満たす製品・サービスの創造，そして経営力の底上げと国際競争力の強化という点で，「ビッグデータ分析を活用する」ことが一般的な経営現象にならなければならない。利用可能性が高まっているにもかかわらず多くの企業がビッグデータ分析の活用に二の足を踏んでいるのは，ビッグデータをどのように使えばよいのかについて理解が不足しているだけでなく，ビッグデータ分析と経営成果の関係に懐疑を抱いているためである（総務省, 2022）。これら理解不足や懐疑を解消するためには，ビッグデータ分析が「なぜ（Why）」，「どのように（How）」経営成果を高めるのかということを明確に理解しなければならない。以降で本書の目的やリサーチ・クエスチョンを述べるが，本書は単に「ビッグデータ分析の活用を促進する」ことを議論するだけではない。ビッグデータ分析を経営成果につなげるためには，「組織の再構築を促進する」ことが重要だが，どのような観点から組織の再構築を行うべきかということについて議論し，いくつかの研究を通して知識を創造するとともに，その知識を社会に還元することを目指す。

2　理論的な背景

2-1．マーケティング論におけるビッグデータ分析への関心の高まり

理論的にもビッグデータやビッグデータ分析への関心は高い。例えば，Web of Science の中で応用科学としてのマーケティング論が依拠する主な学術エリアである Business, Economics, Management, Psychology（Applied, Experimental, Multidisciplinary, そして Social Psychology を含む）における「Big Data」という概念を含む論文数の推移を見てみると，論文数は2011年以降増え続けていることが分かる（図1-1）。

企業はビッグデータ分析を通して市場(2)を深くそして素早く理解することができる。それによって，不確実性または揮発性の高い市場においても効果的なマーケティング戦略を構築し実行することが可能となる（Erevelles, Fukawa, and Swayne, 2016; Huang and Rust, 2021b; Tambe, 2014）。ビッグデータ分析は結果として効果的なマーケティング戦略の構築をもたらすだけではない。ビッグデータ分析はこれまで培ってきた事業関連知識では理解できないような結果を提示することがある。それゆえ，ビッグデータ分析をうまく活用する企業は，これまでの事業の前提を再検討し今後の事業目的を明確に

している。また，日々行っている事業のタスクを評価し，それぞれのタスクの役割や効果を可視化することを行っている。これらの行動は資源活用の効率性を高める（Dubey et al., 2019b）とともに，イノベーションに対峙する戦略の再定義を促進する（Mazzei and Noble, 2017）。

ビッグデータは観察対象に関する多様なデータで構成される。例えば，行動データや自然言語データは代表的なデータである。行動データは，POS（Pont of Sales）データに代表されるような，消費者がいつ・どこで・何を・どれだけ買ったまたは買おうとしたのかというデータである。異なるチャネルそれぞれで蓄積する行動データ（Aloysius et al., 2016; Cao, Liu, and Cao, 2018; Rosemann and Vessey, 2008; Venkatesh, Aloysius, and Burton, 2017）や，複数のオンライン・プラットフォーム間での購買行動データ（Liu et al., 2016），小売店舗内のヒートマップやカメラ映像，ビーコン，モバイル端末などを通して得られる店舗内買い回り行動データ（Grewal et al., 2018; Kirkpatrick, 2020; Tueanrat, Papagiannidis, and Alamanos, 2021）などはマーケティング論で関心が持たれてきたデータである。加えて，どのような言語・単語を用いて何を表現しているのかという言語データもマーケティング論では重要なデータであり（Dwivedi et al., 2021; Shankar and Parsana, 2022; Wu et al., 2022），効果的なマーケティング戦略を創るために近年ますますこれらデータの活用が進んでいる。

ビッグデータ分析を通して，消費者自身も気がついていないニーズや選好，行動パターンなどいわゆる事業の知恵を得ることができる（Chen, Chiang, and Storey, 2012; Fink, Yogev, and Even, 2017; Nilashi et al., 2021; Ramaswamy and DeClerck, 2018）。例えば，企業はビッグデータ分析によって新たな消費者セグメントの識別や各セグメントの選好を理解する（Chen et al., 2017; Dekimpe, 2020; Gupta and Ramachandran, 2021; Nilashi et al., 2021; Shirazi and Mohammadi, 2019; Timoshenko and Hauser, 2019）ことや，消費者の知覚を可視化する（Daabes and Kharbat, 2017; Pantano and Dennis, 2019; Ramaswamy and DeClerck, 2018; Yi and Oh, 2022）ことができる。これらは，企業が提供するサービスを個人化し消費者のエンゲージメントを高めることに貢献する（Dzyabura and Hauser, 2019; Huang and Rust, 2021a）。

2-2．ビッグデータ分析は必ず成果をもたらすわけではないという見方

実務的背景で述べたように，ビッグデータ分析を経営に導入する環境が整っているにもかかわらず導入が進まない現象が起こっている。これは，ビッグデータ分析をどのように経営成果につなげるのかというプロセスや，そのプロセスを促進する要因などについての理解が不足しているためである。この問題を解消すべく多くの研究者がビッグデータ分析と戦略策定・事業開発のプロセスやメカニズムについて研究している。先行研究の結論は一貫しており，それは，「ビッグデータそのものが価値を生むのではなく，ビッグデータ分析から新たな価値を創造するための組織の在り方」を解明し，「組織モデル」を創らなければならないということである（例えば，Côrte-Real, Ruivo, and Oliveira, 2020; Davenport and Kudyba, 2016; McAfee and Brynjolfsson, 2012; Mikalef, van de Wetering, and Krogstie, 2021; Morimura and Sakagawa, 2023; Rezazade Mehrizi and Lashkarbolouki, 2016; Vidgen, Shaw, and Grant, 2017）。

もちろん，大量のデータを集め，それらを加工し，決定木分析，相関分析やクラスター分析，回帰分析などを駆使すると，何らかの結果を得ることができるし，これら自体も分析能力を必要とする。しかし，得られた結果をどのように事業に用いることができるのかについて思考することや，分析結果を事業として具体化する際に組織内外の資源をどのように調整し利用するのかといった組織的要件こそが，ビッグデータ分析を競争優位につなげる成否を決める。ビッグデータを収集・分析する技術やサービスは低価格化が進んでいることに加えて，分析についての専門知識を必要とせず直感的に分析が可能になっている。つまり，誰でも簡単にビッグデータ分析を始めることができるため，ビッグデータ分析そのものが競争優位の源泉にはならない。データから価値を生み経営成果を高めるためには，データが示すことを可視化し，インサイトを得て，それを企業が直面する文脈特定的な問題に結びつけ事業アイディアを創造し，事業として具体化することができる「組織」こそが決定的に重要である（Chen, Chiang, and Storey, 2012; Dremel et al., 2020;

Gupta and George, 2016; Santoro et al., 2019)。

組織モデルが定まらなければ，企業がビッグデータ分析から価値を創造することは制限される（Günther et al., 2017; Gupta and George, 2016)。NewVantage Partners（2021）はFortune 1000企業への調査を通して，多くの企業が巨額の投資にもかかわらずビッグデータ分析を経営成果の向上につなげられていないことを報告している。そして，データを資産として管理すること，データ戦略を明確にすること，そしてデータ駆動型組織（Data-Driven Organization）を構築することを注目すべき課題として挙げている。ほとんどの企業においてビッグデータ分析が競争力を高めることを妨げているのは，技術に関するものではなくビッグデータ分析を活用した戦略の策定と実行を助けるための組織であるということが，理論的に得られている結論である（例えば，Aversa et al., 2021; Côrte-Real et al., 2019; Dremel et al., 2020; Mikalef, van de Wetering, and Krogstie, 2021)。

本書はこの「ビッグデータ分析を競争優位に結びつけるための組織モデル」を提示することを目指す。以降は，本書がどのような概念を主役として組織モデルを構築しようとするのかについて説明する。

2-3．ビッグデータ分析「能力」の重要性

本書は，組織能力としての「ビッグデータ分析能力（Big Data Analytics Capability)」を主役の概念とする。それは，ビッグデータ分析能力が，ビッグデータ分析への投資を経営成果に結びつけるために必要不可欠な組織的要件だからである。

ITの利用や投資に関する研究は，1990年代初頭から常にある現象に注目してきた。それは，IT生産性パラドックスである。IT生産性パラドックスは，巨大なIT投資をしたにもかかわらず，その投資が企業の経営成果に結びつかないという現象である。ITに投資し，例えば大規模情報処理基盤や顧客データベースといった企業全体のITシステムや，受発注や知識・金融マネジメントなどの事業システムに紐づいたローカルITシステムを整えることは，組織横断的に事業プロセスを統合し，市場知識の創造や質の高い意

思決定を助ける。しかし，長期的な時間軸でITシステムを整えようとした場合，整えている途中で経営環境が変化したり，様々な新しい事業目標が生まれたりすることが起こる。それゆえ，IT投資計画に柔軟性を持たせることや，ITシステムに互換性（モジュラー型システム）を持たせることが大切になる（Bhatt et al., 2010; Fink and Neumann, 2009）。また，ITシステムに過剰に投資をした場合は，人・モノ・カネといった組織の基本的リソースを浪費することにつながるだけでなく，「自社に適合したシステムのつくりこみ過ぎ」が進み，自社内の基幹または各事業のローカルシステムおよび事業パートナーとのシステムの非互換性を生むことにもつながる。したがって，先見性を持って適切な時期に適切なITシステムを構築することが重要なのだが，IT投資の目的や戦略的計画が欠如するために，IT生産性パラドックスが起こる（Gilbert, 2006; Santos and Sussman, 2000）。

IT生産性パラドックスを乗り越えるためには，組織能力としてのIT能力（IT Capability）を高めることが重要である。ITシステムそれ自体は，誰でも市場調達することが可能である。言い換えると，カネさえあれば誰でも同様のITシステムを整えることができる。ITシステムを効果的に活用し経営成果に結びつけるためには，戦略，マネジメント，そしてITに関する専門知識を融合しなければならない。これら複雑な知識を融合し組織の効率性を高めることや事業を開発することに貢献する組織能力としてのIT能力こそが，IT投資を模倣不可能にする（Bharadwaj, 2000; Bhatt and Grover, 2005; Powell and Dent-Micallef, 1997）。IT能力は技術とマネジメントに関する知識の複雑な融合体であるため，簡単に高めることはできないが，模倣するのに長いリードタイムを必要とする。それゆえ，IT能力はIT生産性パラドックスを乗り越えるために必要なだけでなく，それ自体が競争優位の源泉となる（Weill, Subramani, and Broadbent, 2002）。

このIT生産性パラドックスはビッグデータ分析においても起こる（Günther et al., 2017; Gupta and George, 2016）。企業はビッグデータを事業に活用することを考えるとき，新たにIT投資を行う必要がある。ビッグデータは，計測不可能なぐらいのデータ量や，半構造的・非構造的という様々なデータとそこから新たに生成されるデータによって構成されるという多様性を特徴とする（Erevelles et al., 2016; Huddar and Ramannavar, 2013; Wang et al., 2018）。ビッグデータは伝統的な（時代遅れの）IT システムでは収集，蓄積・保管，分析ができないため，新たな投資を必要とする。

幸い，ビッグデータ分析関連資源を提供する IT ベンダーやビッグデータ分析サービスの選択肢が増えたことで，より自社の組織・事業の文脈や予算などに適したものを選ぶことができるようになった。また，機能を絞ると低額または無料で使うことができる AI サービスも増えた。これらビッグデータ分析サービスを利用すると容易に膨大な数のデータにアクセスし何かの結果を得る（または提案される）ことができる。しかし，分析によって得られた結果を自社の組織や事業の文脈に沿って解釈すること，解釈したことを自社の組織や事業に結びつけることは簡単ではない。ビッグデータ分析を通して知識を更新することや，更新した知識を事業として具体化するための実践的体制やプロセスを整えるといった組織能力が欠如すると，ビッグデータ投資が報われることはない（Clarke, 2016; McAfee and Brynjolfsson, 2012; Ross et al., 2013）。この組織能力こそ，本書の主役のビッグデータ分析能力である。

ビッグデータ分析能力は「ビッグデータに関連する資源を集め，統合し，展開する企業の能力」（Gupta and George, 2016, p.1054）と定義される。ビッグデータに関する IT 生産性パラドックスを乗り越え，ビッグデータ環境における競争優位性の獲得に貢献する企業に特定的で模倣困難な資源である（Wamba et al., 2017）。ビッグデータ分析能力が高い企業は，ビッグデータを効果的に集め，蓄積し，分析し，市場に関するインサイトを生み出すことができる。重要なことは，ビッグデータ分析は高度な分析知識を持つデータサイエンティストが行う単一のタスクではないということである。ビッグデータ分析によって得られたことを基に意思決定を行う際，その意思決定が的確に経営成果を高めるという意思決定の質（Decision Making Quality）を考える必要がある。意思決定の質を高めるためには，データからインサイトを得ることとそのインサイトを基にした事業の創造が必要である。そのためには，意思決定者の能力，柔軟な事業プロセス，従業員や部門間の関係性の構築と管理，データの質など，多くの問題を同時に解決していく必要がある（Awan et al., 2021; Ghasemaghaei, 2019a; Janssen, van der Voort, and Wahyudi, 2017;

Kiron and Shockley, 2011; Vidgen, Shaw, and Grant, 2017）。加えて，「ビッグデータ分析それ自体が事業や経営成果を生み出すのではない」ということを理解し，ビッグデータ分析を起点として組織内外にある資源を特定し，統合しなければならない（Ashrafi et al., 2019; Ciampi et al., 2021; Ferraris et al., 2019; Mikalef et al., 2020b, 2021）。このような困難を乗り越えて，ビッグデータ分析は競争優位性を高めるのである。

ビッグデータ分析能力という概念が登場して以降，ビッグデータ分析能力と経営成果の因果関係の間にある要因（例えば，Elia et al., 2022; Lozada, Arias-Perez, and Alexander, 2023; Mikalef et al., 2019b, 2020; Zheng et al., 2022）や，ビッグデータ分析能力を高める要因（例えば，Bhatti et al., 2021; Côrte-Real, Ruivo, and Oliveira, 2020; Lin and Kunnathur, 2019; Upadhyay and Kumar, 2020）の特定が進められている。これらの研究の知見を活かして組織モデルを創り実装することも有効だろう。しかし，以降で詳しく述べるように，「能力を高めること」と「能力を事業として具体化すること」において理論的に分かっていないことがある。これらを本書のリサーチ・クエスチョンとして掲げる。これらの解明を通して，ビッグデータ分析によって経営成果を高めるための組織モデルを提示し，多くの企業がビッグデータ分析を実装し経営成果を高めることをサポートしたい。

3　本書のリサーチ・クエスチョン

3－1．ビッグデータ分析能力とITアウトソーシング能力

第1のリサーチ・クエスチョンは，「ITアウトソーシング能力は，どのようにビッグデータ分析能力を高めるのか？」である。IT支出（IT予算）はグローバルで見ても，日本企業に限定しても今後増加すると予想される。特に，ビッグデータ分析関連のソフトウェアやITサービスへの投資が活発化すると予想されている（Gartner, 2023; IRT, 2023）。多くの企業が外部からビ

ッグデータ分析関連の資源を獲得するか，ビッグデータ収集，蓄積・保管，分析の一部または全部がパッケージ化されたサービスを導入する。これらは市場取引が可能であり，すべての企業が利用可能である。つまり，単にビッグデータ分析を外部化するという行為は競争優位に結びつかないことが容易に予想できる。

ITの事業プロセスへの導入と利用に関する研究は，常にアウトソーシング（Outsourcing）を問題としてきた。なぜなら，ITは進化スピードが速いことと，IT関連知識の専門化・高度化がますます進むためである。ITを用いて競争優位を獲得しようとする場合，進化の早いITを常に観察し，取り込み，ITおよび事業の複雑性から発生する問題を解決するための新たな能力を開発し高めなければならない。ITアウトソーシングは単にITの一部または全体をITベンダーから購入し組織に導入する手段というわけではない。ITベンダーが持つ専門性やサービス生産コストの優位性を組織に取り込む手段である（Asatiani et al., 2019; Prawesh, Chari, and Agrawal, 2021）。特に，ビッグデータ分析に基づいた事業開発に代表されるような戦略的イノベーションは，単にITを導入するだけでなく，ITを活用するための組織のつくり直しを必要とする。ITベンダーにITや事業プロセスをアウトソーシングすることによって，ITベンダーの専門的な組織能力を利用することができるが，経営管理や事業開発などについての新たなアイディアも流入することになり，組織が変革することを助け，競争力を高める（Chatterjee, 2017; Lacity and Willcocks, 2013; Susarla and Mukhopadhyay, 2019; Su, Levina, and Ross, 2016）。

ITアウトソーシングは企業の生産性向上に寄与するが，ITアウトソーシングが組織にもたらす利益はいくつかに分けることができる。ITアウトソーシングによって達成したい経営目標という観点でITアウトソーシングを見た場合，１）ITインフラストラクチャー（IT Infrastructure：以下，ITインフラ）の構築やIT知識の獲得（Karimi-Alaghehband and Rivard, 2020），２）事業オペレーションにおけるコスト削減や組織柔軟性の向上，新たな組織能力の獲得（Asatiani et al., 2019; Martins, Oliveira, and Thomas, 2015; Mazumder and Garg, 2021; Qi and Chau, 2013; Schneider and Sunyaev, 2016），そして３）組織の戦略的リニューアル（Gambal, Asatiani and Kotlarsky, 2022;

Mazumder and Grag, 2021; Warner and Wäger, 2019）と整理することができる。これをビッグデータ分析に対応づけると，1）ビッグデータを収集，蓄積・保管，分析するためのITシステムや知識を獲得すること，2）ビッグデータ分析の結果を可視化し事業として具体化する組織を整備することや組織能力を獲得すること，3）ビッグデータ分析と戦略・組織が調整され常にビッグデータ分析ベースで組織の情報処理が行われるようにすること，と対応づけることができる。

ITアウトソーシングを経営成果に結びつけること，つまりITアウトソーシングの成功（IT Outsourcing Success）は経営情報管理研究の一大関心事であり，特に「ITアウトソーシングを経営成果に結びつけるために必要な組織能力」についての研究が進んでいる。先行研究は共通した結論を導いており，それは，ITアウトソーシングは必ずしも経営成果を高めないということである。組織能力に関して言えば，上記のどの経営目標であれITアウトソーシングを経営成果に結びつけるためには，ITアウトソーシングされる側（ITベンダー側）もITアウトソーシングする側（ITユーザー側）も，外部から得る資源と内部資源を混ぜ合わせ組織化するための能力＝ITアウトソーシング能力が必要である（例えば，Gambal, Asatiani, and Kotlarsky, 2022; Karimi-Alagheband and Rivard, 2019, 2020; Mazumder and Grag, 2021; Wang and Wang, 2019）。すでに述べたように，ビッグデータ分析のための様々なパッケージドサービスが登場しており，達成したい経営目標に合わせてサービスを選択することができる。繰り返しになるが，伝統的にIT研究が指摘してきたようにITインフラやIT利用に関する専門的スキルなどは市場調達が可能で，それら単体では組織能力として機能しない（Bharadwaj, 2000; Bhatt and Grover, 2005; Weigelt, 2009）。事業や事業環境の固有性に適合するように，インフラ，人的資源（IT専門的スキル），組織文化（Organizational Culture）を混ぜ合わせることで，企業固有のビッグデータ分析能力ができ上がる（Akter et al., 2016; Dremel et al., 2020; Gupta and George, 2016; Mikalef et al., 2019a; Santoro et al., 2019）。ビッグデータ分析能力を高めるためには，ビッグデータ分析に関する資源について，組織外部を常に探索し，特定し，取り入れ，内部資源と融合させるとともに，組織文化や事業プロセスを変更することが有効である（Mikalef, van de Wetering, and Krogstie, 2021; Warner and Wäger, 2019）。重要なことは，単に資源をアウトソースするだけならば，競合他社もそのまま同じことができるという点である。アウトソースした資源を競争優位の結びつけるためには，内部資源と融合させ，自社独自の組織能力を構築しなければならないという点である。

ITアウトソーシング能力とビッグデータ分析能力の関係については明らかになっていない。ITアウトソーシングの先行研究は，ITアウトソーシング能力がITアウトソーシングの成功に貢献することを明らかにしている。ITユーザーがIT基盤や特定のIT機能をアウトソースすることを経営成果に転換するためには，自社に足りないIT関連資源を特定し市場から調達する能力やIT関連資源を用いて素早く機会を得る能力（Manning et al., 2018; Roy and Sivakumar, 2011; Sen, Kotlarsky, and Budhwar, 2020）が不可欠である。これらに加えて，ITアウトソーシングによって得たIT関連資源を既存資源と統合する能力（Weigelt, 2009）や事業化する能力（Chatterjee, 2017; Lema, Quadros, and Schmitz, 2015）など，資源融合に関する組織能力が不可欠である。Karimi-Alaghehband and Rivard（2020）はダイナミック・ケイパビリティに基づいて，ITアウトソーシング感知能力，ITアウトソーシング獲得能力，そしてITアウトソーシング調和能力の3つのITアウトソーシング能力がITアウトソーシングの成功に貢献することを実証している。一方，ビッグデータ分析に関する先行研究は，ビッグデータ分析能力を高める要因の特定を進めてきた。データの質（Bhatti et al. 2021; Côrte-Real, Ruivo, and Oliveira, 2020; Mikalef et al., 2020）や組織文化（Upadhyay and Kumar, 2020），戦略的志向（Lin and Kunnathur, 2019; Yu et al., 2021）はビッグデータ分析能力を高めることが分かっている。アウトソーシングとの関連において，Warner and Wäger（2019）はITのアウトソーシングを前提に，ITの探索と獲得，組織の変更によってデジタル・トランスフォーメーションが段階的に進み，ビッグデータから事業機会を特定し事業開発する組織文化や組織エコシステムが構築されることを示している。ビッグデータ分析能力を高めるためには新技術・知識をアウトソースし，その技術・知識を自社の文脈に適合するように再組織化すること，そしてビッグデータ分析の結果を事業として具体化する

図1-2　リサーチ・クエスチョン1

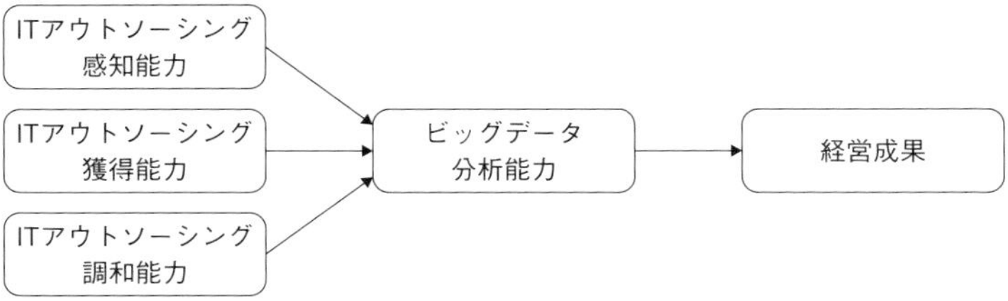

組織が必要だが，ITアウトソーシング能力がビッグデータ分析能力を高めるのかどうかについては明らかになっていない（図1-2）。ここから，本書の第1のリサーチ・クエスチョンを設定する。

RQ1：ITアウトソーシング能力は，どのようにビッグデータ分析能力を高めるのか？

3-2．ビッグデータ分析能力を経営成果につなげる2つの組織文化

第2のリサーチ・クエスチョンは，「ビッグデータ分析能力は反応的市場志向と先行的市場志向のどちらを通してどのように経営成果を高めるのか？」である。

ビッグデータ分析能力は，市場で生成されるデータの迅速性（Currency），正確性（Accuracy），そして完全性（Completeness）といった「データの質（Data Quality）」に依存する（Bhatti et al., 2021; Côrte-Real, Ruivo, and Oliveira, 2020; Milakef et al., 2020a）。質の低いデータから分かることは本当に分析対象の意味世界を解釈するに足りるとは言えない。そのようなデータを分析しても，競争優位につながる効果的なインサイトを得ることはできない（Wamba et al., 2015）。また，ビッグデータ分析によって分かったことを4Ps（製品，プロモーション，価格，流通）といったマーケティング行動として具体化するために，組織内の各機能部門に埋め込まれている資源を探索し，識別し，混ぜ合わせるといった組織的対応を整える程度を指す「資源の利用可能性

(Resource Availability)」を高める必要があることも分かっている。ビッグデータ分析をスタートさせる際に，ビッグデータの収集・分析・可視化・事業化の一部またはすべてを進めるための技術や人材を市場で調達することになる。また，新しい事業アイディアを得てそれを具体化する際に，不足する資源を補いながら資源を統合する必要がある。常日頃から組織内外の資源を探索することで，迅速により良い資源の集合をつくることができる（AlNuaimi et al., 2021; Mikalef et al., 2019b）。加えて，ビッグデータ分析から分かったことを解釈し知識と結びつけるとともに，その知識を更新していくことは，ビッグデータ分析能力と経営成果を仲介することが分かっている（Awan et al., 2021）。

企業がビッグデータ分析によって知識を創造し，その知識を活用することをサポートする組織の文化が高まって初めて，ビッグデータ分析は経営成果に貢献する（Ferraris et al., 2019; Upadhyay and Kumer, 2020）。しかし，市場の創造や市場における競争優位性の獲得などを考えた際に，ビッグデータ分析によって単に「何か企業にとって新しい知識」を獲得するという見方では不十分である。ビッグデータ分析を通して，消費者たちが「これが解決したい問題だ」と表現できる顕在ニーズ（Expressed Needs）なのか，それとも消費者たちが表現できない・気づいていない潜在ニーズ（Latent Needs）なのか，どちらのニーズを識別し，それらニーズに対応したマーケティング行動を設計するのかという「目的」を定義する必要がある（Lee and Trimi, 2021）。顕在と潜在という性質の異なるニーズを識別し活用するという目的を起点としてビッグデータ分析を行わなければ，事業プロセスの途中で混乱や非効率な資源活用が生じ，経営成果に貢献しない（Côrte-Real et al., 2017）。

マーケティング論では，1990年代初頭から，消費者のニーズを顕在的なものと潜在的なものに分け，それらの理解や発見，充足のために市場に関するデータを常に収集し，市場知識を生成・更新し続けることが重要だと結論づけてきた（例えば，Danneels, 2004; Day, 1994; Slater and Narver, 1993, 1995, 1998）。市場情報の収集と市場知識の生成・利用を促進する組織文化として，市場志向（Market Orientation）がある。この市場志向は，情報収集コストの削減や効果的情報収集のための創造的なIT利用とそれによる経営成果の向

図1－3　リサーチ・クエスチョン2

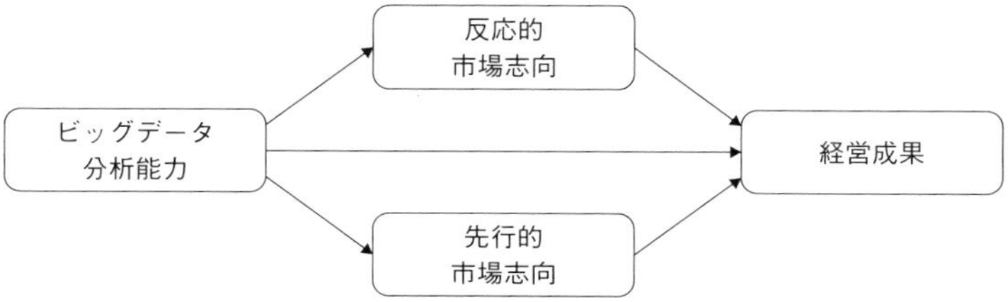

上に貢献することが分かっている（Chang et al., 2010; Day, 1994; Ghantous and Alnawas, 2020）。ビッグデータの文脈においても，この市場志向がビッグデータ分析能力を高めることが分かっている（Lin and Kunnathur, 2019）。重要なことに，マーケティング論における市場志向の研究は，市場志向には2つの異なるタイプがあることを明らかにしてきた。それは，反応的市場志向（Responsive Market Orientation）と先行的市場志向（Proactive Market Orientation）である。反応的市場志向は顕在ニーズに注目しそれを埋めようとし，一方，先行的市場志向は潜在ニーズの発見を優先する（Narver et al., 2004）。マーケティング研究者たちは，異なる市場志向を識別することは企業がマーケティング戦略を策定するうえで不可欠なことだと結論付けてきた。なぜなら，顕在ニーズと潜在ニーズを埋めるために必要となる1）事業目的の策定，2）組織内外の資源の統合，3）事業プロセスの調整が異なるためである（Brehmer and Reme, 2009; Herhausen, 2016; Lamore et al., 2013）。

ビッグデータ分析能力に関する先行研究では，1）ビッグデータ分析能力は知識創造や知識創造文化を通して経営成果を高める，2）ビッグデータ分析から競争優位性の高い事業を開発するためには2つの異なるニーズのどちらを満たすことを優先するのかという目的を明確にしなければならない，ということが分かっている。しかし，今のところ，ビッグデータ分析能力は顕在ニーズと潜在ニーズのどちらに関する新知識を得ることを支持する組織文化を通じて経営成果を高めるのかについては明らかになっていない。異なるニーズの識別と知識創造，そしてニーズ充足を優先する反応的市場志向と先行的市場志向という組織文化は，ビッグデータ分析能力と経営成果をどのように仲介するのだろうか（図1－3）。これが本書の第2のリサーチ・クエスチョンである。

RQ2：ビッグデータ分析能力は反応的市場志向と先行的市場志向のどちらを通してどのように経営成果を高めるのか？

3－3．ビッグデータ分析能力と事業開発プロセス

3つ目は，ビッグデータ分析から得たインサイトを具体化する意思決定プロセスや行動に関する問いである。

ビッグデータ分析能力を事業に転換するメカニズムやプロセスは，価値創造メカニズムや事業開発の研究によって解明が進められている。ビッグデータ分析は，分析から得るべき利益を定義することを通じて価値に変換される（Wang and Hajli, 2017）。この変換のプロセスは，発見物（例えば，消費者ニーズや消費者特性など），意思決定，戦略，組織構造の相互作用によって進む（Song et al., 2022; Sun and Liu, 2020）。この相互作用は，組織内の開放的なコミュニケーションフローやデータの利用可能性，データドリブンの意思決定，そして，市場に変化を起こすという積極的適応（Proactive Adaptation）という価値創造メカニズムによって促進される（Elia et al., 2022）。この中で特に重要なのは，知識創造と意思決定という行動の部分である。ビッグデータを分析すると，保有する知識を用いて理解し解釈できる結果だけでなく，なぜその変数間に相関があるのか分からない結果も得る。前者の場合は知識ベースで市場に関する仮説を立て，ビッグデータ分析によって検証することに用いることができる。後者の場合，分析結果には疑似相関も含まれるかもしれないが，いま起こっている未知の環境変化を表すものもある。新たな競争軸を創造するためには，このような環境変化を表す分析結果をコンティンジェントに活用することが有効である（Janssen, van der Voort, and Wajyudi, 2017; Johnson, Friend, and Lee, 2017）。どちらの場合も，ビッグデータ分析は知識創造や知識更新に貢献する。知識が更新されるにしたがって，動的に変化する市場に対して何をすべきかということを考えることや，ビッグデータ分析の目的を定義しデータ分析結果からインサイトを導き出し適切な意思決定を

行うことができるようになる（Awan et al., 2021; Ferraris et al., 2019）。本書では，異なる分析または分析結果活用の目的によってビッグデータ分析の活用の方向性が変わることに注目したい。

ビッグデータ分析結果から知識を創造し，その知識をオペレーションおよび戦略として実装し価値を創造していく意思決定プロセスや行動を考えたとき，２つの方向性が存在する。それは，従来の合理的なモデルを採用して結果を解釈していくのか，もしくは従来のモデルとは異なる意思決定の論理を採用するのか，ということである（Johnson, Friend, and Lee, 2017）。これらの違いは認識する不確実性の大きさに依存するが，それによってどのような組織能力をどのように使わなければならないかが変わる。不確実性が低いのであれば，従来の行動をFine-Tuningするために能力を活かすことを考える。一方，不確実性が高いのであれば，実験的に新たな行動を起こすために能力を用いなければならない（Danneels, 2002）。

本書の３つ目のリサーチ・クエスチョンは異なる意思決定プロセスに基づくものであり，組織学習ではなく「事業を開発する際の思考や行動」に関する問いである。事業開発プロセスに関する研究は具体的な戦術（Tactics）に注目する。先に述べた不確実性に対応する異なる意思決定と行動のプロセスは因果律（Causation）と有効化（Effectuation）という異なる概念で捉えられる。これらは，資源の獲得・蓄積・活用について保有資源の有効活用を考える活用（Exploitation）と新たな資源の探索（Exploration）という組織学習（Organizational Learning）（Gupta et al., 2006; He and Wong, 2004; March, 1991; Raisch et al., 2009）と深く関連するが，異なる理論的スコープを持つ。組織学習は学習メカニズムであり（March, 1991），活用は「企業の知識ベースの継続的な利用」，探索は「新しい知識の探索」と定義される（Vermeulen and Barkema, 2001, p.459）。このように組織学習は資源ベース理論に基づき，組織が資源を獲得・蓄積・活用することと競争優位性の獲得の関係を分析する理論である（Benner and Tushman, 2003; Cao, Gedajlovic, and Zhang, 2009; Gupta et al., 2006）。組織学習は結果としてイノベーションや市場創造に貢献するが，例えば「実現までに長い時間がかかる新市場創造に向けてどのように行動すればよいか」という問いに答えることができない（Sarasvathy and

Dew, 2005)。因果律と有効化という意思決定プロセスは，不確実性マネジメントや保有資源の活用を起点に事業開発の意思決定や行動を捉える点が，組織学習とは異なる概念として位置づけられる（Brettel et al., 2012; Ortega, García, and Santos, 2017; Sarasvathy, 2001; Sarasvathy and Dew, 2005)。これら異なる意思決定や行動は，結果として開発される製品・サービスに異質性を生むことが分かっている。因果律は既存製品の改良や異なる意味づけなどを高めることを行う。一方，有効化という意思決定や行動は，主観的思いつきを具体化することを説明する概念であり，今ある限定的な資源を基に素早く新製品を開発することや製品の新規性を高めることを行う（Deng et al., 2021; Wu, Liu, and Su, 2020)。

興味深いことに，事業開発に関する先行研究ではどちらの意思決定モデルに基づいた行動を採用するかということは，事業開発プロセスの段階―１）コンセプト開発，２）プロトタイピング，３）製品化，４）マーケティング―によって異なることが明らかにされている。例えば，最初と最後の段階は実験的な行動，中の２段階ではFine-Tuning行動によって事業開発が進む。つまり，事業開発プロセスの中でこれら２つの意思決定プロセスを切り替えることが有効である（Sitoh, Pan, and Yu, 2014)。どの段階でどちらの意思決定プロセスが採用されるかは企業や事業の文脈によって異なるが，やはり２つの異なる意思決定プロセスを切り替えながら事業開発が進む（Reymen et al., 2017)。つまり，これら２つの意思決定プロセスのシナジーが事業成果を高めるのである（Smolka et al., 2018; Yu et al., 2018)。例えば，市場にとって新しい製品・サービスを創り市場に投入する際に，それまでに蓄積・更新してきた知識やそれを用いる意思決定プロセスは従来の市場に注目することを強化し，新しいアイディア生成を妨げる。対して，アイディア生成には保有知識や手段に捉われない小さな実験の積み重ねが有効である。アイディアを具体化することや実際に市場に投入するデリバリープロセスの設計の段階になると，保有する知識や慣れた手段を用いることによって，迅速にこれらを達成することができる。

ビッグデータ分析能力は事業という具体的行動に変換されなければ経営成果に結びつかない。ビッグデータ分析能力に関する先行研究は，ビッグデー

図1－4　リサーチ・クエスチョン3

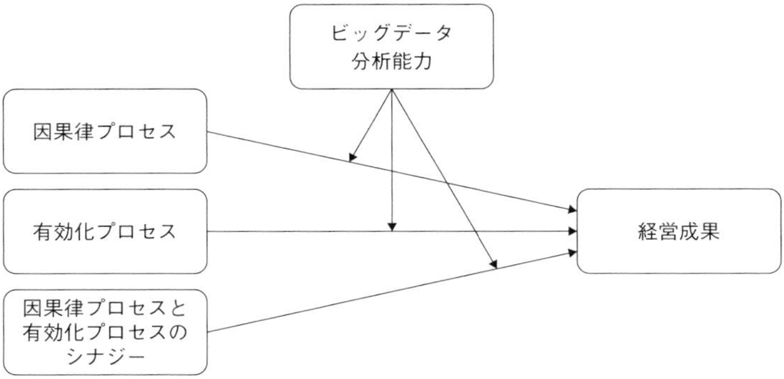

タ分析能力はオペレーションに関する能力―例えばマーケティング能力（Marketing Capability）や技術能力（Technological Capability）（Mikalef et al., 2020），イノベーション能力（Innovation Capability）（Lozada, Arias-Pérez, and Henao-García, 2023; Mikalef and Krogstie, 2020）―と結びつくことで経営成果が高まるという結論を得ている。これらの研究が明らかにしている能力と経営成果についての因果関係からは，ビッグデータ分析を経営成果に結びつけるために必要となる能力の順番を理解することができるだろう。しかしながら，これら先行研究からはビッグデータ分析能力と事業開発プロセスの関係を理解することは難しい。ビッグデータ分析は，分析によって得られたインサイトを基に迅速に市場対応を設計するための組織柔軟性を高めることが分かっている（Khan, Tao, and Li, 2022; Xie et al., 2022; Zheng et al., 2022）。この柔軟性はオペレーションの組み換えや組織構造の組み換えを捉える概念であり，意思決定プロセスの柔軟な切り替えを助けると予想できるが，ビッグデータ分析能力と意思決定プロセスの関係についてはいまだに明らかになっていない（図1－4）。この点が，本書の第3のリサーチ・クエスチョンである。

RQ3：ビッグデータ分析能力は，事業開発の因果律と有効化という意思決定プロセスが経営成果に与える影響を調整するのか？

4　本書の構成

本書は全7章によって構成されている。第1章から第4章は，本書の主役の概念であるビッグデータ分析能力を深く理解することと，ビッグデータ分析能力に関する先行研究を網羅的に整理することが目的である。第1章では，ビッグデータ分析の現状や課題の確認を行うとともに，実務的にも理論的にもビッグデータ分析能力が重要であることの確認を行った。そして，本書におけるリサーチ・クエスチョンを明示した。本書のリサーチ・クエスチョンを解くためには，ビッグデータ分析能力の概念や測定方法の定義を行うとともに，ビッグデータ分析能力について分かっていることの整理を行う必要がある。ビッグデータ分析能力は，ITの組織への導入と活用に関する研究群の1大関心概念である「IT能力」に理論的系譜を持つ。組織能力としてのIT能力やビッグデータ分析能力を理解しようとしたとき，資源（Resource）と能力（Capability）の違いを理解する必要がある。そこで，第2章で資源ベース理論における資源と組織能力の違いを明確にしたのち，IT能力の定義を確認する。そして，IT能力に関する先行研究を整理する。続く第3章では，ビッグデータやビッグデータ分析について理解するとともに，組織能力としてのビッグデータ分析能力を明確にする。そして第4章では，ビッグデータ分析能力に関する先行研究を網羅的にレビューする。

第5章から第7章は，3つのリサーチ・クエスチョンを解明するために定量的研究を行う。第5章では，リサーチ・クエスチョン1を解くことを目指す。ビッグデータ分析能力は技術的側面に焦点を当てるとITの進化を常に観察し，有用かつ組織に適合するであろう技術や知識を特定し，導入することで高まる（Mikalef, van de Wetering, and Krogstie, 2021; Warner and Wäger, 2019）。つまり，組織外部に存在するITベンダーから新たな技術や知識を導入することで，ビッグデータ分析能力を高めることを想定している。ITアウトソーシングを行うことは，自社とは異なる専門性や文化を持ったITベンダーからITまたは専門知識を導入することである。例えば，ITベンダーによってITやIT知識が成功事例などとともに導入される。成功事例は特定の文脈でそのITが効果を発揮することを示すだけで，自社でITを有効活用するためには自社文脈に変換しなければならない。ITアウトソーシングによって組織能力を高めようとしたとき，適切なITや知識を識別し導入するだけでなく，自社の既存の資源や能力と調整し統合するための組織能力が必要となる（例えば，Karimi-Alaghehband and Rivard, 2020）。このITアウトソーシングを成功に導く組織能力がどのようにビッグデータ分析能力を高めるのかについて実証研究を行う。

第6章は，リサーチ・クエスチョン2を解くことを目指す。マーケティングという学問はニーズ理解やニーズの充足のための交換に起源を持つ（例えば，Bagozzi, 1975）。そして，ニーズは常にマーケティング研究の中心である（例えば，Oliver, 1997）。ニーズには潜在ニーズと顕在ニーズがあるが，ビッグデータ分析を用いると，潜在ニーズを発見することも，顕在ニーズをより正確に理解することも可能だと予想する。ビッグデータ分析能力を経営成果に結びつけるためには市場に関する知識を持っている必要があるが，どちらのニーズをより良く理解するための組織的情報処理を行うことがビッグデータ分析能力を経営成果に導くのかについては分かっていない。そこで，2つのニーズに対応する市場志向とビッグデータ分析能力，そして経営成果に関する実証研究を行う。

第7章は，リサーチ・クエスチョン3を解くことを目指す。ビッグデータ分析は，何か情報を投入すれば明確な製品・サービスのアイディアやイメージを返してくれるわけではない。ビッグデータ分析ベースの製品開発では，ビッグデータを分析し，相関関係やクラスターからインサイトを得て，それを可視化し，共有し，必要な資源を集め統合し，プロトタイプ化し，市場テストを行い，エビデンスを揃え，市場投入を決定する。このプロセスを進める際，「どのような製品・サービスを開発し市場投入したいのか」という目的によって行動が異なる（Danneels, 2002）。因果律と有効化という異なる不確実性への向き合い方は，新製品の特性に異質性を生み出す。加えて，事業開発プロセスの各段階で，有効な意思決定プロセスや行動が異なり，それをスイッチしながら事業開発が進む。ビッグデータ分析は分析者または事業立案者の仮説を検証することと，思いもよらない変数間の相関から新たな事業アイディアを提供することの両方をサポートする。つまり，有効化と因果律のどちらもサポートしうると考えられる。そこで，ビッグデータ分析能力と有効化・因果律の関係についての実証研究を行う。

（1） JEITAのITユーザートレンド調査2021は，上場企業かつ従業員数50名以上の企業・団体と大学・学校，病院・医療機関，官公庁・自治体から母集団32,000社を形成している。調査対象はITシステムの導入・運用管理を担当する情報システム部門，業務部門（非情報システム部門）のIT導入・運用者，ITシステムの導入権限を持つ役員・事業本部長クラスである。7,934人に質問票を送付し，調査対象に合致する977件を集計・分析に利用している。

（2） 本書では，「市場（Market）」という言葉を1）消費者の集合としての市場，2）競争の場としての市場，という2つの意味を含む言葉として用いる（高嶋・桑原，2008）。1つ目の意味は，マーケティング意思決定の際の分析対象，そしてマーケティングの対象としての消費者（顧客）の集合である。2つ目の意味は，消費者ニーズの充足の方法を対象にしたものである。ある消費者ニーズについて，複数の企業が充足を目指す。企業は消費者に他社より優れていることを提示して，自社を選択するように働きかける。製品差別化や価格競争などで用いられる市場である。

第 2 章

IT Capability

IT 能力

While managers have begun to realize that the adoption and integration of IT by organizations has become a competitive necessity, they have also begun to realize that there is still much to learn about how best to strategically position IT to ensure the greatest positive effect on firm performance. Determining which firm processes and structures will benefit from the integration of IT has therefore become a major hurdle that managers must overcome if they wish to avoid the negative implications of the productivity paradox.（Tippins and Sohi, 2003, pp.745-746）

概要

本書はビッグデータ分析能力を主役として，ビッグデータ分析能力を高める要因や，ビッグデータ分析能力を経営成果に結びつけるための要因を探求することが目的である。ビッグデータ分析能力は社会科学の中でも戦略論，組織論，マーケティング論など様々な分野において研究が進められてきた IT 能力を理論的系譜とする。

ビッグデータ分析能力も IT 能力も，組織の資源（Resource）の 1 つである組織能力（Organizational Capability）である。ビッグデータ分析能力の資源としての性質を理解するとともに，その特有性を明確にするために，本章では代表的な文献を基に IT 能力研究が立脚する資源ベース理論を確認した後，IT 能力の定義やこれまでに得られている知見を整理する。なお，ビッグデータ分析能力については，第 3 章で整理する。

1　資源ベース理論

資源ベース理論は，外部環境の分析に焦点を当てて競争優位性を評価したPorter（1980）の競争ポジショニング・アプローチを批判し，企業独自の資源によって戦略策定と実行，そして競争優位の獲得を説明する理論である。

Porter（1980）は，産業構造を決定し最終的に収益性に影響を与える競争要因を基に外部環境分析を行うことが，競争優位を決めるというフレークワークを提示した。このフレームワークは，業界や業界内の戦略グループの違いが収益性を決定すると考える。企業は自らの競争優位が得られるように，収益性の高い産業や戦略グループを見つけ，有利な（機会が多く脅威が少ない）ポジションを採ることが重要だという考え方である。このフレームワークは次の2つの前提を置いている（Barney, 1991, p.100）。

1. ある産業内の企業（または戦略グループ内の企業）は，支配する戦略関連の資源と追及する戦略という点は同じである。
2. ある産業内の企業間で（おそらく新規参入によって）資源の異質性が生じたとしても，企業が戦略を実行するために使用する資源は移動性（Mobility）が高い（すなわち，生産要素市場で売買できる）ため，この異質性は非常に短期間で終わるだろう。

本書が立脚する資源ベース理論は，これらの前提に疑義を唱えるものである。同一の産業や戦略グループ内でも収益性に差が生まれる。つまり，単に産業や戦略グループを選択するというポジショニングによってのみ競争優位が説明されるものではない。この点をベースに，競争優位性の差は企業内部の要因，つまり資源によってもたらされると考えることが，資源ベース理論の出発点である。

IT能力やビッグデータ分析能力が立脚する資源ベース理論は，「組織における関係性を記述し，説明し，予測するための最も顕著で強力な理論の1つ」である（Barney, Ketchen, and Wright, 2011, p.1300）。資源ベース理論では組織を資源の集合体と見なす。資源は「企業が彼らの戦略を考え実行するために使用する有形・無形の資産」(Barney and Arikan, 2001, p.138) と定義される。資源は組織が戦略を実行し目標を達成するために利用するすべての人的 (Human), 物理的 (Physical), 金融的 (Financial), そして組織的 (Organizational) という主に4つのカテゴリーの資産に分けられる。物理的な資源とは, 企業が保有するオフィス, 生産設備, 地理的立地, 素材へのアクセス, コンピューター・ハードウェアやソフトウェアなど, 企業内に存在するすべての物理的技術・モノを指す。金融的資源はカネである。人的資源は, 従業員やマネジャーの訓練, 経験, 判断, 知識, 関係性などを含む。組織的資源とは組織のコミュニケーション構造や公式的・非公式的な計画・管理・調整システム, 組織文化, 組織内外の関係性である (Barney and Hesterly, 2012)。資源が十分な場合, 企業は競争優位を得て成長することができる (Penrose, 1959)。

資源ベース理論は, 競争優位性の獲得をより良く説明することができる。Porter (1980) に代表される産業構造分析と異なるのは, 前提とする資源の考え方である。資源ベース理論では, 資源について次のような前提を置く (Barney, 1991, p.101)。

1. ある産業 (または戦略グループ) 内の企業は, 支配する戦略的資源に関して異質である可能性がある。
2. これらの資源は, 企業間で完全に移動可能であるとは限らず, したがって異質性は長期的に続く可能性がある。

資源ベース理論では, 競争優位について「ある製品市場での, わずかに勝っている (もしくは互角の) 競争相手よりも多くの経済価値を生み出すことができるならば, その企業は競争優位である」(Peteraf and Barney, 2003, p.314) と考える。資源が資源として機能し企業が競争優位を獲得するためには, 価値があり (Valuable), 希少であり (Rare), 模倣が不可能であり (Imitable), そして代替不可能な (Non-Substituable) 資産 (Asset) を入手し, それらの潜在的価値を最大化するとともに競争力に変換するために組織化する必要がある（Barney, 1991; Barney and Clark, 2007; Kozlenkova, Samaha, and Palmatier, 2014）。なお，資源の価値評価は，「企業が自身の効率性や有効性を向上させる戦略を創り実行することを可能にしたときにその資源は価値がある」（Barney, 1991, p.106）と考える。

企業が競争優位を生み出すためには，組織内外に散在する複数の質の異なる資源を統合し組み合わせる組織構造，政策，そしてプロセスを整える必要がある（Palmatier, Dant, and Grewal, 2007）。企業が価値を創造する活動は，企業内の各機能部門に固有の活動が連なったバリューチェーンとして捉えられる。バリューチェーンは主要活動とサポート活動に分けることができる。主要活動は製品・サービスの創造と提供までの一連の流れに対応する事業活動であり，他方でサポート活動は主要活動を支援する活動である。主要活動として原材料の購買・保有・運搬，製造，在庫と物流，販売とマーケティング，そして販売サポート・顧客サービスが連なり，結果としての価値を生む。一方，支援活動は計画策定，事業活動資金の調達・管理，技術開発，人的資源の開発と管理などである。それぞれの活動を行うための資源だけでなく，それぞれの活動や情報の流れを調整する資源が組み合わさって価値が創造される（Porter, 1985）。同一産業内で事業を行っていても，企業の間で，もしくは競争優位を獲得している企業と獲得していない企業の間で，資源の束（Bundle）が異なる（Peteraf and Barney, 2003）。

誰もが入手できる資産は競争優位に結びつかず，資産を蓄積し企業固有の文脈のもとで効果を発揮する資源を開発することこそが，競争優位に貢献する（Makadok, 2001）。この「固有の文脈のもとで」という点が重要である。ある企業が持つ資源に価値があり貴重であったとしても，それが他企業にとって模倣が可能もしくはその資源を他の場所から移転してくることが可能な場合，当該企業は一時的な競争優位しか持つことができないということを意味する（**図2-1**）。企業を外から見たとき，なぜその優位性を築くことができているのか，どのような資源がその優位性に貢献しているのかという因果関係が不明瞭であるならば，資源が資源として機能している（Lippman and Rumelt, 1982）。資源の模倣不可能性は，経路依存性に代表されるようなその企業の出自や事業の変遷といった歴史的背景（Barney, 1986）や，組織文化

図２－１　競争優位に貢献する資源

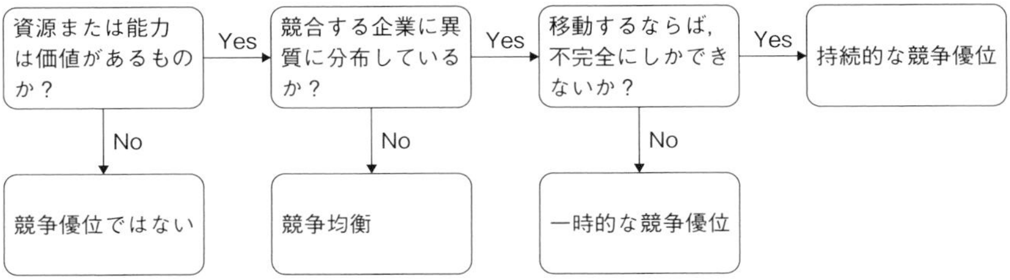

出所：Mata, Fuerst, and Barney（1995），p.494を基に筆者作成。

や従業員間・部門間の関係性などの社会的複雑さ，製品・サービスに関する評判やロイヤルティ（Barney and Clark, 2007）などといった文脈によってつくられる。たとえ当初は似たような資源だったとしても，組織化を通して，時間が経つにつれて事後的に資源が変化していくために，資源はより模倣困難になる（Dierickx and Cool, 1989; Rumelt, 1984）。様々な資源の組み合わせや時系列的変化や強化という点から，マーケティング論では市場関連知識（例えば，Fang et al., 2014; Morgan et al., 2009; Li and Calantone, 1998; Ramaswami, Srivastava, and Bhargava, 2009; Srivastava, Shervani, and Fahey, 1998），顧客や従業員の関係性（例えば，Hooley et al., 2005; Kaleka, 2002, 2011; Morgan et al., 2009; Orr, Bush, and Vorhies, 2011）やブランド（例えば，Aaker, 1991; Merrilees et al., 2011; Morgan et al., 2009）などを重要な資源として捉える。これら資源は，顧客のマインドセットや行動，市場的成果や経済的成果を得るためのマーケティング戦略を構築するためのインプットである（例えば，Adams, Freitas, and Fontana, 2019; Li, Larimo, and Leonidou, 2021; Morgan et al., 2019）。

2　資源と能力

本書の主役は「能力（Capability）」である。ここで資源と能力の違いを確認しておきたい。能力は企業のすべての資源の部分集合（Subset）かつ特別な資源であり，「企業が保有する他の資源の生産性を向上させることを目的とした，企業固有で移転不可能な組織的に埋め込まれた資源」（Makadok, 2001, p.389）と定義される。

資源は競争優位の獲得にとって重要ではあるが，より重要なことは，市場の変化に応じて企業が組織的・戦略的ルーチンを通してある資源と他の資源を統合し再組織化することによって，資源が社会的・構造的・文脈的に企業または事業に埋め込まれた固有のものとなり，より模倣不可能になるという点である（Eisenhardt and Martin, 2000; Grant, 1995）。そして，このようなルーチンは市場変化への適応を容易にする（Yi, Knudsen, and Becker, 2016）。このように資源同士の統合と再組織化が起きる事業プロセスの構築が重要であり，これを起こすことこそが組織の能力である（Stalk, Evans, and Shulman, 1992）。一般的に，能力は情報ベースの有形または無形の企業固有の組織的プロセスであり，企業が持つ資源同士の相互作用，特に人的資源を通じた情報の開発・移動・交換を通じて開発される（Amit and Schoemaker, 1993）。企業自らが能動的に組織内外の情報を蓄積し，経営目的に沿って新たに構造化された情報＝知識を生成することで，時間をかけて能力が開発されていく。Itami（1987）はこのような企業固有かつ情報の中から生成される能力のことを「見えざる資産（Invisible Assets）」と呼び，これが競争優位の源泉になると結論づけている。知識は個人によって生成されるが，個人によって生成された知識を組織という社会的コミュニティの規則や制度を通じて共有・移転し，他の知識と統合し新しい知識を創造する組織の能力こそが競争優位の源泉となる（Kogut and Zander, 1992; Nonaka, 1994）。

組織を分析する際には，様々な分析単位が存在するが，代表的には「個人（Individual）」と「組織（Organization）」という２分法が挙げられる。Ulrich and Smallwood（2004）は個人・組織という分析単位と技術的・社会的という能力のセットを分類している（**図２－２**）。①個人の職務的能力は，マーケティング，ファイナンス，製造といった企業内の各機能部門が持つ技術的専門知識である。②個人のリーダーシップ能力は，事業（またはタスク）の目標を定め，ビジョンを伝え，従業員を動機づける能力である。③組織のコア・コンピタンスは，組織の技術的な核となる強みを意味する。例えば，金

図２-２　個人と組織の能力

	個人	組織
技術的	① 個人の 職務的能力	③ 組織の コア・コンピタンス
社会的	② 個人の リーダーシップ能力	④ 組織能力

出所：Ulrich and Smallwood（2004），p.120を基に筆者作成。

融サービスを提供する企業はリスクマネジメントに関するノウハウを持たなければならないし，MBA といった教育サービスを提供する大学は理論と実務の往復に関するノウハウを持たなければならない。④が本書の焦点である組織能力である。これは，組織文化や組織遺伝子（Organizational DNA）などに根差したものであり，他の象限にある個人の能力や組織のコンピタンスを結合することで生まれる。そして，組織能力があるからこそ，組織は個人の能力やコンピタンスを競争優位に変換することができる。

資源の模倣不可能性や代替不可能性という特徴は，「誰かが資源を保有しているという事実が，後から獲得する者のコストや収益に悪影響を及ぼす」（Wernerfelt, 1984, p.173）状況としての資源ポジション障壁（Resource Position Barriers）を形成し競争優位の獲得と維持につながる。資源を保有する企業は，合理的な意思決定に基づいて行動するならば他の企業に対して相対的に優位な地位を獲得・維持することができる。資源を保有しているために，あとから同様の（類似した）資源を獲得しようとする企業のコストを高め，収益を低めるという障壁の役割を果たす。このような障壁は先発者優位性（First Mover Advantage）として機能するとともに，その資源を生かして競争優位を獲得できる他の市場を見つけ，より長く事業を存続させることができる（Lieberman and Montgomery, 1988; Makadok, 1998; Wernerfelt, 1984）。

先発者が優位性を獲得するためには，他の参入企業が先発企業から学ぶ前にその市場での事業活動に必要な補完的資源を保有している，もしくは新たに獲得し，それら資源を組織化し機会を捉える能力が必要となる（Vidal and Mitchell, 2013）。技術や顧客ニーズの変化スピードが速い経営環境においては，先発者優位性が失われやすいし，先発企業の失敗から学ぶことができる後発企業が競争優位を獲得する可能性が高い（Lieberman and Montgomery, 1988; Suarez and Lanzolla, 2007）。このような経営環境の場合，市場に関する理解を深めるとともに，その市場に迅速に適応するための組織能力がより重要となる。

3　IT 能力

3-1．IT 生産性パラドックスを乗り越えるための組織能力としての IT 能力

IT 能力という概念は，1990年代後半に概念の基礎となる要素が明確になり始め（例えば，Grant, 1995; Keen, 1991; Mata, Fuerst, and Barney, 1995），2000年代に移行する時期に定義が固まり始めた概念である（Bharadwaj, 2000; Santhanam and Hartono, 2003）。IT 能力という概念を理解するうえで重要な前提は，「IT それ自体は競争優位に寄与しない」ということである。学術研究において，1990年代にはすでにこの理解が固まっていることは興味深い（例えば，Brynjolfsson and Hitt, 1998; Clemons and Row, 1991）。この前提は，本書の主役であるビッグデータ分析能力においても同じである。

社会科学における研究者たちが IT を能力の視点から捉えようとした理由は，IT が持つ特徴である。IT は様々なカテゴリー分けが可能だが，ひとまずハードウェアとソフトウェアの２つで捉えることにする。ハードウェアのように，コンピューティングシステム（例えば，入力，演算，記憶，出力に関する装置の構成体）を構成する物理的な実体を持つ構成物は特許や秘密保持として保護しやすいことに対して，IT アプリケーションをはじめとするソフトウェアは保護が容易ではない（例えば，山神，2019；高林ら，2020）。それに加えて，IT 人材の流動性や公式的または非公式的なコミュニケーションの増加は，IT の秘密性を下げてしまう（Lieberman and Montgomery, 1988）。

保護しないITは瞬く間に模倣（コピー）され，競争優位性を失う。たとえあるソフトウェアが特許で保護されていたとしても，これから設計しようとするソフトウェアの中に特許で保護されているプログラムがあれば，その部分を外す，またはほかの方法を検討するなどの変更が容易である。つまり，ITはコモディティ化しやすい（Bhatt and Grover, 2005; Carr, 2003; Clemons and Row, 1991; Dong, Xu, and Zhu, 2009; Ordanini and Rubera, 2010; Palmié et al., 2022; Weill, Subramani, and Broadbent, 2002）。それゆえ，ITを競争優位につなげるためには，ITを個別の経営資源として捉えてはいけない。組織内の人および事業に関連する資源の中でも，潜在的で，模倣困難で，企業固有の資源とITを融合（Fuse）する組織能力こそ，IT投資を成功に導く（Keen, 1993; Powell and Dent-Micallef, 1997）。

企業におけるIT投資は，事業が価値を創造することを促進するものであるべきであり，すなわち第1章で述べた「IT生産性パラドックス」に対処するためのものでなければならない。IT生産性パラドックスに陥っている企業はITを単なる資源として捉えており，この見方ではITは企業に価値をもたらすことは無い（Bhatt and Grover, 2005; Santos and Sussman, 2000; Santhanam and Hartono, 2003）。このIT生産性パラドックスを乗り越えるためには，IT投資を経て「ITベースの資源を他の資源や能力と組み合わせる，もしくは共存（Copresent）させることで結集（Mobilize）し展開する企業の能力」（Bharadwaj, 2000, p.171）と定義されるIT能力を高めることが不可欠である。IT能力は，ITが競争優位の源泉になるために必要不可欠な組織能力である。ITによる競争優位は，補完と共同専門化というプロセスによってITを組織に組み込むことで得られる（Powell and Dent-Micallef, 1997）。企業がITを使って情報収集および情報処理を行い，市場や企業の事業活動に影響を与える要因に関する知識を獲得することでITの価値が高まる（補完および融合）。加えて，ITを効果的に利用するためには，そのために必要な知識やプロセスが不可欠である（共同専門化）。後者のプロセスを基礎として組織内の資源の補完および融合が促進される（Tippins and Sohi, 2003）。IT能力はそれぞれのプロセスを進めることを助け，企業内の機能部門横断的な能力—例えば，新製品開発や顧客サポートといった能力—を創造し強化する

図２－３　IT 能力と下位概念

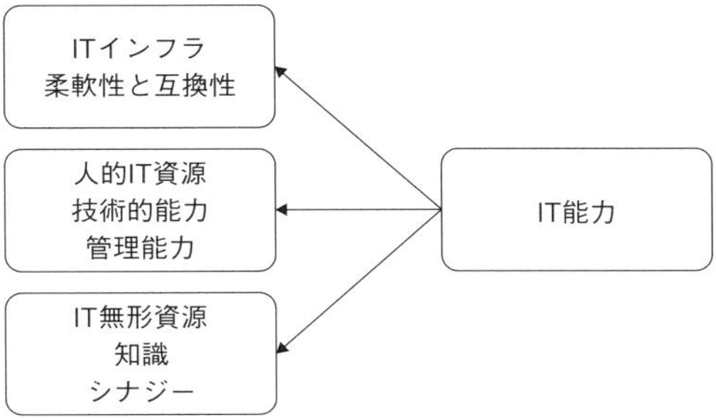

出所：Bharadwaj（2000）を基に筆者作成。

ことに貢献する。

IT 能力という概念の定義は少しずつ進化していくのだが，主に２段階で進化を遂げている。１段階目は，競争優位につなげるための組織的プロセスと他の資源との融合に焦点を当てたものである。２段階目は，経営成果との結びつきに注目した能力である。１段階目の分類は，２段階目の IT 能力の基礎になっており，２段階目の IT 能力は本書の主役であるビッグデータ分析能力の基礎になっている。１段階目の IT 能力は，基となる３つの IT ベースの資源に分解できる。それは，１）物理的な IT インフラストラクチャー（IT Infrastructure：以下，IT インフラ）のような有形資源，２）IT の技術的および管理能力のような人的 IT 資源（Human IT Resources），そして３）IT の導入と利用を通して創られる無形資源（IT Enabled-Intangibles：以下，IT 無形資源）である（Bharadwaj, 2000）（**図２－３**）。

◉── ３－１－１．物理的な IT インフラ

１つ目の物理的な IT インフラは，大規模情報処理基盤やコミュニケーション技術，共用可能な技術的プラットフォームや顧客データベースといった企業全体の物理的 IT 資産を指す（例えば，Ross et al., 1996）。Weill, Subramani, and Broadbent（2002）が IT インフラについて「デジタル神経システム（Digital Nervous System）」という言葉で表現しているように，IT インフラは事業システム間でシームレスかつ自動的に情報を共有させる。そ

れゆえ，IT インフラは企業にとって最も核となる経営資源であり，長期的な競争優位性の土台となりうる。事業システムで生成されるローカル情報を共有しその情報を構造化し知識を創造するためには，事業システム横断的にIT インフラが統合されている必要がある。統合されていない場合，事業システムごとのシステム非互換性を生み，情報共有および知識創造を妨げる（Keen, 1991）。ただし，企業規模が大きくなり管理する事業が多くなると，統合されたIT を構築するためには多くの時間が必要となる。長期的な時間軸でIT インフラを整備している際中に，新たな優れたIT が登場することや，新たに達成すべき事業目標が定められることが起こる。また，自社の事業の目標や活動，事業を取り巻く環境といった事業の固有性にIT インフラを適合させればさせるほど，構築と導入に時間を要する。それゆえ，時間と予算という制約を乗り越えながらIT インフラから価値を創造するためには，コモディティ化が進むIT インフラを構成物（Components）として使わざるを得ない。このような制約の中で，できるだけ事業の戦略・組織に適合したIT インフラにするとともに，外から見れば全体として複雑で「なぜそれがうまく機能しているのか理解が難しい」IT インフラに仕立てなければならない。それゆえ，IT 投資計画だけでなく，IT インフラに柔軟性や互換性を持たせることが大切になる（Bhatt et al., 2010; Fink and Neumann, 2009; Goodhue et al., 2009; Lu and Ramamurthy, 2011; Mata, Fuerst, and Barney, 1995; Sambamurthy, Bharadwaj, and Grover, 2003）。

◉── 3-1-2．人的IT 資源

2つ目の人的IT 資源は，1）新たに登場するIT に関するプログラミングやシステムデザインなどのIT の技術的能力と，2）情報システム部門やIT を使用する他部門（またはエンドユーザーとしての従業員）との調整や相互作用，プロジェクト管理やリーダーシップに関する能力を指す管理能力という下位概念に分解できる。IT 能力は3つの下位概念の融合によって生まれる組織能力だが，3つ目のIT 無形資源に分類される資源同士のシナジーを得るための鍵となるのがこの人的IT 資源である（Jarvenpaa and Leidner, 1998; Bharadwaj, 2000; Saini and Johnson, 2005）。上記2つの人的IT 資源の中

でも，特に後者の管理能力は，事業活動の中でITを利用（失敗することも含め）するルーチンによって時間をかけて形成される暗黙知としての性質も持つ固有性の高い能力である（Mata, Fuerst, and Barney, 1995; Sambamurthy, Bharadwaj, and Grover, 2003）。それゆえ，この管理能力はIT能力の核となるが，それは情報システム部門と他の機能部門の専門性が違うことに由来する。情報システム部門はITの技術的能力を専門的に保有・蓄積・更新する部門だが，その技術的能力を純粋に高めても経営成果にはつながらない。なぜなら，事業の成功や失敗，事業が市場対応を考えるうえで直面する問題などの専門知識は他部門（例えば，市場知識は営業部門またはマーケティング部門）に主に蓄積するからである。ITを情報システム部門だけの問題としているうちは，IT利用によって得られる利益についての正確な理解が組織内で共有されず，組織的なIT利用は進まない。結果として，ITインフラやITの技術的スキルが組織に散在する他の資源と融合し固有性を生むこともない（Armstrong and Sambamurthy, 1999; Ross et al.,1996）。情報システム部門と他部門が緊密に連携することで，各機能部門が保有する専門知識が共有されるとともに，事業が直面する問題に関する理解の乖離が埋まる。そして，情報システム部門も他部門も事業が直面する問題とITの役割や利益を理解し，ITを戦略的に利用して問題を解決しようとする（Chen et al., 2006; King and Teo, 1994; March and Scudder, 2019）。市場や技術の変化が激しく不確実性の高い経営環境の場合はなおさら事業の問題は素早く柔軟に対応する必要があるが，情報システム部門と他部門が連携することで事業プロセスの応答性と柔軟性を高めることができる（Bi, Davison, and Smyrnios, 2019; Chan et al., 2006; Lu and Ramamurthy, 2011; McAfee, 2004; Ravichandran, 2018）。

◉── 3-1-3．IT無形資源

IT能力の3つ目の下位概念は，ITインフラを導入し利用した結果生まれるIT無形資源である。IT能力研究の基礎を築いたBharadwaj（2000）は，IT無形資源として，知識とITを通した資源同士のシナジーを挙げている。すでに述べたように，ITが資源として価値を持ち競争優位の源泉となるためには，企業が保有する資源とITが事業という特定の文脈下で融合し新た

な固有の資源にならなければならない。

IT インフラのところでも述べたように，IT インフラが整うと広範囲の情報を利用し知識を生成できる。言い換えると，ある事業で生成されたベスト・プラクティスといった知識は素早く企業全体に共有され，他の情報と結びつき新たな知識となる（Cai et al., 2019; Kane and Alavi, 2007; Paré, Guillemette, Raymond, 2020; Ross et al., 1996）。IT の互換性を高めるだけでなく，企業内に散在する知識を含めた事業関連資源のシナジーを獲得する融合こそが，IT 生産性パラドックスを乗り越えるためには不可欠であり，模倣困難性の核である（Bhatt and Grover, 2005; Lu and Ramamurthy, 2011; Nevo and Wade, 2010; Ravichandran, 2018; Tippins and Sohi, 2003）。模倣困難性を高めるためには，時間をかけてルーチンを経る必要がある。そして，模倣困難性の高い資源について，ルーチンを通して企業全体で標準化することによって競合他社が模倣またはそれに近い行動を採るまでに先発者優位性によって得られる利益を最大限刈り取ることができる（Powell and Dent-Micallef, 1997; Lieberman and Montgomery, 1988; Markides and Sosa, 2013; Suarez and Lanzolla, 2007）。IT 能力が高い場合，新たな IT 知識を獲得し，それを用いて何ができるかを思考する。組織全体で新たな知識を生成し，それを各機能部門に移転し，事業に活用しようというルーチン的動きが生まれる（Cai et al., 2019）。

3-2．IT 利用から発生する意図せざる組織の硬直性

前項「3-1. IT 生産性パラドックスを乗り越えるための組織能力としての IT 能力」で IT インフラについて述べたが，事業システム横断的に企業全体で IT インフラを統合することによって競争優位性の獲得が妨げられる逆機能がある。それは，「意図せざる組織の硬直性（Unintended Organizational Rigidity）」の問題である。組織の硬直性とは，「組織が過去に選択した既存のルーチンを保持し，そのルーチンから柔軟であれ柔軟でないものであれ，違いを生み出すことを抑制する，回帰メカニズムとして機能する組織全体の状態」（McKinley, Latham, and Braun, 2014, p.92）を指す。組織の硬直性が高まると，組織内またはアクセス可能な組織外の資源への依存が高まり，新た

な資源の探索と融合が行われなくなる。特に既存市場において事業がうまくいっているときに，新たに獲得しようとする資源やその資源と他の資源の融合がただちに競争優位を獲得するわけではないと企業が評価した場合，新たな資源の獲得を行わない意思決定がされやすい（Christensen and Bower, 1996）。組織はある経営環境やその変化に対応するために資源を獲得・再組織化する。資源のルーチン的利用によって資源が資源として機能するようになるが，ルーチンは反復的な反応であり自己強化型プロセスであるため，学習済みの資源への依存が高まるとともに，新たな資源の獲得を阻害するという側面もある（Rhee and Kim, 2015）。

この組織の硬直性は，組織と個人を取り巻く環境における脅威の知覚（Threat Perception）と密接に関わる。人は個人的価値観として「不確実さや曖昧さに脅威を感じ，それを避けようとする程度」（Dorfman and Howell, 1988, p.129）と定義される不確実性回避（Uncertainty Avoidance）という性質を持っている。脅威を知覚すると，その脅威によって被るかもしれない損失を最小化しようとする回避行動が促進される。その結果，個人レベルでの硬直性が起こる。脅威への対処は，組織レベルの硬直性も引き起こす。IT インフラが整備され，意思決定者が観察できる情報と個々の事業や機能部門の環境情報の相関が高くなると，中央集権的な組織を選択することが効率的となる（Aoki, 2001）。脅威への迅速な対応という点から，企業全体で一枚岩のマーケティング戦略を策定するために中央集権化される。集権化によって意思決定から行動までの時間を短縮することはできるが，様々な事業戦略および行動案を創造し，実験することを制限してしまう。そして，これまで使ってきた資源や事業プロセス，それらの成功事例への依存が高まってしまう（Gilbert, 2005）。

興味深いことに，IT の文脈において，不確実性を回避しようとする性質が強くなると2つの意味での組織の硬直性が高まる。1つ目は，IT 導入に関する硬直性である。新たな IT 導入を説明するモデルに，技術受容モデル（Technology Acceptance Model：以下，TAM）がある。現在ではエンドユーザーとしての消費者が新たな IT サービスを使い始めるための諸条件を説明することに用いられているが，このモデルは，組織従業員が新たな IT（当時はe-mailやインターネットに関するITシステム）を積極的に導入することを最初の問題としている（Davis, 1989）。TAMは，組織または従業員にとって新たに導入するITが自身の成果を高めるという知覚有用性（Perceived Usefulness）と，それを使いこなすための学習コストが低いという知覚使用容易性（Perceived Ease of Use）が高まることが，IT利用意向を高めることを説明するモデルである（例えば，Davis, 1989; Davis, Bagozzi, and Warshaw, 1989; Ilie and Turel, 2020; Jafari Navimipour and Soltani, 2016; Szajna, 1996; Venkatesh and Davis, 2000; Venkatesh et al., 2003; Wu et al., 2011）。

不確実性を回避しようとする傾向が強いと，新たに導入するITによって得られる有用性や使いやすさに関する情報に対して「現在の方法で得られる利益を失うかもしれないのに，新たな方法で本当に自分のタスクの成果は高まるのか」と懐疑の目を向ける。そして，そのITに関する情報よりも自分の経験や所属する組織の組織的規範を意思決定に用いる。つまり，不確実性回避傾向が高まると，新たに導入しようとするITの知覚有用性や知覚容易性がそのIT利用を高めることを阻害してしまうのである（例えば，Blut, Wang, and Schoefer, 2016; Lewis, Agarwal, and Sambamurthy, 2003; Srite and Karahanna, 2006）。組織または従業員の不確実性回避という性質を低めないと，IT導入がうまく進まないことが起こる。これがIT導入に関する組織の硬直性の１つ目である。

２つ目は，IT導入後のIT活用に関する硬直性である。ITインフラが統合されていると，広範囲のデータ収集や事業システム間の情報共有可能性が高まる。このことは，組織内の様々なところで，どのような意思決定が行われているのかということの観察可能性を高める。ある事業でマネジャーが意思決定を行う際に，自身が管理する事業だけでなく他の事業を含めた組織内各所で生成された類似事例や知識（いわゆる，ベスト・プラクティスとその成果）をすぐに入手できるようになる。先ほど述べたように，不確実性回避の傾向が高いと，失敗や損失を回避しようとする。たとえ自分の意思決定が適切であったとしても，自分の意思決定と類似事例との差異を知覚するとともに，自分の意思決定は不確実性をより含むのではないかと考えてしまう。そして，そこからの逸脱を減らし，多くの意思決定を同質的なものにする可能性を高める（Newell and Galliers, 2006）。

このような同質的意思決定は，仕事を共にする相手との相互作用からも強化される。人または組織の行動には不確実性が伴うが，市場の変化が激しい状況においてはなおさらである。仕事を共にする相手の行動に不確実性が伴う場合，その相手との仕事を開始または継続するためには，その相手の行動が成果に結びつくだろうという信頼が必要である（Lewis and Weigert, 1985）。不確実性を回避する行動を採ると，大きな成功を得ることは少なくなるだろうが，失敗することも少なくなる。不確実性を回避する行動を良く採ることによって，仕事を共にする相手から「あいつに任せておけば失敗しない」という評価を得るとともに，そのように行動するだろうという信頼を高めることに貢献する（Doney et al., 1998）。不確実性の高い環境だが成果を求められる状況下では，結果として，「私も同じように行動しよう（Me Too）」という組織内や業界内のベスト・プラクティスに追随する行動が起こる（Starbuck and Milliken, 1988; Swanson and Ramiller, 2004）。知識リポジトリやグループウェアなどを通してベスト・プラクティスが共有され，それらへのアクセスが容易になるにつれて，それらを活用する傾向が強まる。IT を利用し意思決定する人が新しいことを学び，新しいアイディアを得ることを妨げるとともに，生成される知識の分散を小さくしてしまう（Kane and Alavi, 2007）。つまり，2つ目のタイプの組織の硬直性は自己強化するという性質を持っている。

なお，IT 利用の逆機能には組織の硬直性のほかに，情報処理能力の低下がある。IT インフラが統合され運用されることで広範囲の情報を利用することが可能になるのだが，これがマネジャーたちの情報処理過多を招き，即自的に意思決定する能力を下げる可能性がある。予期しない機会に直面したとき，IT インフラの形式的な利用や分析に依存することによって，その機会を識別し，評価し，活用するために素早く行動することを妨げる恐れがある（Goodhue et al., 2009）。

このような意図せざる硬直性を避けるためには，自社の事業が創造しようとする価値や独自性を理解するとともに，これらに動的な変化を生み出す姿勢を持つことが不可欠である（Lu and Ramamurthy, 2011; Mao, Gong, and Titah, 2022; Mikalef and Pateli, 2017）。不確実性回避は異文化比較論における文化的要素の１つであり，国別の傾向がある（Hofstede, 1983, 1984, 2001）。日本はこの不確実性回避の傾向が特に強い国である。Hofstede の調査では，日本の不確実性回避インデックス値は92で，これは調査50カ国中７位であり，１位のシンガポールのインデックス値８と比べて高い。外務省がアジアと定める21カ国中，日本はこの不確実性回避インデックス値が最も高い。新たにIT を導入することや，それを事業において活用することにおいて，硬直性が高まりやすいと考えられる。

３-３．市場創造や新たな競争軸の創造という文脈における IT 能力

2000年代初頭に登場した IT 能力は，IT 生産性パラドックスや組織の硬直性の問題を乗り越えることに貢献する組織能力である。特に，管理能力はこれらの問題を克服する IT 能力の核と位置づけられる。興味深いことに，2000年を少し過ぎた頃から，これらの問題の克服だけでなく市場創造や新たな競争軸の創造に貢献する IT 能力（Agarwal and Sambamurthy, 2002; Chan et al., 2006; Ray et al., 2005; Swanson and Ramiller, 2004）の重要性が強調され，そのような IT 能力の下位概念の特定が進んだ。

IT 能力という概念が進化しなければならなかった背景は，経営環境の不安定化（Instability）や市場の揮発性（Volatility）の高まりである。不連続な革新が起きやすい IT は新たな事業機会を創造するが，市場や技術の変化が起きやすく起きた場合の変化が大きい経営環境に対応しなければならなくなった。Bharadwaj（2000）を起点とした初期の IT 能力においても，企業の成長の方向性について理解し，将来の事業に必要な資源を予測することや，競合他社に先駆けて価値ある新たな競争軸を創ることに関する能力が含まれている。ただし，既存資源とのシナジーやそのシナジーからの価値創造に注目している（Bharadwaj, 2000; Swanson and Ramiller, 2004）。情報システム部門と他の機能部門に散在する資源と資源間シナジーから何ができるかという考え方をすると，コア・コンピタンスの形成や更新に貢献するが，コア・コンピタンスは汎用性が限定されているため特定の戦略を遂行するための資源

活用という組織的安定への注目が強化されてしまう（Agarwal and Sambamurthy, 2002; Liang et al., 2017）。つまり，組織の硬直性を解決できないうえに，不安定さが増す経営環境に対応することが難しくなるのである。それゆえ，動的な経営環境を前提に，他社に先駆けて事業機会を識別し，それを活かすように事業プロセスを素早く柔軟に設計し直す事業プロセスの機敏性（Business Process Agility）を高めることとIT能力との関連が競争優位性の核と見なされるようになった（Mathiassen and Pries-Heje, 2006; Prahalad, 2009; Sambamurthy, Bharadwaj, and Grover, 2003）。Lu and Ramamurthy（2011）は，このような問題意識のもと，IT能力の下位概念を修正しており，従来のITインフラに加えて，1）IT-事業橋渡し（IT Business Spanning）能力，そして2）IT先行姿勢（IT Proactive Stance）の3つの構成要素によってIT能力が創られると再定義している。以下，定義された2つの構成要素を詳しく見る。

◉── 3-3-1．IT-事業橋渡し能力

IT投資によって起こり得る意図せざる組織の硬直性を回避するためには，新たな資源の探索や獲得に向かうための組織プロセスが有効である（Lu and Ramamurty, 2011）。新たな資源の探索や獲得のためには「組織内の機能部門およびIT部門の幹部（Executives）が，事業とITのミッション，目的，計画を理解し，コミットしている状態」（Reich and Benbasat, 2000, p.82）と定義される社会的調整（Social Alignment）という動的な組織プロセスが必要不可欠である。なぜなら，新たな資源を獲得するために，自社がどのような資源を持っているのか，その資源はなぜ資源となり得るのかということを理解する必要があるためである。

社会的調整は，資源に注目することに加えて，各機能部門の組織プロセスやアイデンティティを含めて各機能部門それぞれのタスクがどのような価値を生み得るのか，組織の中の他の機能部門のタスクとどのように適合するのかということを理解することを助ける。このことは情報システム部門と他の機能部門の共通言語を形成し，例えばあるプロジェクトに参加した各機能部門のメンバーは，自部門の専門性を基にするとどのように問題を解決できる

のか，その問題解決に足りない資源は何か，といったことを他のメンバーと議論し互いに助け合うようになる（Liang et al., 2017; Schlosser et al., 2015）。このような相互理解と動的な協調行動は，ITをベースにした新たなコスト削減の方法や新たな事業機会の創造，そして新たな協調の方法を生み出すといった創発行動（Emergence Behaviour）を起こすための認知フレームを創ることに貢献する（Okhuysena and Bechky, 2009; Santos and Sussman, 2000）。そして，各機能部門で観察した環境変化を即自的に情報共有するだけでなく，その問題への対処を素早く計画・実行する組織プロセスとして機能する（Cai et al., 2019; Faraj and Xiao, 2006; Queiroz, 2017; Tallon, 2007）。特に環境変化が速く複雑性や不確実性が高い場合，戦略に沿うことを前提に異なるITに継続的に投資することで，常に新しい資源を流入させることができる。また，技術進化や差別化競争による新たな選択肢の登場は，同じ戦略でもこれまでとは異なる視点で戦略を実行する可能性を生み出す。これらの投資や行動は，結果として企業の持続的成長を支える（Chau et al., 2020; Sabherwal et al., 2019）。

◉── 3-3-2. IT先行姿勢

上記の社会的調整は組織の認知フレームであり，組織の情報処理や行動を方向づけるものである。この認知フレームは新たな資源を探索することや新市場を創造するためには不可欠だが，この認知フレームを持っていることと，実際に創発行動が発現することは別問題である。

ITの進化スピードは速く，常に新しい選択肢が登場し続ける。ITを導入し利用する前から創発することを念頭に置くことで，今起こっているITの進化を理解し，それらが生み出すだろう新たな事業機会を予測するとともに，自社にもたらす影響を理解することにつながる。それゆえ，このようなIT投資の姿勢は組織の硬直性を避けることに貢献する（Swanson and Ramiller, 2004; Weill and Ross, 2004）。ITが企業の未来を形づくるという姿勢を持つとともに，競合企業がまだ特定していないであろう事業機会を起点に戦略を組み立て資源を再組織化する組織を創らなければならない（Paré, Guillemette, Raymond, 2020; Steelman et al., 2019）。

このような姿勢がIT先行姿勢であるが，組織のIT先行姿勢が高い場合，新たに投資したITと他の資源の再組織化によって得られる新たな事業機会を探索し，リスクを含めて，市場内の新たな競争を先取りするためその事業機会を利用する（Agrawal and Sambamurthy, 2002; Byrd, Lewis, and Bryan, 2006; Sabherwal et al., 2019; Morimura and Sakagawa, 2018）。ITを利用しながら何かを創発するという組織マインドは，事業やITに関連する情報を常に収集することだけでなく，不確実性が高いがゆえに次に生まれる機会を素早く特定することを助ける。そして，特定した機会に対応するために資源を探索・獲得し再組織化することを柔軟に行い革新的な取り組みを迅速に実行させる（Chen et al., 2014; Queiroz 2017; Patten et al.2009）。つまり，先ほど述べた情報システム部門と他部門の調整とIT先行姿勢は互いに補完しあうIT能力の下位概念として捉えられる（Lu and Ramamurthy, 2011）。

3-4．IT能力と得られる組織的成果

IT能力の3つの構成要素を高めるとともに，それらの相互作用性を高めることで，組織の硬直性を回避し，IT生産性パラドックスを乗り越えることができる。なぜなら，ここまで述べてきたように，高いIT能力を持つ企業は経営環境や企業内部の状態を常に細かく観察し，資源の探索と再組織化を含めた内部の組織プロセスを調整することを通して組織機敏性（Organizational Agility）を高めるためである（Liang et al., 2017; Overby, Bharadwaj, and Sambamurthy, 2006; Tallon, 2007; Weill and Ross, 2004）。

組織機敏性とは組織全体の能力の1つで，「変化を成長と繁栄の機会として活用する素早く革新的な反応を通して，事業環境においてしばしば予期せず起こる変化に対応するための組織全体の能力」（Lu and Ramaurthy, 2011, p.933）と定義される。組織が戦略的に機敏性を高めていれば，たとえ予期せぬ突発的環境変化が起きた場合でも，戦略と組織を環境変化に整合的な形で再構築・再実行することができ，持続的に経営成果を高めることができる（Grewal and Tansuhaj, 2001）。顧客と技術の双方で起こる変化に柔軟に対応するための組織機敏性は競争力の源泉でり，ITと事業の戦略・組織の融合

は機敏性を高めることに貢献する（Tallon and Pinsonneault, 2011）。それゆえ，IT 能力研究者たちは当初からこの機敏性を重要な結果変数としてきた（Praharad and Krishnan, 2002; Sambamurthy et al., 2003; Weill, Subramani, and Broadbent, 2002）。

IT 能力がもたらす組織機敏性は２つある。それは１）市場資本化機敏性（Market Capitalizing Agility）と２）業務調整機敏性（Operational Adjustment Agility）である（Lu and Ramamurthy, 2011）。これら２つの機敏性は補完関係にあり，補完を通じて企業は経営成果を高めることができる（Bi, Davison, and Smyrnios, 2019; Mikalef and Pateli, 2017; Robert and Grover, 2012; Swafford, Ghosh, and Murthy, 2008）。１つ目の市場資本化機敏性とは，事業機会を素早く特定し活かすことに関する機敏性であり，「事業環境で発生する変化を継続的にモニタリングし，それを活用することで，変化する顧客ニーズに応じて製品・サービスの提供を迅速に改善する能力」と定義される（Lu and Ramamurthy, 2011, p.936）。例えば，IT 能力の下位概念である IT 先行姿勢は IT を用いた創発行動を促進するが，変化する経営環境を機会が次々と生まれる状況だと考え，機会を特定し，機会を活用するために必要な資源の獲得を促進する（Sambamurthy et al., 2003）。IT を IT として保有しているだけでは競争優位に結びつくことはなく，IT によって何ができるかを思考し，IT を活用すると新しいことができると考え実行しなければならない。IT 能力が高い企業は，技術だけでなく，競合企業の行動を観察するとともに，顧客のニーズに関する情報も収集し，事業機会を活かし新たな価値を創造するための施策について情報システム部門と常に連携する。このようなダイナミックな補完関係こそが他社に先駆けて機会を特定することに貢献する（Werder and Richter, 2022; Mikalef and Pateli, 2017）。

２つ目の業務調整機敏性は「物理的に迅速に市場または需要の変化に対応するための内部事業プロセスにおける能力」である（Lu and Ramamurthy, 2011, p.936）。この機敏性は，経営環境の変化に直面したときに，戦略的な意思決定だけでなく，その意思決定を基にした事業プロセスの変更を，迅速かつ柔軟に行い実装することである（Sambamurthy et al., 2003）。例えば，すでに述べたように，IT 先行姿勢が高いと，IT の変化や新たな選択肢を探索す

図2-4　IT能力と経営成果の関係

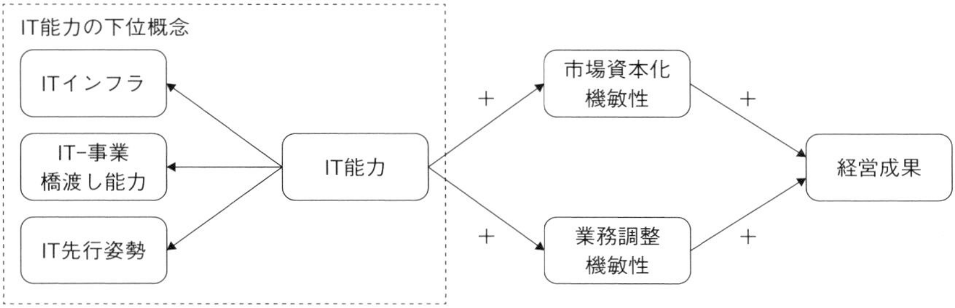

るとともに，それらを事業に活用し新たな事業を創出することを促進する。これを実現するためには，ITインフラが新たなITと柔軟に接続できることを前提とするため，IT先行姿勢が高い企業は標準的ITを統合し事業プロセスに適切なモジュール性を持たせる（Chen et al., 2014; Weill and Ross, 2004, 2005）とともに，標準的なモジュールを組み合わせ，組織内外の事業プロセスの調整を行う（Mao, Gong, and Titah, 2022; Mikalef and Pateli, 2017）。新たな事業機会に反応するためには，事業プロセスを組み換え，それを実装し，地理的に分散した従業員，チーム，プロジェクトなどのユニット間の効果的なタスク調整が必要となる。そのためには，顧客や競争をはじめとした市場知識の生成と，バリューチェーンやサプライチェーン上のコミュニケーションの調整という2つの機敏性を高める必要があるが，それぞれの機敏性を高めるITと，それぞれの機敏性を調整するITという役割を識別することが有効である（Roberts and Grover, 2012; Swafford, Ghosh, and Murthy, 2008）（図2-4）。

4　小括

本章の目的は，ビッグデータ分析能力が概念的に基盤とするIT能力を理解することである。Bharadwaj（2000）を起点とする初期のIT能力は，主にITと既存資源を融合しコア・コンピタンス化することで競争優位性を高めることを説明する概念であった。一方，経営環境という研究コンテクストの変化に沿って，Lu and Ramamurthy（2011）が修正したIT能力は，IT能力の目的を明確にし，新たな市場や競争軸の創造のためにITを含めた資源を探索し獲得する組織行動をIT能力の下位概念に据えている。IT能力に関する多くの研究がLu and Ramamurthy（2011）のIT能力をベースに研究を蓄積していくのだが，それは，多くの研究者がITと事業の橋渡しやIT先行姿勢が競争優位の源泉になることに賛成したためである。

ITの進化スピードは速いため，IT能力が市場資本化機敏性や業務調整機敏性を高めるといった効果は，同一産業内（または同一戦略グループ内）で相対的に時間とともに低減していく。そのため，ITに投資し続けることでIT能力が組織にもたらす正の影響を高めることができる（Lu and Ramamurthy, 2011）。IT投資の額は巨大であり，IT投資の意思決定はCEO（Chief Executive Officer）や権限を持ったCIO（Chief Information Officer）が行うことが一般的である。それゆえ，これらトップマネジメントがITの役割や目的を理解することや，ITに関する知識を更新することが，ITによって組織的利益を得るためには不可欠である（Bi, Davison, and Smyrnios, 2019）。興味深いことに，コスト削減を目的としたIT利用よりも，事業開発を目的としたIT利用の方が収益性を高めることが分かっている（Mithas et al., 2012）。IT利用には目的があるが（例えば，Morimura and Sakagawa, 2018; Sanders, 2008），IT，広告，研究開発など裁量的支出を配分する中で，IT投資の際には特に目的を明確にしなければならない。

ただし，IT投資やIT中心的経営行動をすれば良いというわけではない。IT知識の更新や投資，ITありきの組織的意思決定をすると，ITの更新自体が目的化してしまい（手段と目的の逆転），事業開発という部分が手薄になってしまうリスクがある。また，事業に合致したITを探索・利用するという考えだと，既存の事業の枠で事業を修正することを促進してしまう。あくまでもITは事業開発のための手段であるという理解とともに，適度なITと事業のミスマッチを維持することで，企業業績の向上に貢献する（Chau et al., 2020）。

第3章

Big Data Analytics Capability

ビッグデータ分析能力

Access to complementary skills is associated with performance advantages for early adopters of big data technologies, but that the diffusion of complementary know-how erodes the productivity advantages experienced by firms located in these labor markets.（中略）*. Acquiring complementary skills is not the only obstacle to successful big data use. Effective big data use may require changes to existing data assets, management practices, and data governance.*（中略）*. The use of big data technologies can raise the returns to these practices by improving the depth of insight that firms derive from these interactions as well as the speed at which they respond. Installing these capabilities often requires organization-wide changes to complement data-driven practices.*（Tambe, 2014, pp.1467-1468）

概要

本書はビッグデータ分析能力を主役の概念とし，ビッグデータ分析能力を高める要因やビッグデータ分析能力を経営成果に結びつける要因を明らかにすることを目的とする。ビッグデータ分析能力については，2016年に実証研究の基盤となる概念が定義され，測定項目が開発された。ビッグデータ分析能力は IT 能力を原型とした概念であり，IT 能力と同様にいくつかの下位概念で捉えられる概念である。

本章では，最初にビッグデータ分析能力を IT 能力とは異なる独自の概念として捉えなければならない理由を述べる。次に，ビッグデータ分析を競争優位に結びつける際に乗り越えなければならない問題の確認を行う。そして，その問題を乗り越えることとビッグデータ分析能力の関係を整理する。最後に，本書が依拠するビッグデータ分析能力の下位概念を詳しく整理する。

1　ビッグデータ分析能力という新しい組織能力の必要性

近年，飛躍的にビッグデータの利用可能性が高まり，程度の差はあるが，特定の産業や専門知識を有する企業の他にも広くAIやビッグデータ分析の導入・活用が進んでいる。ビッグデータ分析によって，企業は素早く現在の市場を理解するとともに，わずかに表れる変化の兆候を捉えることができる。そのため，不確実性や揮発性の高い経営環境においても効果的なマーケティング戦略を構築することができる（Huang and Rust, 2021a）。対消費者に関して言えば，ビッグデータ分析によって消費者の行動特性をより明確に理解することができる。消費者について現在の状態や変化を理解することで，カスタマイズされたマーケティングの有効性が高まるだけでなく，顧客生涯価値を高めることが可能となる（例えば，Bradlow et al., 2017; Chiang and Yang, 2018）。ビッグデータ分析を通して，企業はこれまでの経験や知識に依存していては発見できないことも含め様々な結果を得る。企業はこのような分析結果を基に自らの事業の可能性や目的を明確化し，その目的達成のためにタスクの可視性や一貫性を高め，資源活用の効率性を高めることができる（Dubey et al., 2019b）。ビッグデータ分析を用いて意思決定の質を高めるだけでなく，より高い競争力を得るための価値創造プロセスを再構築することができる（Brown et al., 2011; Elia et al., 2022; Kiron, Prentice, and Ferguson, 2014; Song et al., 2022）。

本書で用いる意味でのビッグデータという単語は，例えば日本経済新聞上では2010年に初めて使われており[(1)]，当時実装されていた一般的なデータ管理・分析のためのITシステムでは管理・分析が困難なほどの複雑で巨大なデータセットを指す言葉として使われてきた。情報端末でデータが生成されるが，それらの端末が生成する大量のデータ，またはそれらのデータ同士が結合されたデータがビッグデータを構成する。ビッグデータを定義する際に，どのような特徴が定義に含まれているべきかという点については様々な見方がある。経営学を基礎とするビッグデータの研究は，ビッグデータ分析を「持続的な価値提供，成果の測定，そして競争優位の確立のための実用的な

表3-1　ビッグデータの特徴

Volume（量）	・ビッグデータの概念の最も核となる性質。組織が利用できるデータの大きさ。 ・データはインターネットを介して毎秒生成され，データ量は常に大きくなる（MacAfee and Brynjolfsson, 2012）。 ・レガシーITではビッグデータ分析ができない原因の1つ。Hadoopといったストレージソリューションを活用することで解決できる。
Velocity（速さ）	・データ生成の速度（Lycett, 2013）。できるだけ現在に近い時点のデータが生成され，それをすぐに分析に使うことができる。 ・最新の根拠に基づいて消費者等に関するインサイトを素早く得て資源の再構成を行うことができるため，不完全な模倣の源泉となる（Erevelles, Fukawa, and Swayne, 2016）
Variety（多様さ）	・事前に定義された形式（例えば，列と行）の構造的（Structured）データと，ネイティブ形式の非構造的（Unstructured）データ，そしてそれらを再統合して創られたデータなど，データの形式・種類の豊富さ。 ・レガシーITではビッグデータ分析ができない原因の1つ。これらデータを分析し意味を見出すためのアルゴリズムが必要となる（Johnson, Friend, and Lee, 2017）。
Veracity（正確さ）	・企業が利用可能なデータが，理解したい現実（主体）を正確に理解できるものかどうか。 ・データが不完全なことや，古いこと，そしてノイズ（間違ったデータ，特異な文脈のデータ，など）を含んでいる場合，データから理解できることが真実とは離れてしまい，それによって意思決定の品質が下がってしまう（Gandomi and Haider, 2015）。 ・この性質には，Granularity（詳細さ）という性質も含まれる。詳細さはデータの粒度で，データ構造における詳細さのレベルである（Lycett, 2013）。詳細さとは，理解したい現実（主体）に関するデータの種類の多さも含む。例えば，消費者の購買行動について，年・月・日・時間だけでなく，購入したアイテム（ブランド，製品カテゴリー，SKUなど）があり，粒度が高くなると，理解したい対象をより正確に理解できるようになる。
Value（価値）	・データ分析を通じて，価値ある行動を起こすこと（Lycett, 2013）。 ・データ分析によって現実をより詳細かつ素早く理解することが，競争優位性の源泉であると考え，そのための事業モデルを創造する。

インサイトを創るために5つのVを管理し，処理し，分析する総合的アプローチ」（Wamba et al., 2015, p.235）と定義する。そして，ビッグデータの核となる特徴を主に5Vs（Volume, Velocity, Variety, Veracity, Value）で捉える。5Vsそれぞれの特徴は**表3-1**に示すとおりである。本書も，この5Vsというビッグデータの特徴に則りビッグデータ分析能力に関する議論を進める。

重要なことは，ビッグデータ分析は分析結果を得るだけでは何も価値を生まないことである。5Vsの特徴を持つビッグデータを分析し，産業または戦略グループの中でいち早く現実（分析対象）に関するインサイトを得て，そのインサイトを事業に変換するための資源獲得・利用・再組織化を行わなければ，ビッグデータは競争優位につながらない（Lycett, 2013）。このビッグデータ分析に関する諸活動を組織的に調整・実行し，ビッグデータ分析の結果を経営成果に素早く変換できる組織能力こそ，本書の主役の概念であるビッグデータ分析能力である。この組織能力は，ビッグデータ環境において資源の模倣困難性や移動不完全性を生み出し，競争優位の源泉となると同時に，資源ポジション障壁として機能する。

5Vsの特徴を持つビッグデータという膨大なデータを高速で処理する方法は，1台のコンピュータに搭載された複数のプロセッサを用いて処理する方法と，複数のコンピュータにデータを分散させて処理し処理結果をネットワーク上で統合・共有する方法がある。後者の分散処理の場合，時間経過とともに蓄積し続けるデータ容量を容易に増やせることに加えて，1台のコンピュータで処理するよりも処理速度が速く，特定（または複数）のコンピュータに過負荷や物理的問題が発生した場合でも残りのコンピュータで処理を継続できるため信頼性を保つことが可能である（Dean and Ghemawat, 2004, 2008）。2004年にGoogleが開発・導入したMapReduceモデル以降，様々なオープンソースプロジェクトが立ち上がり，例えばDoug Cuttingらが開発したHadoop Clusterなどに代表されるように，ビッグデータの管理・分析の高速化・高度化が進み，企業にとってより使いやすく安価な並列分散システムが登場した（Henschen, 2012; McAfee and Brynjolfsson, 2012）。現在では，企業がビッグデータに関する専門知識を有していなくてもビッグデータの収集・蓄積・分析に関わる全部または一部システムを導入し事業に活用することができるパッケージドサービスの選択肢が増え，低コストでそれらを利用できるようになっている。

本書におけるビッグデータの意味（単に巨大なデータセットではない）でビッグデータの概念を用いた最初の論文は，Web of Scienceに収録されている中で応用科学であるマーケティング論のコア領域のBusiness, Management, Economics, Psychology（Psychology, Psychology applied, Psychology experimental, Psychology, multidisciplinary, Psychology social）という範囲に限定すると，*MIT Sloan Management Review*に掲載されたBig data, analytics and the path from insight to value（LaValle et al., 2011）である[(2)]。実務的にも学術的にもビッグデータという概念が多数の人・企業の目に触れ，社会科学において本格的に研究が進むようになって10年以上経過する。日本では，先に述べたように2010年に日本経済新聞に登場した後，2014年度に経済産業省が開始したビッグデータの活用に関するフィジビリティ調査，2015年度に総務省が行ったビッグデータの流通量の推計およびビッグデータの活用実体に関する調査研究などを土台としてビッグデータ環境整備が重要政策として掲げられた。加えて，同2015年施行のサイバーセキュリティ基本法，2016年の官民データ活用推進基本法，2017年の改正個人情報保護法などデータ利用に関する法整備が進んできた。総務省は2017年をビッグデータ利活用元年と明示し，それ以降の経済成長を支える３つの要素（生産性向上，労働力増加，資本蓄積）の向上に貢献するビッグデータの収集・蓄積，分析技術の発展を戦略的課題として掲げている。このようにビッグデータ分析の政策や法律といったビッグデータ活用の「器」は整えられてきたが，実際にビッグデータ分析の経営管理への導入はなかなか進まない（総務省，2021; 2022）。

ビッグデータ分析の導入が進まなかったのは，ビッグデータ分析を利用するためには投資が必要ということではなく，ビッグデータ分析が経営成果を高めることに対する懐疑があったためである。この懐疑は，２つの障壁によってつくられたと考えられる。１つ目はITインフラの更新と新たな技術や知識の獲得であり，２つ目は人や組織のビッグデータ分析の目的明確化や文化の醸成である。次に，これら２つの障壁を詳しく述べる。

1－1．ビッグデータ分析の導入を妨げる技術的障壁

１つ目の障壁は，ビッグデータ関連の技術や知識の獲得の問題である。既存のITシステムの複雑化と老朽化に伴いそのシステムが今後の経営活動の妨げになることを指す「2025年の崖」にも登場するように，ビッグデータは従来のITシステムをベースとした場合効果的・効率的に収集・蓄積・分析ができない場合が多い。ビッグデータの収集と分析のために，これまでのITインフラを更新するとともに，新たな技術や知識を得る必要がある。これは2025年だけの問題ではないし，ビッグデータだけの問題ではない。ITが進化し続ける中で，IT研究者たちがこれまでにも繰り返し指摘し続けて

きた問題である。ITが進化し続ける限り，これまでも発生してきたし，そしてこれからも発生し続ける問題である。

従来のITによる分析が対象とするのは，例えば売上高や顧客情報などといった事前に定義された属性を列として構造化されたリレーショナル・データベース（Relational Database）であり，必要に応じてデータを利用しデータ間の関係を把握することが容易なデータである。データセットのサイズは1台のサーバーに集約して保存できるほどの限定的なサイズ（例えば，ギガバイトやテラバイト）であることが多い。このようなデータはプロモーションや製品デザインの変更などの後にデータが生成され，リレーショナル・データベースに蓄積される。そして，例えばSQL（Structured Query Language）を用いて事後的にデータの引出しや加工・分析が行われ，次の経営行動に活かすというプロセスでデータ分析が利用される。

ビッグデータ分析を事業に利用するために最初に直面する代表的な問題は，データ蓄積と利用可能性の問題である。ビッグデータの特徴で見たように，ビッグデータには従来のITや分析が対象としてきた構造化されたデータだけでなく，事前に定義された形式（列や行）に則った従来型のデータベースで扱うことが難しい非構造化データ（例えば，動画，画像，音声など）も含まれる。データの違いでいうと，このようなデータは基本的にはネイティブ形式，つまりraw（生）データで格納され，データサイズがペタバイトやセタバイトなど飛躍的に大きくなる。ビッグデータの収集・蓄積・分析プロセスを分解すると，事業を実際に行いデータが生成される事業システムとデータを計画的に収集・蓄積・分析する分析システムに分けることができる。事業システムにおいて収集される大量・多様な生データは，最初にデータレイクに蓄積される。次に，構造化データや非構造化データなどの生データが格納されているデータレイクから，非構造化データを構造化データに変換することや，構造化データの欠損や異常値を処理すること，データ同士を結合することを通して，分析できるデータがデータウェアハウスに格納される。ここから，それぞれのデータの固有性に合わせてデータを格納する非リレーショナル・データベースとしてデータを保管するため，SQLではないビッグデータに特化したプログラミング言語を用いてデータの引出しや加工を行う必

図３-１　ビッグデータの収集と蓄積のプロセス

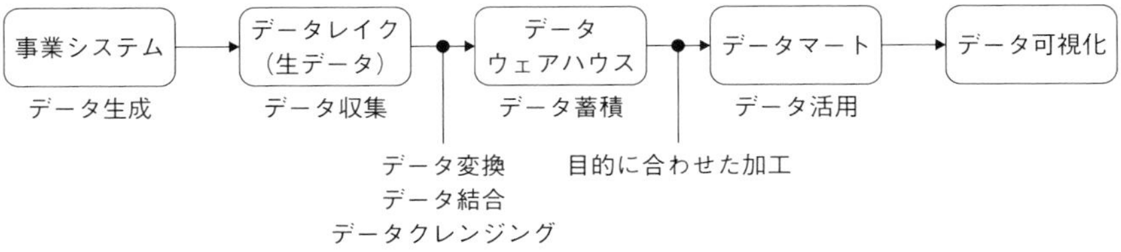

要がある（そのため，非リレーショナル・データベースはNoSQLと呼ばれる）（Dean and Ghemawat, 2008; Gupta and George, 2016; Huddar and Ramannavar, 2013; Wang et al., 2018）（**図３-１**）。また，従来のITシステムは事業システム（または事業システム内の機能部門）ごとにITシステムが個別最適的に構築されていることが多い。それゆえ，個別の事業システムで生成された生データを蓄積し，紐づけ，加工するという分析の準備を整えなければならないのだが，従来のITシステムをベースにすると，これを一元的に管理することができないという問題が発生する。

ビッグデータには構造的・非構造的データという多様なデータソースが含まれるため，ビッグデータの分析手法も従来とは異なるものが求められる。例えば，ソーシャルメディア上では日々データが生成されるが，テキスト情報を対象とした自然言語処理（例えば，Antons and Breidbach, 2018; Berger et al., 2020; Hartmann, Huppertz, Schamp, and Heitmann, 2019; He et al., 2019; Ramaswamy and DeClerck, 2018; Shankar and Parsana, 2022; Wu et al., 2022）や，写真や動画を対象とした畳み込みニューラルネットワーク（例えば，Awan et al., 2022; Cerruto et al., 2022; De Bruyn et al., 2020; Haseli et al., 2023; Timoshenko and Hauser, 2019; Xiao et al., 2022; Zheng and Ding, 2022）といった分析手法を用いることで消費者ニーズの特定や消費者特性の認識を行うことができる。また，マーケティング戦略の効果測定に関して言えば，例えばプロモーションというイベントが発生した際に，どのような属性を持つ消費者がどのような反応を示したのかについて，いつどこで何個買ったのかだけでなく，SNSでどのような発信をしているのかといった多様な行動をすぐに分析することができる（Cerruto et al., 2022; Clarke, 2016; Grewal et al., 2018;

Nilashi et al., 2021; Wu et al., 2022)。

ビッグデータは異なる形式で収集・蓄積された大量のデータで構成され，データレイクおよびデータウェアハウスは構造化されたデータのみで構成されることはほとんどない。それゆえ，データを分析する前段階としてデータを洗浄・整理する能力が必要となる。それだけでなく，複雑または大量の分析結果を評価し意思決定に用いるために，それを可能にする分析能力や分析結果を可視化する能力も必要である（McAfee and Brynjolfsson, 2012)。大規模データを整理することや非構造化データを素早く分析することは人間の処理能力では難しいが，機械学習や深層学習といったAIの中核技術を用いて素早く分析を行い，事業に利用することが可能である（Antons and Breidbach, 2018; De Bruyn et al., 2020; Liu, Singh, and Srinivasan, 2016; Nilashi et al., 2021; Schaeffer and Sanchez, 2020; Wang et al., 2018; Xiao et al., 2022)。経営学においてビッグデータの活用を考える際に，ほとんどの場合AIとセットで議論されるが，AIも含めビッグデータの収集・蓄積・分析それぞれに関する技術や知識を常にアップデートし続けることがビッグデータの組織的活用を支える。

1-2．ビッグデータ分析の組織的障壁

2つ目の障壁は，ビッグデータ分析に関わる人や組織の問題である。Davenport et al.（2012）が「ビッグデータ（を扱う際）の鍵となる信条は，世界とそれを記述するデータは絶えず変化しており，変化を認識し素早く理知的に反応できる組織が優位に立つ」（Davenport et al., 2012, p.46，括弧は筆者加筆）と述べているように，ビッグデータ分析の利用と事業への変換のためには，それに適した組織が必要となる。

NewVantage Partnersが行ったFortune 1000企業に対する調査では，多くの企業がビッグデータ分析に投資しているにもかかわらず，データ戦略が不明瞭であることや，ビッグデータ分析結果を事業に変換すること，データ分析によって駆動される組織を構築できていないためにビッグデータ分析を経営成果に結びつけられていないことを報告している。(NewVantage

Partners, 2021)[(3)]。伝統的なIT研究でも，ビッグデータ分析でも，「経験と勘に依存した意思決定からの脱却」が強調されている。しかし，闇雲にこれに追随することは多くの組織にとってミスリードを生む。

ビッグデータを分析すると，様々な変数間の相関関係やクラスター（共通の特徴を持つサンプル集団）などを発見することができる。しかし，近年のAIの進化をベースにしたとしても，ビッグデータ分析の結果を基に正確な演繹推論を行うことが難しい場合が多々発生する。なぜなら，ビッグデータ分析の結果が解釈可能かどうかは，分析・解釈者がどのような知識体系をベースするのかということに依存するためである。厳密にはビッグデータの文脈ではないが，分かりやすい例を挙げると1992年12月23日に *The Wall Street Journal* に掲載された「Supercomputers Manage Holiday Stock」という記事だろう。この記事は，ある小売企業におけるバスケット情報を分析した結果，紙おむつとビールが同時に売れることを発見した，ということを紹介している（Wilke, 1992）。マーケティングに関する知識を持っている場合，ユーザー，ペイヤー，バイヤーに買い物主体を分けることで，「ユーザーとバイヤーが異なる」だろうということを思考することができるだろう。そして，この小売企業の品揃えや店舗内デザイン，主な顧客層，（観察数に限界はあるが）実際のショッピングバスケットの中身などといった知識を持っているならば，紙おむつについてバイヤーは親でユーザーは子どもであり，小さい子どもがいる家庭で父親が大きく重たい紙おむつを買うついでにビールを購入するのではないかといった論理的推論が可能だろう。しかし，このような知識を持っていない場合，「データ上は相関があるが，なぜそれが起こっているのか」を解釈することが難しい。この例はマーケティング知識を用いると解釈可能であるが，現実的には解釈できない分析結果を得ることが多々ある。そして，もちろんこの相関自体が疑似の相関であるかもしれない。人は解釈できない分析結果の中に意味を見出そうとする性質を持っているが，少なくともビッグデータ分析の目的や事業に関する知識を持っていなければ，ビッグデータ分析の結果が意味することや発生メカニズムなど理解することができないばかりか，誤った結果を採用してしまうことがある。このような結果から事業を組み立てることは不可能である（Bradlow et al., 2017）。目的や知識なしにビッグデータ分析に意思決定を依存した場合，単に混乱を招くだけで，得られた結果を経営成果に変換することができない（Mazzei and Noble, 2017）ばかりか，資源やオペレーションに無駄が発生する（Yasmin et al., 2020）。

このような問題は，ビッグデータ分析環境に適した組織文化が無いことが原因で起こる。例えば，McAfee と Brynjolfsson は，「企業がビッグデータ時代で成功するのは，より良いたくさんのデータを持つからではなく，明確な目的を設定し，成功とは何かを定義し，適切な疑問を持つことができるリーダーシップのあるチームを持つからである」（McAfee and Brynjolfsson, 2012, p.66）と述べている。ビッグデータ分析を事業に活かす場合，経験や勘に頼るのではなく，データ分析の結果と事業経験や知識を統合して経営意思決定を行わなければならない。ビッグデータ分析は解釈可能／不可能な様々な結果を組織に返すが，ある経営目標を達成するために「なぜ」ビッグデータ分析が必要で，「どのような問題を解決」することを目指すのか，そのために「どのような資源を利用・再組織化する」のかという事業の方向性や目的の定義が必要となる（AlNuaimi, Khan, and Ajmal, 2021; Ritter and Pedersen, 2020）。組織文化は組織における個人と集団の行動，情報処理，相互作用，物事の進め方に関する組織的規範や期待である（Glaser, Zamanou, and Hacker, 1987）。言い換えると，組織文化によって情報処理の目的や「なぜその資源を獲得・蓄積するのか」という理由が与えられ，「経営目的に沿った」資源の蓄積，利用，再組織化が実行されるのである。

ビッグデータの管理や分析を担当する人もしくはチームは，技術的な専門知識を持つが，彼らはその専門知識だけを持っていれば良いわけではない。技術的な専門知識だけを持っている人が分析結果をプロジェクトチームメンバーと共有したとしても，他のメンバーはその分析結果が何を意味していて，それをどのように事業に活かせばよいか理解することができない。優れたデータサイエンティストに求められるのは，事業の文脈を理解するとともに，事業の言葉を用いてコミュニケーションを行い，ビッグデータ分析の結果を可視化するとともに，プロジェクトメンバーたちがビッグデータ分析を利用して課題を特定し解決することを支援することである（McAfee and

Brynjolfsson, 2012)。話を分かりやすくするためにデータサイエンティストに注目したが，ある機能部門メンバーが他の機能部門のメンバーと協働し価値を創造するためには組織文化が重要である。組織文化は企業の構造，システム，行動を決定し，従業員間で経営の目的を共有させるとともに，他の資源との調整の方向性を決める（Alavi and Leidner, 2001; Barney, 1995; Cameron and Freeman, 1991）。ビッグデータ分析を事業に活かすためには，ビッグデータ分析と組織文化とセットで考えなければならない（Gupta and George, 2016; Upadhyay and Kumar, 2020）

2　ビッグデータ分析能力

2-1．ビッグデータ分析能力を捉える2つの視点：個人と組織

ビッグデータ分析を事業に活かし，経営成果につなげるためには，先ほど述べた技術的障壁と組織的障壁を解決しなければならない。これが意味するのは，IT 生産性パラドックスを解決するためのIT 能力と同様に，ビッグデータ投資が成果に結びつかない「ビッグデータ生産性パラドックス」を乗り越えるためのビッグデータ分析能力を高めなければならないということである（Günther et al., 2017; Gupta and George, 2016; Tiefenbacher and Olbrich, 2015）。

「ビッグデータが成果に結びつかない問題」を乗り越えるためには，ビッグデータの収集・蓄積・分析に関する組織能力だけでなく，ビッグデータから得られた知識を組織内外の資源と結合し事業に変換する組織能力が必要となる（Kiron, Prentice, and Ferguson, 2014）。第2章で見たIT 能力（IT インフラ，IT-事業橋渡し能力，IT 先行姿勢）でも，ビッグデータ環境において「能力」として捉えられる要素はある。ただし，上記の技術的問題を解決するためのインフラを保有している（または利用できる）ことがビッグデータ分析の前提になること（Hudder and Ramannavar, 2013）や，これまでの実務経験

や知識からは思いつかないような現実を示す多様な分析結果を可視化し，解釈し，事業に活かすという組織文化が必要となること（Clarke, 2016; McAfee and Brynjolfsson, 2012）などは，IT 能力の概念の範囲を超えた現象である。ゆえに，ビッグデータ環境に即して現実をより良く説明する「ビッグデータ分析能力」が必要となる。

ビッグデータ分析能力は，ビッグデータに関連する複数の資源を整理（Assemble）し，統合（Integrate）し，事業に展開（Deploy）する企業全体のプロセス・役割・構造に関する能力であり，ある企業に独自で模倣不可能な資源である（Kiron, Prentice, and Ferguson, 2014）。ビッグデータ分析能力を構成する下位概念は，IT 能力の３つの下位概念―IT インフラ，IT-事業橋渡し能力，IT 先行姿勢―をビッグデータ環境に適用し，ビッグデータ分析結果を事業に変換することを助けることに合わせて進化させたものである。それは，１）ビッグデータ分析のためのインフラ，２）ビッグデータ分析と分析結果の解釈・事業変換に関する個人または組織の知識や技術，３）ビッグデータ分析をベースに知識を創造し事業を設計するための能力，である（Gupta and George, 2016; Wamba et al., 2017）。ビッグデータ分析能力は細かく見ると様々な下位概念が特定され，経営成果への効果が実証されているが，基本的には共通してこの３つの下位概念が用いられている。

ビッグデータ分析能力を捉える視点は２つある（**図3-2**）。１つ目は，ビッグデータ関連の組織インフラ上に成り立つ「専門性の高い個人」を起点に組織全体の能力を捉える視点である（例えば，Akter et al., 2020; Choi and Park, 2022; Huang et al., 2022; Karaboga et al., 2022; Rialti et al., 2019）。ビッグデータ分析能力は組織能力だが，基盤となるビッグデータの収集・蓄積・分析に関する技術や知識は専門性が高い（Ashaari et al., 2021; Ferraris et al., 2019; Tambe, 2014）。それらの知識や技術を組織構成員全員が理解しようとすると学習コストが高く非効率である。それゆえ，個人の能力をベースに組織全体のビッグデータ活用を考えるのである。この視点では，ビッグデータ分析の担当者の能力に注目し，ビッグデータ分析能力を１）ビッグデータの管理・分析プラットフォームといったインフラ，２）担当者の分析能力，そして，３）エビデンスベースの意思決定を行うとともに事業に必要な他の資源との

図3-2　ビッグデータ分析能力を捉える個人と組織の視点

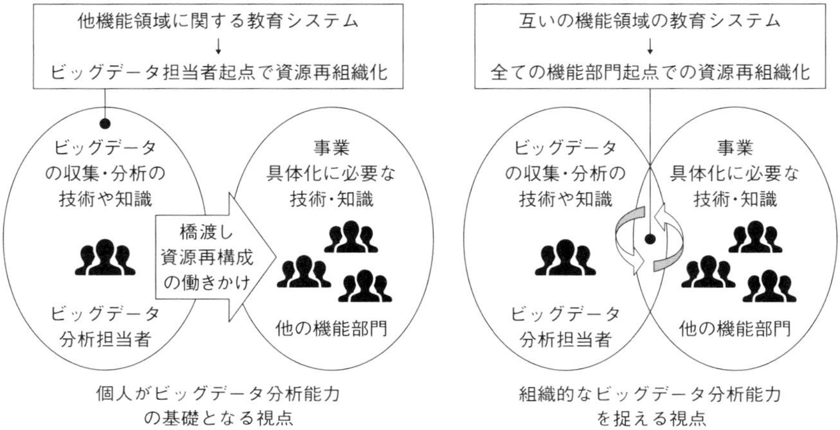

統合のための管理能力，を構成要素とする（Kiron, Prentice, and Ferguson, 2014)。この能力は，ビッグデータ分析の担当者がビッグデータの管理・分析のためのプラットフォームを基に事業目的に合わせてシステムを構築すること，もしくはシステムを柔軟に変更することを前提とする。それだけでなく，この担当者がビッグデータ分析の結果からインサイトを得ること，そして，事業目的達成のために他の機能部門との連携および他の資源との統合を行うことも含まれる（Akter et al., 2016; Wamba et al., 2017)。

２つ目は，上記で「専門的な知識や技術を持つ担当者個人」に求めていた要素を組織化する仕組みを組み込んだ，組織全体の能力を捉える視点である。資源ベース理論に基づくと，能力という資源が競争優位の源泉になる際には，価値があり，希少で，模倣困難で，組織化されたものであるということを前提とする（Barney, 1991)。加えて，資源と組織システムが補完的であるとき，資源はより競争優位に貢献し得る（Eisenhardt and Martin, 2000)。１つ目のビッグデータ分析能力の視点は特定の個人に焦点が当てられているが，IT人材は流動性が高く，その個人が組織から抜けてしまうと，ビッグデータ分析能力が成立しなくなる。このようなIT人材が他社に流れると，模倣可能性も高まる（Lieberman and Montgomery, 1988)。また，近年のビッグデータ分析パッケージドサービスの選択肢の増加や低価格化によって，どの企業もある程度のビッグデータ分析を行うことができる。流動性の高いIT人材も分析パッケージドサービスもビッグデータ分析能力を構成する要素ではあるが，それらを活かしてどのような事業の問題を解決できるか，どのような事業目標を達成できるか，そしてそのためにどのように資源を組み合わせ再組織化するかということを組織全体が思考し実行することで，模倣困難なビッグデータに関する組織能力となる。このようなマネジメントの能力は時間をかけて開発され組織固有のものとなるが，日常的にこのプロセスが回っていなければならない（Grant, 1995; Mata, Fuerst, and Barney, 1995）。このプロセスはビッグデータ分析を用いて事業開発を行うチームを中心に進められる（Aversa, Hernandez, and Doherty, 2021; Verhoef et al., 2016）が，そのためには，他の機能部門メンバーもビッグデータやビッグデータ分析の特徴や優位性を理解している必要があるし，逆にビッグデータ分析を担う部門メンバーは他の機能部門の専門的な技術や知識の特徴や優位性などを理解する必要がある。それゆえ，ビッグデータ分析に関わるすべての機能部門は知識吸収能力が高い必要がある（Khan, Tao, and Li, 2022）。組織内の各機能部門の特徴を考えたとき，ビッグデータ分析に親和性の高い（すぐに理解する）部門と，そうではない部門がある（Kiron et al., 2011）。重要なことは，それぞれの専門性を完全に理解することを目指すのではなく，それらを議論するための共通言語のような初歩的知識を得ることである。各機能部門は，それぞれ独自の思考世界（Dougherty, 1992）やスキーマ（Daft and Weick, 1984）を持っている。これらが異なることによって，情報や目標の共有が難しくなり，新しい事業の開発は妨げられる。互いに共通言語を持つことで，情報や目標の共有が可能となり，日常的なビッグデータベースの組織的思考が進む。そのための教育システムの整備も，この視点の能力には含まれる（Gupta and George, 2016; Mikalef, van de Wetering, and Krogstie, 2021）。

これら2つの視点それぞれをベースとした実証研究は多く行われているが（詳しくは，第4章 Appendix を参照），本書のビッグデータ分析能力は2つ目の視点を採用する。今後も AI やビッグデータ分析を含めたデジタル技術に関して専門知識を持つ IT 人材が不足すると試算されている（経済産業省，

2018)。日本でもグローバルでもIT人材の流動性は高く（中沢, 2018), IT人材が偏在するIT産業を含めて企業はIT人材に高額な報酬を用意し人材確保を進めており（経済産業省・みずほ情報総研株式会社, 2021), 不足するIT人材の確保競争が激しくなっている。この状況は，短期的には解消されないと予想される（情報処理推進機構, 2021)。また，IT自体やパッケージドサービスは市場調達が容易である。同じ産業や戦略グループ内で同様のビッグデータ分析関連の知識や技術を持つ企業よりもより良くビッグデータ分析を経営成果に結びつけ持続的な競争優位を得るためには，企業が利用可能な資源を再組織化し続けることが不可欠である。２つ目の視点で捉えるビッグデータ分析能力という概念は，個人の知識や技術を組織化するプロセスや仕組みを整えることも含める。それゆえ，本書では２つ目のビッグデータ分析能力の視点に依拠し，その原因や結果の探求を進める。

2-2．ビッグデータ分析能力の定義と下位概念

「専門的な知識や技術を持つ担当者個人」に求めていた要素を組織化する視点でのビッグデータ分析能力について，IT能力の系譜を引き継ぎつつ，最初に体系的に整理・定義したのがGupta and George（2016）である。彼らの能力定義が，よりよく現実を説明するものとしてビッグデータ分析能力の最新研究にも採用され続けている（第4章**Appendix**を参照)。

Gupta and George（2016）はビッグデータ分析能力を「ビッグデータに基づく資源を組み立て，統合し，展開する能力」(Gupta and George, 2016, p.1054）と定義する。そして，彼らはBharadwaj（2000）やSanthanam and Hartono（2003）のIT能力と同様に，ビッグデータ分析能力は３つの下位概念，１）データやデータストレージやデータベースに関する技術といったインフラを指す有形資源（Tangible Resources), ２）データドリブン文化やデータに基づく組織学習といった無形資源（Intangible Resources), そして３）データ分析や分析結果を事業に変換する能力などの人的資源（Human Resources）で構成される能力であると定義している（**図3-3**)。これら３つの下位概念は，組織と市場それぞれの文脈下で独自に混ぜ合わされることで，

図3-3　ビッグデータ分析能力と下位概念

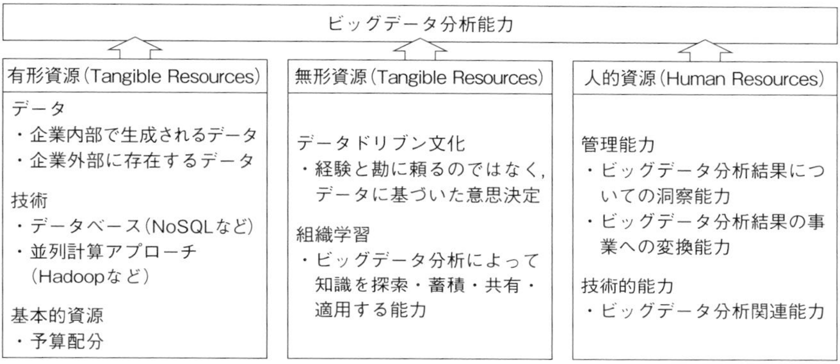

出所：Gupta and George（2016）を基に筆者作成。

データ分析→インサイト獲得→資源再組織化や事業化→価値創造という組織の認知論理を駆動させる資源としての組織能力となる。そのためには，継続的に有形資源への投資（例えば，新たなITの探索と採用）を行うとともに，人的資源の更新および各資源の組織化を行う仕組みとしての無形資源を精緻化することが求められる。本書の重要概念となるため，次にそれぞれ詳しく説明する。

◉── 2-2-1．有形資源

1つ目の有形資源は，データや技術，ビッグデータへの予算で構成される。特にデータや技術は市場調達が可能であり，すべての企業にとって利用可能な資源である。データには，1）企業内部の事業オペレーションの結果蓄積されるデータ（例えば，在庫，売上，取引，人事，など）と，2）企業外部に存在し，直接的には企業の事業に関連しないかもしれないが将来新たなアイディアや発見を提供するかもしれないデータ，がある。例えば，後者に該当するSNSデータは誰でも入手・分析することが可能である。ID-POSデータ，ウェブ検索履歴や端末位置情報等のデータなども購入可能であるし，産業構造や人口動態，就業，消費等に関するデータも政府や地方自治体から入手が可能である。これらがパッケージになったデータセットを市場調達することも容易である（Sorescu, 2017）。データを管理・分析する技術について，例えば，非構造的なデータを蓄積するための非リレーショナル・データベースとしてのNot only SQL（NoSQL）データウェアハウスやある目的に沿って構築されたデータマート，効率的にビッグデータを分析するための並列計算アプローチ（例えば，Hadoopなど）などは，それらがパッケージドされたサービスをスタンドアローンまたはクラウドで市場調達可能である（Bradlow et al., 2017; Warner and Wäger, 2019）。ただし，これらビッグデータ文脈における有形資源は市場調達が可能であるがゆえに，有形資源のみでは競争優位につながるとは考えない。組織や市場の文脈に合わせて他の下位概念と混ぜ合わさることによって，価値があり模倣困難な組織のビッグデータ分析能力ができ上がる。

◉── 2-2-2．無形資源

２つ目の無形資源は，データドリブン文化と組織学習である。これらは明確化かつ可視化することが難しいことに加えて，組織や市場の文脈に依存して利益を生むということから，次の人的資源とともに模倣困難で代替不可能なビッグデータ分析能力を創る核となる（Gupta and George, 2016）。組織文化は組織の情報処理や活動を定めるとともに，組織内部の細分化された機能を統合し，より高次的な機能が発現するように取りまとめる機能を持つ（Iivari and Huisman, 2007）。ビッグデータの文脈においては，技術的不足やデータ管理等の問題があるためにビッグデータ生産性パラドックスに陥るのではない。ビッグデータ分析の結果を事業に変換することや，その結果から市場知識を更新することを促進する組織の基準や規範・ポリシーなどを含めた組織文化が欠如しているために生産性パラドックスに陥るのである（Günther et al., 2017; LaValle et al., 2011; Ross et al., 2013）。ビッグデータ分析を経営成果に結びつけるためには，トップマネジャーのみならず，ミドルマネジャーやその他役職を持たない従業員まで，経験と勘や不完全なデータによる意思決定を行うのではなく，ビッグデータによって得られたインサイトに基づいて意思決定を行うことが有効である（Awan et al., 2021）。少なくとも，その分析結果と自らが持つ知識とを比較し，議論させ，意思決定を行うというデータドリブン文化が必要となる（Ashaari et al., 2021; Cao and Duan, 2014; Gupta and George, 2016; Karaboga et al., 2022）。組織文化に加えて，ビッグデータ分析から得られたインサイトを既存知識と結合させ，知識を更新するとともに，新しい知識を創造することも求められる。特に市場が激しく変化する中では，既存知識を基にした事業の不確実性が高まる。不確実性を低めるためには，継続的な組織学習を通して新しい知識を探し，蓄積し，組織内で共有するとともに，新たに生成された知識を事業に適用することが不可欠である（Grant, 1996）。即自的に生成されるデータを用いて，素早く分析結果を得ることができるビッグデータ分析は，この組織学習のスピードを高め，変化する市場の中でも質の高い意思決定をサポートする（Awan et al., 2021; Cai, Lu, and Chen, 2022; Chen et al., 2022; Ferraris et al., 2019; Johnson, Friend, and Lee, 2017; Shamim et al., 2020）。

◉── 2-2-3．人的資源

3つ目は人的資源である。人的資源は，ビッグデータ関連の技術的能力および管理能力を指す。1つ目の有形資源は，データや技術そのものであり，ビッグデータのみならず，従来のITやデータの管理・分析のためのプログラミングをはじめとした技術自体は文章化しマニュアル化できる。つまり，ビッグデータ技術自体は市場調達可能な資源であり，模倣可能で代替可能な資源である（Mata, Fuerst, and Barney, 1995）。2つ目の無形資源が扱うのは，ビッグデータ分析をベースとする組織文化・組織学習という点だが，そもそもビッグデータを分析し，分析結果からインサイトを得て，事業に必要な資源を組織化する能力が無ければ，ビッグデータ分析は経営成果に結びつかない（Bradlow et al., 2017; Janssen, van der Voort, and Wahyudi, 2017; Tambe, 2014）。重要なことは，有形資源や無形資源を活かして「具体的に事業を構築すること」であり，そのための能力を整えることである。すでにビッグデータ分析の組織的障壁のところで述べたように，ビッグデータ分析を経営成果につなげるためには，ビッグデータ分析をうまくやるだけでは不十分である。何を達成するために分析を行うのか，分析結果をどう可視化するのか，目的を達成するためには他の機能部門に存在するどのような資源が必要なのか，それらをどう統合するかということを考え，統合し，事業として具現化しなければならない（Demir, Demir, and Yasar, 2022; McAfee and Brynjolfsson, 2012; Ritter and Pedersen, 2020）。IT 人材が偏在する IT 産業においては，他の産業に比べてこの問題を早くから認識しており，IT 人材の報酬を決定する際に，IT だけでなく，コミュニケーションやマネジメントに関する能力を重要な評価対象とする。単にプログラミング等の能力があるだけでなく，他の従業員との関係性を構築・維持するとともに，事業開発に必要な資源の統合を行っていくことが重要である（独立行政法人情報処理推進機構社会基盤センター , 2020；経済産業省，2017）。

3　小括

本章の目的は，ビッグデータ分析能力を理解することである。ビッグデータ分析能力を捉える視点は１）Akter et al.（2016）や Wamba et al.（2017）などを起点とする個人レベルと，２）Gupta and George（2016）を起点とする組織レベルがある。IT の市場調達容易性や IT 人材の流動性を考えると，ビッグデータ分析ベースの事業開発を専門性の高い個人に依存することはリスクが高い。その個人が組織から抜けた場合でも，ビッグデータ分析ベースの事業プロセスが回り続けるための組織を創らなければならない。そのためには，組織レベルでビッグデータ分析能力を捉えることが有効である。

組織レベルのビッグデータ分析能力を高めるためには，データドリブンの意思決定や組織学習を行う文化の醸成と，分析結果を解釈することや分析結果を事業に具体化することに関する能力の向上が重要である。組織文化を変えることは難しく，時間がかかる。人は自分の情報処理や仕事フローの在り方を変えることに抵抗する（例えば，Davis, 1989）。いくらビッグデータ分析が組織全体や経営全体にとって利益があっても，「自分の部門や仕事とは関係ない」という他人事化の知覚が発生し，仕事のやり方を変えるコストを知覚するため，それを実際に導入する際に抵抗が発生する。その抵抗を乗り越え，データドリブン文化や組織学習を根づかせるためには，適任と考えられ

図3－4　ビッグデータ分析能力を高めるステップと活動

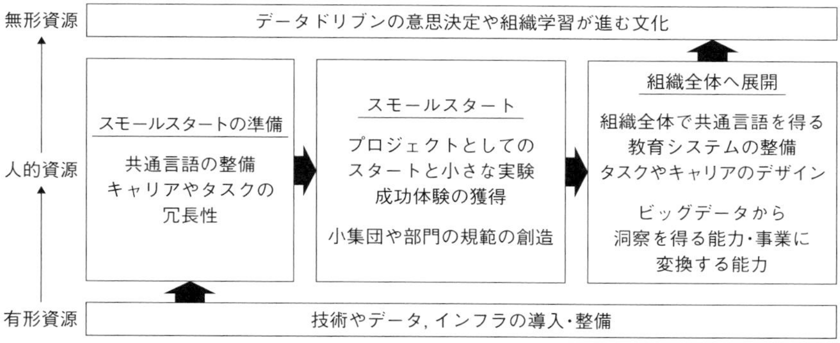

る少数メンバーによる「小さな実験」や「小さな成功体験」を積み重ね，利益があることを他の組織メンバーに可視化することが最初の段階である。そして，「ビッグデータを仕事に活用することが望ましい」とする部門や小組織の規範を創ることを通して，徐々に組織全体への導入を広げる努力が有効である（Günther et al., 2017; Mikalef, van de Wetering, and Krogstie, 2021; Warner and Wäger, 2019）（**図3－4**）。

ビッグデータ分析の自分事化にも関連するが，ビッグデータ分析ベースで事業を開発する際に，必要な資源を持つ機能部門（またはそのメンバー）が互いに資源を持ち寄り，協力し，再組織化する必要がある。これを進めるためには共通言語を持ってコミュニケーションすることが不可欠である。例えば，製品開発の研究は各部門に専門的に蓄積する資源の利用可能性を高めるために部門間統合（実際に部門を統合するわけではなく，互いにタスクやプロセスに関与し，コミュニケーションを行う）が有効だと結論づけている。興味深いことに，川上（2005）は「バランス分化」という概念を用いて，R&D部門とマーケティング部門のメンバーのキャリアやタスクに冗長性（Redundancy）がある方が部門間統合が進むことを明らかにしている。ビッグデータ分析においても，ビッグデータ分析を中心として各機能部門のタスクやキャリアに冗長性を持たせることが有効だと考える。

（1） 日本で実務的にビッグデータという言葉を目にするようになるのは，日本経済新聞に限って言えば2010年11月８日の日経速報ニュースが最初である。当時はビッグデータ収集・分析システムを導入する場合の費用は，ユーザー数無制限の場合４億2,408万円であった。現在のクラウド・パッケージドサービスを導入する場合，最も安いケースだと初期投資は数十万円から始めることができる。

（2）「巨大なデータセット」という意味のビッグデータという単語は，例えばWeb of Scienceに登録されている中だと1974年の論文でも見つけることができる。

（3） NewVantage Partnersは2012年から同様の調査を継続的に行っているが，継続的に同様の報告結果を得ている。

第 4 章

Review of Big Data Analytics Capability Research

ビッグデータ分析能力研究の整理

Realizing value from big data is the result of continuous interaction between work practices, organizational models, and stakeholder interests, and call for empirical research on cross-level interactions and alignment. Based on future empirical evidence, we as scholars may be able to judge to what extent big data value meets its expectations, both for organizations seeking to strategically benefit from big data, and society as a whole. (Günther et al., 2017, p.205)

概要

本章では，ビッグデータ分析能力という概念を用いた研究をレビューし，これまでに分かっていることを整理する。第5章以降の実証研究は，本章で整理したビッグデータ分析能力に関する知識を拡張することを目指す。そして，これからビッグデータ分析能力を高めようとする場合，またはビッグデータ分析を活用し経営成果を高めることを考える場合，考慮しなければならない組織的要因を理解することを目指す。また本章の最後に，ビッグデータ分析能力を捉える3つの潮流と，それぞれにおける測定項目の在り方を整理する。

1　ビッグデータ分析能力に関する先行研究の整理

Web of Scienceに収録されている全分野の学術雑誌において「Big Data Analytics Capability」もしくは「Big Data Analytics Capabilities」という概念を用いている原著論文（早期公開含む）は128本（2023年4月15日現在）である。本書はビッグデータやビッグデータ分析の技術やアルゴリズムを扱うのではなく，これらを組織的に利用し経営成果に変換にするために必要な諸要因を明らかにすることが目的である。そこで，論文本文を精査し，BusinessやManagementという文脈において，ビッグデータ分析能力や，ビッグデータ分析能力を高める要因またはビッグデータ分析能力によって高まる要因を議論している学術論文を抽出し，レビュー候補論文を107本に絞った。また，本書は特定の産業や製品カテゴリーなどの固有の文脈におけるビッグデータ分析能力の原因や結果を理解するのではなく，可能な限り一般化可能な知識の創造を目指す。そのため，環境製品（Green Product）や責任環境行動（Responsible Environmental Behavior）など環境（Environment）を専門的に議論する論文は省く。また，本書はある企業が直接アクセス可能な資源を探索し，特定し，統合し，事業を改善または創造する活動に内在する諸問題を扱う。つまり，ある企業を主役として，当該企業の自律的な資源獲得・活用の活動を研究対象とするため，生産から消費までのプロセスにおける企業間の協働的仕組みの最適化を議論するサプライチェーン・マネジメントは省く。その結果，48本の決定的に関連する論文を整理した（本章末Appendixを参照）。

ビッグデータ分析能力に関する実証研究群は，2つのグループに分けることができる。1つ目は，ビッグデータ分析能力と経営成果の間に存在する要因とその影響を明らかにする研究である。2つ目は，ビッグデータ分析能力を高める要因とその影響に関する研究である。以降では，それぞれの研究群で明らかになった要因を整理する。

図4-1　ビッグデータ分析能力と他の能力の関係

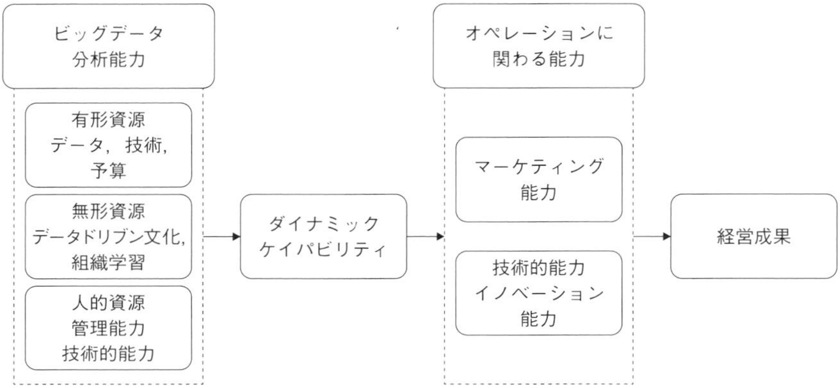

1-1．ビッグデータ分析能力が経営成果を高める間に存在する要因

◉── 1-1-1．他の組織能力との関係

◆ダイナミック・ケイパビリティ

ビッグデータ分析能力が経営成果を高めるという因果関係は，他の資源によって仲介される（**図4-1**）。第3章で述べたとおり，ビッグデータ分析からは様々な結果を得る可能性がある。それによって，企業は保有する知識とのギャップや無知な領域に気づくことができる。その結果がどのような現実を示しているのかを解釈し，事業として具体化するためには，ビッグデータ分析に関する技術や知識と他の機能部門の知識が結びつくことが不可欠である（Erevelles, Fukawa, and Swayne, 2016）。特に，程度の差はあるが経営環境は常に変化しており，企業は環境変化を前提として競争力を維持または向上するために事業を更新しなければならない。そのためには，外部環境の変化に気づき，新たな脅威や機会を特定し，機会を活かすための資源組織化や事業プロセスの変更を行う組織能力が必要となる。この組織能力として多くの研究で採用されている代表的なものが，ダイナミック・ケイパビリティ（Dynamic Capability）である。ダイナミック・ケイパビリティは環境が大き

く素早く変化する中で戦略と組織を変更し競争優位を得るための能力である（Helfat and Peteraf, 2009, Helfat and Winter, 2011; Zollo and Winter, 2002）。ダイナミック・ケイパビリティは，1）市場感知（Market Sensing）：環境を走査し市場の機会や脅威を察知すること，2）市場獲得（Market Seizing）：強固な事業モデルによって機会を掴むこと，3）市場再構成（Market Reconfiguring）：有形・無形の資源を継続的に調整することで既存の機能や戦略を変更すること，という3つの下位概念で構成される。ダイナミック・ケイパビリティが高い企業は，保有する有形・無形資源を強化し，必要に応じた再組織化を通じて，機会と脅威を感知するとともに機会を捉え，競争力を維持することができる（Teece, 1997; 2007）。ビッグデータ分析によって企業は市場構造のより良い理解のためのインサイトや市場構造の微妙な変化を示すインサイトを得ることができる（Chen, Chiang, and Storey, 2012）。そのインサイトは，市場の機会や脅威の特定に貢献する（Erevelles, Fukawa, and Swayne, 2016）。ビッグデータ分析能力はダイナミック・ケイパビリティを高めることが分かっているが，ダイナミック・ケイパビリティを3つの下位概念が混ざり合った企業固有の1つの能力として扱う研究（Contreras Pinochet et al., 2021; Mikalef, et al., 2019b, 2020; Wamba et al., 2017; Xiao, Tian, and Mao, 2020）でも，3つの下位概念個別の影響を調べた研究（Akter et al., 2020）でも，同じ結論を得ている。

ビッグデータ分析に関わる基礎的な資源であるデータやデータセット，データ分析・可視化技術の導入から，新たな事業の開発や組織文化の変更に至るまでの有効なプロセスも，ダイナミック・ケイパビリティに依拠した質的研究によって明らかになりつつある（Mikalef et al., 2019a; Wang et al., 2018; Wang and Hajli, 2017; Warner and Wäger, 2019）。質的研究の多くのリサーチ・クエスチョンは，「ビッグデータ分析能力は，どのようなプロセスで，どのような障壁を乗り越えることによって高まるのか」というものである。研究アプローチや分析に用いた主概念は異なるが，Warner and Wäger（2019）や Mikalef, van de Wetering, and Krogstie（2021）は共通した理論的提案を行っている。これらの研究成果を要約すると，組織がビッグデータ分析能力を高めるためには，上記のダイナミック・ケイパビリティの3つの下位概念に沿って，次の３つのプロセスが段階的に進み，ビッグデータ分析能力が高まる。

1．小さく始める：事業ごとのローカルな実験をベースに利用可能な技術の探索と獲得を進め，組織全体での活用シナリオや思考を念入りに創る。
2．組織化を考える：ビッグデータ分析に関する教育システムを整え，データ分析から事業開発までのプロトタイプを創るとともに，組織硬直性の原因となる拒否反応を避けるために既存の事業モデルからの急激な変更ではなくバランスを保つ。
3．事業モデル再構成：顧客（BtoB, BtoC 含む）を含めた事業の在り方や事業を計画・具体化するプロセスといった内部構造を変更する。

なお，ビッグデータ分析能力は，既存の市場知識では理解しにくい（それゆえ，競合他社は気づいていない）市場の変化をいち早く発見することを助ける。他社に先駆けてこのようなアイディアを得ることで，他社より早く事業を整え市場に投入する市場機敏性（Market Agility）が高まる。市場機敏性が高い企業は，市場参加者が共通して理解しているセグメントやニーズに固執しないため，市場にとって新たな競争軸を生むことが分かっている（Zheng et al., 2022）。

◆マーケティング能力や技術的・イノベーション能力

先ほど見たように，高いダイナミック・ケイパビリティは，組織が機会を特定し，その機会を活かして新たな競争を仕掛ける行動を促進する。しかし，ダイナミック・ケイパビリティが高い場合，具体的な行動が自動的に生成され実行されるわけではない。つまり，これらは競争優位のための必要条件ではあるが十分条件ではない（Eisenhardt and Martin, 2000）。ダイナミック・ケイパビリティによって生み出される組織能力が競争優位に貢献するのであり，機会を活かすためのオペレーションに関わる組織能力の更新が必要になった際にその更新を可能にするものがダイナミック・ケイパビリティであり，ダイナミック・ケイパビリティはいわば戦略的オプションである（Helfat and Winter, 2011; Pavlou and El Sawy, 2006）。

結論として，意思決定者がビッグデータ分析の結果を解釈し，それに基づいて行動を起こす能力を持つことが重要である（Janssen, van der Voort, and Wahyudi, 2017）。この能力として，マーケティング能力や技術的能力（Mikalef et al., 2020b），イノベーション能力（Lozada, Arias-Pérez, and Henao-García, 2023; Mikalef and Krogstie, 2020; Mikalef et al., 2019b）が特定されている。ビッグデータ分析能力は，これらのオペレーションに関わる能力を介して経営成果を高める。これらの能力は，例えば事業領域の定義にも登場するニーズやニーズ充足方法としての技術を事業に具体化する能力だが，市場変化が大きく頻繁な場合，変化に対応する計画策定や資源再組織化を行うだけでなく，オペレーション能力を使って実際の行動として素早く変化に対応しなければならない（Winter, 2003）。

マーケティング能力は，マーケティング戦略の策定と実行に関する能力（Morgan et al., 2003）である。この能力は，市場に関する知識の生成，顧客との関係性構築，そしてパートナー（他の資源保有企業など）との結びつきを促進する。特にマーケティング知識の生成はマーケティング能力の中核部分を担う（Vorhies et al., 2011）。市場が急速に変化し，マーケティング行動の成否を顧客が担うようになるにつれ，市場構造やその変化を示すシグナルに気がつくことを最優先事項とし，その中から機会を特定し，資源の再組織化およびマーケティング行動の具体化を迅速に行うアウトサイド・イン視点（Outside-In View）が重要となる（Day and Moorman, 2010; Du and Kamakura, 2012）。この能力は市場の考え方や市場情報処理に関する規範を土台として時間をかけて定着する知識生成プロセスであり，希少価値が高く代替不可能であるため，競争優位の源泉となる（Vorhies and Morgan, 2005）。アウトサイド・インのマーケティング能力はビッグデータ分析能力と混ぜ合わされることによって経営成果に貢献する（Hossain, Akter, and Yanamandram, 2020; Mikalef et al., 2020）。なお，マーケティング行動やオペレーションの変更に焦点を当てると，市場機敏性や組織機敏性という概念が良く用いられる。これらの概念は市場を継続的にモニタリングし素早く製品・サービスを改善し，市場変化に物理的に対応するために事業プロセスを変更する能力（Lu and Ramamurthy, 2011; Sambamurthy et al., 2003）である。どちらも市場の変化に対応するオペレーション能力という点では同じ概念であり，様々な研究によってビッグデータ分析能力はこのような機敏性を高めるという結論が得られている（Khan, Tao, and Li, 2022; Li et al., 2021; Xie et al., 2022; Zheng et al., 2022）。

一方，技術的能力は製品やサービスの生産に関わる能力（例えば，Wilden and Gudergan, 2015）である。また，イノベーション能力はプロセス・ベースのイノベーション能力を指し，技術的能力よりも広い現象を捉える概念であり，新たな製品・サービスを継続的に生み出す組織プロセスや事業モデル設計に関する能力（例えば，Camisón and Villar-López, 2014; Kafetzopoulos and Psomas, 2015; Lawson and Samson, 2001）である。言い換えると，生成したアイディアや知識といったものをインプットしアウトプットする能力である。ビッグデータ分析によってもたらされる様々な結果の中から，まだ市場参加者の誰も具体化していない事業のアイディアを得ることができる。このようなイノベーションの種は個人によって発見されることが多いだろうが，これを組織全体の課題として評価・共有する仕組みやプロセスが必要である。ビッグデータ分析によって発見したことを机上の空論で終わらせるのではなく，常に技術動向を調査し，製品・サービスとして具体化し顧客に届ける方法を模索するように動機づけ，複数の機能部門の共同作業をサポートしなければならない（Saunila and Ukko, 2012）。ビッグデータ分析能力は，これらの能力を高め（Lozada, Arias-Pérez, and Henao-García, 2023; Mikalef et al., 2020），結果として競争優位の獲得に貢献する。

◉── 1-1-2．組織の情報処理傾向との関係

◆ビッグデータ分析と戦略・組織の整合性

ビッグデータ分析を経営成果に結びつけるためには，ビッグデータ分析と戦略または組織が整合的である必要がある。まずは戦略について考えてみる。何度も述べていることだが，ビッグデータ分析から得られる分析結果には，これまでに把握していた市場構造の漸進的変化に関するものだけでなく，ま

ったく新しい市場構造に関するものが含まれる（Su et al., 2022）。ポートフォリオに含まれる事業またはプロジェクトによって，そのとき採るべき具体的なマーケティング行動は異なる。ビッグデータ分析をベースにマーケティング行動を市場ダイナミクスに適合させるためには，データを実用的なインサイトに変換しなければならないことに加えて，資源の利用と再組織化を行わなければならない。資源の構成・再組織化は常に経営戦略（以下，戦略）によって規定される（Peteraf, 1993）。ビッグデータ分析を戦略と整合させ，例えばマーケティングなどの異なる機能部門の目的と常に同期させることで，ビッグデータ分析に関わる従業員（特に，プロジェクトのリーダーやマネジャーなど）のビッグデータ分析の導入・活用目標が明確になり（Grossman and Siegel, 2014; Upadhyay and Kumar, 2020），ビッグデータの活用に関する機能部門間の認知的・構造的乖離が埋まる（Akter et al., 2016; Safari and Jiang, 2018）。このように，ビッグデータ分析と戦略が整合している場合，ビッグデータ分析能力は市場変化を察知し対応を迅速に組み立てる能力である市場機敏性をより高め（Xie et al., 2022），経営成果をより高める（Akter et al., 2016）ことが明らかになっている。なお，ビッグデータ分析と戦略の整合性が経営成果を高める影響は，多くの企業にとっての市場が非連続的に大きく変化し市場機敏性を発揮しなければならない状況においてより強くなる（Chen et al., 2022）。

上記はビッグデータ分析と戦略の整合性だったが，組織との整合性も高めなければならない。ビッグデータ分析のインフラは，分析や分析結果の可視化を通して意思決定や事業プロセスの調整をサポートするものである。これがサポートとして効果を発揮するためには，ビッグデータ分析のインフラが処理するデータと組織の各事業システムのインフラが生成するデータ，分析者（システム・ユーザー）の能力，そしてシステム導入後に新たに発生する事業プロセスと既存のプロセスの間に整合性がなければならない（Rialti et al., 2019）。ビッグデータ分析と組織と整合性は３つの実践的な要素に分解しそれぞれを設計する必要がある（**図４－２**）。それは構造的（Structural）実践，手続き的（Procedural）実践，そして関係的（Relational）実践である（Tallon et al., 2013）。構造的実践は，機能部門ごとのデータ収集・分析，解釈・経営

図4-2　ビッグデータ分析と組織の整合性

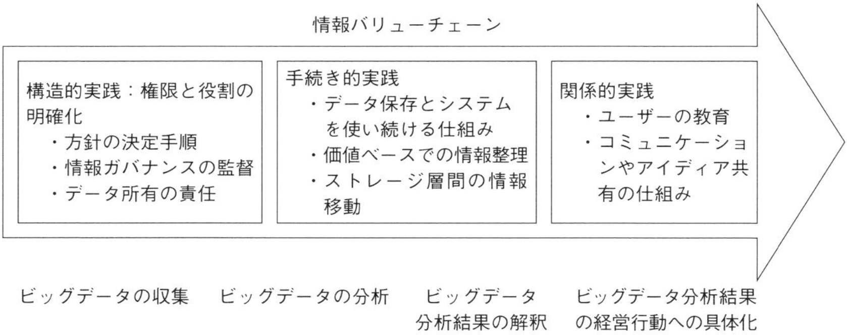

出所：Mikalef, van de Wetering, and Krogstie（2021）を基に筆者作成。

行動の具体化という情報バリューチェーン（Information Value Chain）おいて権限と役割を明確にすることである。手続き的実践は，ビッグデータの収集・蓄積・分析に関する手順や，情報整理の方法である。情報にはライクサイクルがあり，情報は生成されてからある時点までは現在または将来の意思決定の質に寄与する。しかし，ある時点からその情報が古い情報となり意思決定の質を低めてしまうため，蓄積情報の取捨選択という手続きも重要となる（Tallon, 2007）。最後の関係的実践は，ビッグデータ分析に関わるすべての従業員の目標を一致させ，分析結果の活用の方向性を与える。ビッグデータ分析によって質の高い意思決定を行い経営成果を高めるためには，異なる価値観や能力・知識を持つ機能部門間の目標を一致させる必要がある（Janssen, van der Voort, and Wahyudi, 2017; Lee and Trimi, 2021）。そのためには，ビッグデータ分析担当者と他の機能部門メンバーそれぞれに必要な能力の定義や教育システム，コミュニケーションやアイディア共有の仕組みを整えなければならない。関係的実践はビッグデータ分析能力を高めること，そしてビッグデータ分析能力を経営成果に変換するうえで最も重要な整合性である（Mikalef, van de Wetering, and Krogstie, 2021）。

ビッグデータ分析能力にも，上記のような要素は含まれるが，ビッグデータ分析能力が扱う下位概念が「本当に組織化されるのか」という問題を問うのがこのビッグデータ分析と組織の整合性である。

図 4 - 3　ビッグデータ分析と戦略・組織との調整

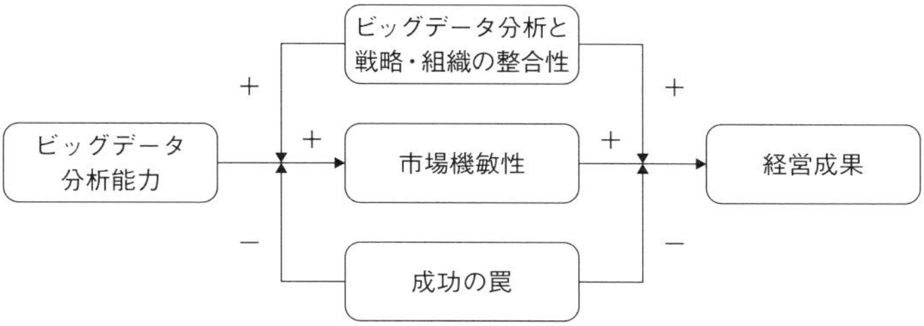

◆成功の罠（Success Trap）

第２章３-２項で「意図せざる組織の硬直性」について述べたが，ビッグデータ分析においてもこの負の現象が起こりうる。ビッグデータ分析能力を高めることは，戦略的な組織変更を必要とする。組織は成功した行動を繰り返そうとする防衛のマインドセットを持っている（Gilbert, 2005; March, 1991）。たとえ市場が変化していたとしても，成功経験は企業に楽観（Weick, 1984）や自分たちの戦略，実践，過去の業績への満足（Audia, Locke, and Smith, 2000; Miller and Chen, 2004）を与え，戦略や組織の変更，イノベーションの創出を妨げる。成功したという経験は，その成功の行動やその成功によって再組織化された資源（行動の仕方を含めた知識）への依存を高める。この依存は，企業が過去の成功の結果や，その結果として存在する現在の戦略やルーチンなどを優先的に使用することを促進する。言い換えると，このような成功の罠（Success Trap）はダイナミック・ケイパビリティを高めることを阻害する（Wang, Senaratne, and Rafiq, 2015; Zollo and Winter, 2002）。たとえ市場機敏性を高め市場変化や新たな事業機会などを察知したとしても，成功経験が防衛のマインドセットを高め，市場適応やイノベーションの創出を自分で制限してしまうことにつながってしまう（Rhee and Kim, 2015; Zheng et al., 2022）（**図４-３**）。

ビッグデータ分析能力をダイナミック・ケイパビリティに沿って高めることに関して，Mikalef, van de Wetering, and Krogstie（2021）は質的研究によって乗り越えるべき組織硬直性の原因としての障壁（Barrier）を整理している。ビッグデータ分析の初期段階＝実験段階では，第２章で見た硬直性の原因と同じように，投資決裁者であるトップマネジャーの抵抗やデータ分析者の技術不足，組織（または従業員）のワークプロセス変更への抵抗などが障壁である。ビッグデータ分析で意思決定を行う組織を創る後半段階では，権限構造の変化を受け入れること（事業プロセスの変化に伴って，権限が変わる），各機能部門のみが観察可能な環境情報の共有（サイロ化の回避），戦略目標とビッグデータ分析の整合性の明確化などを進めなければならない。最終的に，組織全体を変更するために，ビッグデータ分析ベースの事業やオペレーションへの転換，生成されるデータと分析されるデータの一貫性の確保（分析されるデータの生成），マネジャーたちのマインドセットの変更を行うことを通して，成功の罠を乗り越えなければならない。

1－2．ビッグデータ分析能力を高める要因

◉── 1－2－1．データの質

ビッグデータ分析能力には有形資源としてのデータが含まれる。基本的には，このデータは市場調達可能である。しかし，ビッグデータ分析能力という組織固有の模倣不可能な組織能力を高めるためには，組織に知識をもたらす源泉としてのデータの質（Data Quality）を高めなければならない（Bhatti et al. 2021; Côrte-Real, Ruivo, and Oliveira, 2020; Mikalef et al., 2020）。

Côrte-Real, Ruivo, and Oliveira（2020）は，Wixom and Todd（2005）やSetia et al.（2013）のデータの質の定義をビッグデータ文脈に適応し，データの質がビッグデータ分析能力を高めると結論づけている。質が高いデータとは，生成されるデータの完全性（Completeness），正確性（Accuracy），フォーマット（Format），そして現在性（Currency）によって評価される（Wixom and Todd, 2005）。完全性は，システムが必要なデータをすべて提供している度合いである。正確性は，データが正しいというユーザーの認識を指す。フォーマットは，データがどの程度うまく提供されているかというユーザーの認識である。最後の現在性は，情報がどの程度最新であるかというユーザーの認識として定義される。企業がビッグデータ分析を通して市場インサイトを獲得し，それを事業として具体化し，結果として競争力を高める

には，完全で正確かつ最新のデータが不可欠である（Dekimpe, 2020; Schaeffer et al., 2020）。質の高いデータを用いたビッグデータ分析に基づいた意思決定プロセスは，意思決定のアウトプットの信頼性を向上させることができる。逆に，高度な分析技術を駆使しても質の低いデータを使用すれば，企業は競争優位につながる効果的なインサイトを得ることができないか，誤った結果を得ることにつながる（Wamba et al., 2015; Mikalef and Krogstie, 2020）。

◉── 1-2-2．組織文化

ここまでレビューしたとおり，ビッグデータ分析能力を高めるためには，１）ビッグデータ分析の入り口部分であるデータの質を高める（Bhatti et al., 2021; Côrte-Real, Ruivo, and Oliveira, 2020）ことと，２）ビッグデータ分析に関わるすべての機能部門全体での組織的な資源再組織化（Gupta and George, 2016; Kiron and Shockley, 2011）を促進することが核の要素となる。組織文化は，データの質の向上や資源再組織化に貢献する。

ビッグデータ分析の組織的障壁でも述べたように，ビッグデータ分析の結果の意味を解釈し，結果を基に資源再組織化を行い，価値を創造し，経営成果を高めるためには，企業はビッグデータ分析の明確な目的や成功目標を定義する必要がある（AlNuaimi, Khan, and Ajmal, 2021; Mazzei and Noble, 2017; McAfee and Brynjolfsson, 2012; Ritter and Pedersen, 2020）。そして，ビッグデータ分析に基づく意思決定や資源の再組織化を組織構成員全員が行うように組織的慣性（Organizational Inertia）を創らなければならない（Mikalef et al., 2019a; Mikalef, van de Wetering, and Krogstie, 2021）。組織文化は，「なぜ」，「どのように」組織が情報処理や資源再組織化を行うのかという方向性や目的を与える（Alavi and Leidner, 2001; Zheng et al., 2010）。ビッグデータ環境においても，組織文化がデータ分析能力を高め，その結果として経営成果が高まることが分かっている（Upadhyay and Kumar, 2020）。戦略または組織が環境変化に適応するために，組織文化は企業の構造，システム，行動を規定し，全従業員間での事業の定義や目的の共有を促す。組織文化はビッグデータ分析の目的の明確化や活用自体を浸透させ，ビッグデータ分析能力を含むすべての資源を目的に沿って再組織化する最も重要なドライバーとなる（Aversa, Hernandez, and Doherty, 2021）。ビッグデータ分析はデータドリブンであり，マーケティング担当者はこれまでの事業活動から得た知識や仮説だけに頼るのではなく，データから何かを理解するという目的を持ってデータを解釈し，マーケティング行動を組み立てる必要がある。組織文化はこのような思考や行動を定める（Lycett, 2013）。

組織文化について，マーケティング論においては市場参入や市場対応に関して「何を達成目標とし，どのような意思決定を行い，どのように行動するのか」を方向づけるいくつかのタイプの組織文化があることが分かっている。これらの組織文化はマインドセットや組織の情報処理および行動の傾向といった組織全体の戦略的志向（Strategic Orientation）として捉えられる（Day and Wensley, 1983）。ビッグデータの文脈において，Lin and Kunnathur（2019）はマーケティング論における代表的な戦略的志向である市場志向（Market Orientation）[(1)]，起業家志向（Entrepreneurial Orientation），そして技術志向（Technology Orientation）はそれぞれビッグデータ分析能力を高めるという包括的なリサーチモデルを実証している。

市場志向はマーケティング論における代表的で伝統的な戦略的志向である。市場志向は長期的な収益性をもたらすための組織的要因であり，「買い手にとって優れた価値を創造するために必要な行動を最も効果的かつ効率的に生み出し，その結果，事業にとって継続的に優れた業績をもたらす組織文化」（Narver and Slater, 1990, p. 21）と定義される。企業は自社の製品やサービスを消費者のニーズに適合させなければならない。そのためには，１）消費者ニーズの理解やニーズ変化の察知，そしてセグメント構造に関する知識の創造と更新を絶えず行うこと，２）競合他社の変化を常に追跡すること，そして３）利用可能な資源を再統合すること，が必要となる（Jaworski and Kohli, 1993）。市場志向は市場に関する知識を創造し共有するといった組織学習を促す組織文化である（Slater and Narver, 1995）。市場志向が高い企業は，組織全体で市場に関する知識を絶えず生み出し，機能部門横断的に知識を発信・共有し，組織的に市場に対応する程度が高い（Kumar et al., 2011）。変化する市場に迅速に対応するために，企業はビッグデータ分析によって顕在ニーズや潜在ニーズを正確に把握し，それらに対する具体的な対応を組み立てるために，アイディア，経験，資源を統合しなければならない。組織文化はこれらについての明確な指針や動機を与える（Lee and Trimi, 2021）。

起業家志向も，市場志向と同様に，マーケティング論において代表的な戦略的志向である。起業家志向は３つの性質を持つ性向（Proclivity）と定義される。その３つとは，革新性（Innovativeness），リスクテイキング（Risk-Taking），そして積極性（Proactiveness）である（Covin, 1991; Miller, 1983）。起業家志向は市場志向の対概念として位置づけられることも多い（Atuahene-Gima and Ko, 2001; Boso, Story, and Cadogan, 2013）。起業家志向が高い企業は，市場にとって新しい革新的な製品・サービスを投入することで機会から利益を最大限得ることを目指す（Lumpkin and Dess, 2001）。これを可能にするためには，市場および技術について常に学習し知識を創造していなければならないが，起業家志向は革新を生み出すことを目指す戦略や組織構造を規定し（Matsuno, Mentzer, and Özsomer, 2002; Naman and Slevin, 1993），組織学習と知識創造を促進し（Chen, Li, and Evans, 2012; Lisboa, Skarmeas, and Lages, 2011），そのための投資行動を高める（Renko, Carsrud, and Brännback, 2009）。市場志向と同様に，起業家志向もビッグデータ分析に目的を与え，分析を通して学習し知識創造することを促進する（Lin and Kunnathur, 2019）。

３つ目の技術志向は，市場における革新性や革新的企業の研究を通して抽出された概念である。技術志向が高い企業は「強固な技術的背景を獲得し，それを新製品開発に活かす能力と意志を持つ」（Gatignon and Xuereb, 1997, p.78）。特にデジタル技術に限定した技術志向は「革新的な製品，サービス，ソリューションを提供するためにデジタル技術を活用する企業のコミットメント」（Khin and Ho, 2019, p.181）と定義される。技術志向が高い企業は，技術変化に関する知識を持ち，新しい技術を導入し利用するための戦略的ビジョンや姿勢を持つ。そして，新たな技術を使って市場にとって新しい製品・サービスを開発し，市場に投入しようとする能力を高める（Chen, Chen, and Zhou, 2014; Khin and Ho, 2019; Hortinha, Lages, and Lages, 2011）。ビッグデータの収集・分析・可視化に関する新たな技術を導入することで，ビッグデータ分析能力は高まる。それゆえ，技術志向が高まるとビッグデータ分析能力が高まる（Lin and Kunnathur, 2019; Yu et al., 2021）。

興味深いことに，上記のような組織の戦略的志向は，ビッグデータ分析能力を高めるのではなく，ビッグデータ分析能力はこれら戦略的志向を介して経営成果を高めるということを発見している研究がある（Ciampi et al., 2021; Cui et al., 2022）。戦略的志向をビッグデータ分析能力の原因とするのか結果とするのかという違いは，組織能力を高めることに研究関心があるのか，それとも組織能力をマーケティング行動やその他経営行動に具体化することに研究関心があるのか，という違いである。前者の関心は，主にビッグデータ分析の技術や知識の導入，そしてビッグデータ分析ベースの事業プロセスへの変更である。ビッグデータに関する技術は日々進化している。戦略や組織とより良く整合するビッグデータの収集・蓄積のための技術，分析の技術，他の機能部門とより効果的に協業するための可視化の技術などを探索し，それらを積極的に導入することが議論の対象である。一方，後者の研究関心は，ビッグデータ分析を行い，分析結果を解釈し，知識を更新し，製品・サービスとして具体化することである（Ryu and Lee, 2018）。ビッグデータ分析能力はダイナミック・ケイパビリティを高めるが，企業や従業員が持っている役割，規範，マインドセット，知識の更新などを通してビッグデータ分析ベースで事業を創る組織に変更され，持続的な成長につながっていく（Mikalef, van de Wetering, and Krogstie, 2021; Warner and Wäger, 2019）。このプロセスでは，ビッグデータ分析から事業に関する知識を生成・更新するだけでなく，その知識を組織で共有し，新たな事業の開発に必要な知識の生成を継続的に行っていくナレッジ・マネジメント（Knowledge Management）が有効である（Khan and Vorley, 2017）。つまり，ビッグデータ分析能力はナレッジ・マネジメントの仕組みや能力を介して経営成果を高める（Ferraris et al., 2019）。なお，注意しなければならないのは，ビッグデータ分析能力を高めれば，自動的に知識が更新されるとともに，事業が更新または新たな事業が創られ，競争優位を得られるわけでない。ビッグデータ分析やナレッジ・マネジメントはあくまでも手段であり，それを用いて何かを発見し，知識を更新し大なり小なり新たな事業を能動的に創らなければならない。そのためには，創造性（Creativity）が必要となる。常に経営環境や技術動向を観察するだけでな

図４－４　戦略的志向とビッグデータ分析能力および知識創造

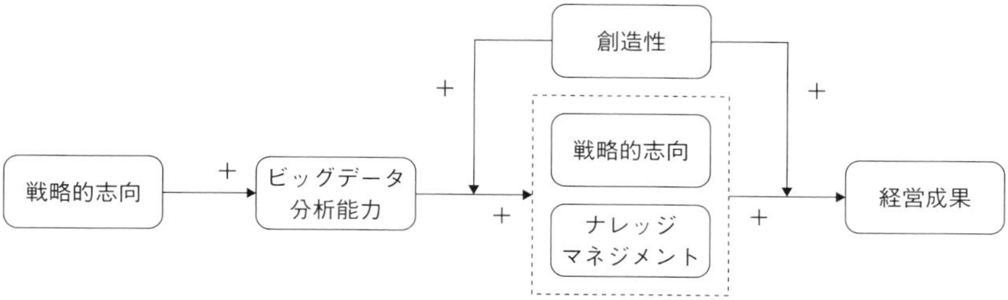

く，組織にとって新たな方法を採用して新しい資源やアイディアなどを創造する個人（Cui et al., 2022; Seddon et al., 2017）や組織（Dekimpe and Geyskens, 2019; Erevelles, Fukawa, and Swayne, 2016; Lin and Kunnathur, 2019）の創造性によって，ビッグデータ分析能力が経営成果をより高める（図４－４）。

2　ビッグデータ分析能力の測定尺度

ビッグデータ分析能力と他の組織的要因や経営成果との関係を調べるためには，ビッグデータ分析能力を測定しなければならない。学術研究だけでなく実務的にも，現在の組織のビッグデータ分析能力の程度を測定しなければ，改善や投資の計画を立てることができない。本章の最後に，ビッグデータ分析能力の測定方法について整理する。

ビッグデータ分析能力の測定方法は，ビッグデータ分析能力は「どのような下位概念で構成されるのか」ということと紐づいている。本章末のAppendix内のビッグデータ分析能力の下位概念に示すとおり，そしてSu et al.（2022）が指摘するとおり，ビッグデータ分析能力の実証研究で用いられている概念の次元構成は統一されていない。ビッグデータ分析能力の概念の次元構成については，主に３つの潮流がある。それぞれについて詳しく確認する。

2-1．資源でビッグデータ分析能力を捉える

ビッグデータ分析能力を測定する1つ目の潮流は，Gupta and George（2016）が開発した次元構成および測定項目を用いるものである。この潮流では，組織的なビッグデータ分析能力を捉え，ビッグデータ分析能力は3つの資源で構成されると考える。その3つとは，第3章で見たとおり，インフラとしての有形資源（データ，技術，予算），無形資源（データドリブン文化，組織学習），そして人的資源（管理能力，技術的能力）である。この潮流におけるビッグデータ分析能力は，第2章で整理したBharadwaj（2000）やSanthanam and Hartono（2003）のIT能力と同様に，どのような資源を混ぜ合わせ（Fusion），再配置する（Reconfiguration）かという点に関心がある。さらに，Lu and Ramamurthy（2011）はBharadwaj（2000）などの伝統的なIT能力に対して，ITを更新することやITを使って新たな競争軸を創るといった組織の姿勢や文化を加えIT能力を再定義したが，Gupta and George（2016）のビッグデータ分析能力は，この再定義された性質も含む点が特徴的である。その意味で，IT能力の延長上にビッグデータ分析能力という概念が位置づけられる。

2-2．サブ能力でビッグデータ分析能力を捉える

2つ目の潮流は，ビッグデータ分析能力は個人の能力も含めたいくつかのサブ能力で構成されるというものである。第2章でも述べたとおり，組織能力は資源の1つだが，企業が保有する他の資源の生産性を向上させることを目的とした資源であり（Makadok, 2001），個人の能力や組織の資源を結合させ競争優位性に変換することができる（Ulrich and Smallwood, 2004）。ビッグデータ分析能力をサブ能力で捉える研究の基礎を築いたのは，Akter et al.（2016）である。Akter et al.（2016）は，ビッグデータ分析を行うための管理能力（導入計画，投資，部門間調整，ガバナンスの能力），技術的能力（システム間の接続，互換性，モジュール性［効率性］），そしてビッグデータ分析の個人能力（技術知識，技術管理，事業知識，調整能力）というサブ能力でビ

ッグデータ分析能力が構成されるとしている。

ビッグデータ分析能力をサブ能力で捉える研究は Akter et al.（2016）を基礎とするが，研究によって用いるサブ能力が異なる。例えば，研究開発（Arshad et al., 2022），事業開発（Song et al., 2022; Sun and Liu, 2021），イノベーションの創造（Demir, Demir, and Yasar, 2022; Pinochet et al., 2021）など，説明したい現象とその現象に含まれる性質が異なるため，異なるサブ能力を下位概念に据える場合がある。例えば，事業開発や価値創造のプロセスは，組織の活動システムである（Zott and Amit, 2007）。組織の活動システムは，個々人の活動ではなく，個々人や個別の機能部門が持っている専門性などを組織化するとともに，組織的に事業や価値の創造を考える概念である。それゆえ，事業開発や価値創造プロセスの研究では，Akter et al.（2016）にある個人能力を下位概念および測定項目に含めていない（Song et al., 2022; Sun and Liu, 2020）。一方，イノベーションの創造を説明する研究は，最初からビッグデータ分析をイノベーションの種の発見のために使うことや，イノベーションの種を発見した後に迅速に（他社が行うよりも前に）事業化するために各機能部門の専門性を利用し組織化することが重要であると考える。それゆえ，個人ではなく組織のサブ能力としてのビッグデータ分析の戦略的利用能力（Pinochet et al., 2021）や分析結果の解釈能力および調整能力（Demir, Demir, and Yasar, 2022）などがサブ能力として加わっている。この潮流のもとでビッグデータ分析能力を研究する場合，研究文脈に合わせて競争優位に貢献するであろうサブ能力を特定し，ビッグデータ分析能力を定義する必要がある。

2-3. ビッグデータ分析能力の核を捉える

3つ目の潮流は，ビッグデータ分析能力という概念に内包される性質は他の潮流にあるような資源や能力だが，その中でも核となる性質を測定するものである。例えば，管理能力や組織の技術的能力のみを下位概念に据えている（Ferraris et al., 2019; Gupta et al., 2020; Huang et al., 2022; Song et al., 2022; Sun and Liu, 2020）。この立場でビッグデータ分析能力を測定する研究は，

Gupta and George（2016）や Akter et al.（2016）が定義したビッグデータ分析能力の性質に測定漏れがあるかもしれない。しかし，この潮流における研究群はビッグデータ分析能力の模倣不可能性を強調するとともに，ビッグデータ分析の結果を事業として具体化する能力により注目し，他の概念との関係を解き明かすことに注力している。

なお，管理能力や技術的能力といった下位概念は弁別できるものではなく，ビッグデータ分析を中心に複雑に関連し合うものと考える研究もある。そのような研究群は，ビッグデータ分析能力を１つの概念として捉えている（例えば，Chen et al., 2022; Lin and Kunnathur, 2019; Shamim et al., 2020）。

上記３つの潮流のように，ビッグデータ分析能力の重要性は共通しているものの，依拠するビッグデータ分析能力の見方（パースペクティブ＝下位概念は資源か能力か）や研究関心が異なるために，様々な下位概念と測定方法がある。そのため，ビッグデータ分析能力を研究する際には，それぞれの見方や測定項目の違いを理解しなければならない。そうしなければ，能力と他の概念との関係に関する仮説が定まらないことや，検証したい現象の測定になっていないということ，言い換えると現象の理解に不適なデータを収集してしまう危険があるだろう。

3　小括

本章では，ビッグデータ分析能力の先行研究で分かっていることをレビューした。ビッグデータ分析能力に関する研究は，１）ビッグデータ分析能力を経営成果につなげる際の仲介・調整要因，２）ビッグデータ分析能力を高める要因の特定という２つの関心エリアに大別することができる。１つ目の研究関心については，ダイナミック・ケイパビリティやマーケティング能力といった他の組織能力や，ビッグデータ分析と戦略・組織の整合性，組織の柔軟性，ナレッジ・マネジメントシステム，創造性などがビッグデータ分析能力と経営成果の因果関係を仲介・調整することが分かった。２つ目の研究関心については，データの質や組織文化がビッグデータ分析能力を高めることが分かった。詳細は次の章以降で述べるが，それぞれの研究潮流の知見をもってしても，ビッグデータ分析に関する現実について説明できないことが残っている。第5章から第7章ではそれらを明らかにする定量研究を行う。

第5章では，ビッグデータ分析能力を高める要因の影響を明らかにする。具体的には，IT アウトソーシング能力とビッグデータ分析能力の関係を明らかにする。ビッグデータ分析能力を高めるためには，技術や知識，パッケージドサービスを市場で探索することから始める（Mikalef, van de Wetering, and Krogstie, 2021; Warner and Wäger, 2019）。つまり，IT アウトソーシングによってビッグデータ分析能力を高める。IT アウトソーシングに関する先行研究では，IT アウトソーシングを成功に導く能力が特定されている。しかしながら，IT アウトソーシングを成功に導く能力と，ビッグデータ分析能力の関係は明らかになっていない。

第6章では，ビッグデータ分析能力が経営成果に結びつくための知識創造文化を明らかにする。具体的には，異なるニーズに注目した2つの戦略的志向―先行型市場志向と反応型市場志向―がビッグデータ分析能力と経営成果を仲介することを明らかにする。ビッグデータ分析を経営成果につなげるためには，知識の創造や更新，組織内に散在する資源の再組織化が不可欠である。これらの活動はなにもせずに起こるものではなく，目的や動機，組織的慣性があって起こるものである（Aversa, Hernandez, and Doherty, 2021; Mikalef et al., 2019a; Mikalef, van de Wetering, and Krogstie, 2021）。組織文化としての戦略的志向はこれらを定め，ビッグデータ分析能力と経営成果を仲介することが分かっている（Ciampi et al., 2021; Cui et al., 2022）。市場志向という戦略的志向は，顕在ニーズまたは潜在ニーズのどちらに注目し市場知識を生成しニーズ充足のためのマーケティング行動を設計するかということを重要な問題としてきた。顕在ニーズに注目するのが反応的市場志向，潜在ニーズに注目するのが先行的市場志向であるが，これら2つの戦略的志向とビッグデータ分析能力，経営成果の関係は明らかになっていない。

第7章では，ビッグデータ分析は，事業開発に関する意思決定プロセスが経営成果に与える影響を調整することを明らかにする。ビッグデータ分析能力は事業開発プロセスを進めることに貢献する（Elia et al., 2022; Song et al.,

2022)。事業を開発する際，保有する資源を前提に探索的に「何ができる？」を思考することや，「○○ができる／●●をすれば売上が高まる」という仮説を確かめることを行う。これらの異なる意思決定プロセスは事業開発プロセスの各段階で目的に応じて使い分けられる（Sitoh, Pan, and Yu, 2014, Reymen et al., 2017）。そして，これら２つの意思決定プロセスのシナジー的利用は，開発した事業の成果を高める（Smolka et al., 2018; Yu et al., 2018）。ただし，意思決定プロセスの切り替えには認知的・物理的なコストがかかる。ビッグデータ分析は，アイディア探索にも仮説検証にも用いることができる（Elia et al., 2022; Johnson, Friend, and Lee, 2017）。そして，これらを効率的に行うことをサポートする。したがって，ビッグデータ分析能力は，２つの意思決定のシナジーと経営成果を調整すると考えられるが，この関係については未だに明らかになっていない。

（1） Lin and Kunnathur（2019）は，市場志向とビッグデータ分析能力の関係について研究している。この論文中のリサーチモデルに含まれている概念名は顧客志向（Customer Orientation）だが，仮説構築および測定項目を確認する限り，市場志向について研究していることが分かる。

Appendix：ビッグデータ分析能力の実証研究

著者	ビッグデータ分析能力の下位概念	分析方法	発見事項	雑誌
Morimura and Sakagawa (2023)	Tangible Intangible Human Skills	PLS-SEM	2つの異なる組織文化としての先行型市場志向と反応型市場志向は，ビッグデータ分析能力を介して経営成果を高める。	*Journal of Retailing and Consumer Services*
Lozada, Arias-Perez, and Alexander (2023)	Tangible Intangible Human Skills	PLS-SEM	ビッグデータ分析能力は吸収能力を高める。吸収能力は製品イノベーション能力とプロセスイノベーション能力を高める。	*Journal of Enterprise Information Management*
Karaboga et al. (2022)	Planning Capability Investment Decision Capability Coordination Capability Control Capability	PLS-SEM	ビッグデータ分析能力はデータドリブン文化を高める。ビッグデータ分析能力は直接的にもオペレーション成果・金融的成果を高めるが，データドリブン文化を通してこれら成果を高める。	*Review of Management Science*
Arshad et al. (2022)	Big Data Management Capability Big Data Technical Capability Big Data Talent Capability	PLS-SEM	ビッグデータ分析能力の下位概念は，それぞれ自律的なR&Dと吸収能力を高める。その結果，持続的発展（成長）が高まる。	*International Journal of Engineering Business Management*
Cui et al. (2022)	1次概念	PLS-SEM	ビッグデータ分析能力は技術志向を高めるとともに，事業モデルイノベーションを促進する。なお，ビッグデータ分析能力が事業モデルイノベーションに与える影響は，従業員の創造性によって＋に調整される。	*Frontiers in Psychology*
Demir, Demir, and Yasar (2022)	Big Data Collection Capability Big Data Processing Capability Big Data Analytics and Interpretation Capability Big Data Transformation Capability	CB-SEM	ビッグデータ活用はビッグデータ分析能力を高める。ビッグデータ分析能力は組織の革新性を高める。	*Creativity and Innovation Management*
Wang, Lin, and Sheng (2022)	Tangible Intangible Human Skills	CB-SEM	デジタルリーダーシップ（デジタル利用をけん引する姿勢）は，デジタル起業家精神やデジタル組織文化を高め，探索的イノベーションを促進する。デジタル起業家精神やデジタル組織文化が探索的イノベーションに与える影響は，ビッグデータ分析能力によって＋に調整される。	*Frontiers in Psychology*

Choi and Park (2022)	従業員評価書にビッグデータ関連キーワードが含まれる割合で測定	重回帰	CSR活動におけるビッグデータ利用はCSR成果を高めるが，この因果関係はビッグデータ分析能力によって＋に調整される。	*Technological Forecasting & Social Change*
Elia et al. (2022)	Tangible Intangible Human Skills	回帰分析 ROCESS	ビッグデータ分析能力は価値創造メカニズムの中でも開放的コミュニケーションフロー，データ利用可能性，そして積極的適応を高める。その結果，製品・サービスイノベーションを促進する。	*Information & Management*
Chen et al. (2022)	1次概念	階層的線形回帰	ビッグデータ分析能力は意思決定スピードや意思決定の質を高める。この因果関係は，市場混乱(非連続的な環境変化)によって＋に調整される。	*Decision Support Systems*
Alkhatib and Valeri (2022)	1次概念	PLS-SEM	人的，構造的，そして関係的資産はサービスイノベーションを高める。サービスイノベーションは競争優位性を高めるが，この因果関係をビッグデータ分析能力が＋に調整する。	*European Journal of Innovation Management*
Huang et al. (2022)	Big Data Analytics Management Capability Big Data Analytics Technology Capability	PLS-SEM	ビッグデータ分析能力は資源最適化と資源ブリコージュ(資源を寄せ集めて創る)を促進する。	*Frontiers in Psychology*
Zheng et al. (2022)	Tangible Intangible Human Skills	階層線形モデル	ビッグデータ分析能力は市場柔軟性を高める。市場柔軟性はイノベーション創造とイノベーション適応を促進する。市場柔軟性とイノベーション適応の因果関係は，ダイナミックケイパビリティと成功体験によって＋に調整される。一方，市場柔軟性とイノベーション創造の関係は，成功体験によって-に調整される。	*Annals of Operations Management*
Song et al. (2022)	Big Data Analytics Management Capability Big Data Analytics Technology Capability	PLS-SEM	ビッグデータ分析能力(管理能力)は事業モデルの新たなインフラや新たな価値創造(コスト削減，マネタイズの新たな方法，新たな価値提供，など)を高める。これは，COVID-19のようなインベントによって＋に調整される。インフラは金融的成果，価値創造は成長成果を高める。	*Information Systems Frontiers*
Khan, Tao, and Li (2022)	1次概念	PLS-SEM	知識吸収能力はビッグデータ分析能力を高める。ビッグデータ分析能力が高まると，組織柔軟性が高まる。その結果，イノベーション成果が高まる。	*Journal of Innovation & Knowledge*

Ciasullo, Montera, and Douglas (2022)	1 次概念	ROCESS モデル	ビッグデータ分析能力は共同イノベーションを高める。その結果，組織レリジエンスが高まる。	*Transforming Government - People Process and Policy*
Horng et al. (2022)	1 次概念	CB-SEM	ナレッジマネジメントはビッグデータ分析能力を高める。ビッグデータ分析能力は持続的マーケティングを高める。	*Journal of Hospitality and Tourism Management*
Arias-Perez, Coronado-Medina, and Perdomo-Charry (2022)	Tangible Intangible Human Skills	PLS-SEM	オープンイノベーションによって，ビッグデータ分析能力が高まる。その結果，金融的成果や新製品開発成果が高まる。	*Journal of Strategy and Management*
Xie et al. (2022)	Infrastructure Capability Management Capability Personal Expertise	PLS-SEM	ビッグデータ分析能力は組織柔軟性を高める。この因果関係はビッグデータ分析と事業の調整によって＋に調整される。	*Journal of Global Information Management*
Cai, Lu, and Chen (2022)	1 次概念	回帰分析	ユーザーエンゲージメントは技術の商業化を促進する。この因果関係は環境不確実性によって - に調整されるが，ビッグデータ分析能力が高いと＋の調整になる。	*Journal of Organizaitonal and End User Computing*
Olabode et al. (2022)	Big Data Volume Big Data Variety Big Data Velocity	CB-SEM	ビッグデータ分析能力が高まると，産業にとって破壊的な事業要素を取り入れる行動を高める。その結果，市場成果が高まる。	*Journal of Business Research*
Su et al. (2022)	Tangible Intangible Human Skills	回帰分析	ビッグデータ分析能力の下位概念はそれぞれデュアルイノベーションや組織成果を高める。	*European Journal of Innovation Management*
Behl (2022)	1 次概念	PLS-SEM	ビッグデータ分析能力は競争優位性や経営成果を高める。この因果関係は組織文化によって＋に調整される。	*Management Decision*
Dubey et al. (2021)	1 次概念	PLS-SEM	調整管理能力はビッグデータ分析を高める。その結果，新製品開発能力が高まる。	*Annals of Operations Management*
Ashaari et al. (2021)	Big Data Analytics Technological Capabilities Big Data Analytics Organizational Capaiblities Big Data Analytics People Capability	PLS-SEM	ビッグデータ分析能力の下位概念はそれぞれデータドリブン意思決定を促進する。	*Technological Forecasting & Social Change*
Yu et al. (2021)	1 次概念	CB-SEM	ビッグデータ分析能力は，病院組織における3つの統合（病院と患者，部門間統合，病院とサプライヤー）を促進する。その結果，オペレーション柔軟性が高まる。	*IEEE Transactions on Engineering Management*

Contreras Pinochet et al. (2021)	Big Data Operations Updating IT Advanced Analytics Strategic Uses of Big Data	PLS-SEM	ビッグデータ分析能力が高まると，ダイナミックケイパビリティが高まる。その結果，製品イノベーション成果が高まる。	*Journal of Enterprise Information Management*
Aljumah, Nuseir, and Alam (2021)	1次概念	PLS-SEM	ビッグデータ分析能力はビッグデータの両手きき学習を高める。	*Business Process Management Journal*
Bhatti et al. (2021)	1次概念	PLS-SEM	データの質や技術的コンピタンスはビッグデータ分析能力，IoT能力，そしてブロックチェーン能力ルーチン化を高める。その結果，戦略的成果が高まる。	*Business Process Management Journal*
Awan et al. (2021)	1次概念	PLS-SEM	ビッグデータ分析能力はデータドリブンインサイトを高める。その結果，意思決定の品質が高まる。	*Technological Forecasting & Social Change*
Ciampi et al. (2021)	Tangible Intangible Human Skills	PLS-SEM	ビッグデータ分析能力は起業家志向を高める。その結果，事業モデルイノベーションが促進される。	*Journal of Business Research*
Sun and Liu (2020)	Big Data Analytics Technology Capability Big Data Analytics Management Capability	回帰分析	事業モデルの新規性や効率性デザインは，新製品開発成果を高める。この因果関係は，ビッグデータ分析能力によって＋に調整される。	*European Journal of Innovation Management*
Shamim et al. (2020)	1次概念	PLS-SEM	ビッグデータを収集・管理するベンダーとの契約や良好な関係性はビッグデータ分析能力を高める。その結果，意思決定の成果が高まる。	*Technological Forecasting & Social Change*
Mikalef et al. (2020)	Tangible Intangible Human Skills	PLS-SEM	ビッグデータ分析能力は，漸進的イノベーション能力，急進的イノベーション能力を高める。この因果関係は，情報ガバナンスによって＋に調整される。	*Information & Management*
Akter et al. (2020)	Management Capability Technology Capability Personnel Capability	PLS-SEM	サービスシステムにおけるビッグデータ分析能力が高まると，ダイナミックケイパビリティの3つの下位概念（市場感知，市場把握，市場再構成）を高める。その結果，競争優位性が高まる。	*Technological Forecasting & Social Change*
Yasmin et al. (2020)	Infrastructure Capabilities Management Capabilities Human Resource Management Capabilities	Multiple-Criteria Decision Analysis	ビッグデータ分析能力は経営成果を高める。	*Journal of Business Research*
Upadhyay and Kumar (2020)	Planning Decision-making Coordination Control	CB-SEM	組織文化は内部分析知識を高め，ビッグデータ分析能力を高める。	*International Journal of Information Management*

Mikalef et al. (2020)	Tangible Intangible Human Skills	PLS-SEM	ビッグデータ分析能力はダイナミック・ケイパビリティを高める。ダイナミックケイパビリティはマーケティングおよび技術的能力を介して経営成果を高める。	*Information & Management*
Xiao, Tian, and Mao (2020)	Technical Knowledge Technology Management Knowledge Business Knowledge Relationship Knowledge Connectivity Compativility	階層的回帰分析	ビッグデータ分析の個人能力や技術的能力はダイナミックケイパビリティを高める。ダイナミックケイパビリティは組織成果を高めるが，この因果関係は市場ダイナミズムによって - に調整される。	*IEEE Access*
Gupta et al. (2020)	Managerial Skills Technical Skills	PLS-SEM	管理能力と技術的能力は，それぞれオペレーション，市場，そして金融的成果を高める。	*Industrial Marketing Management*
Côrte-Real, Ruivo, Oliveira (2020)	1次概念	PLS-SEM	データの質はビッグデータ分析能力とIoT能力を高める。事業プロセスが洗練されると，データの質がビッグデータ分析能力に与える影響が - に調整される。なお，ビッグデータ分析能力のみが経営成果につながる。	*Information & Management*
Rialti et al. (2019)	Big Data Analytics Infrastructure Flexibility Big Data Analytics Management Capability BDA Personal Expertise Capability	PROCESSモデル	ビッグデータ分析能力は組織の両手きき学習を高める。この因果関係は，組織と情報システムの適合によって＋に調整される。	*Technological Forecasting & Social Change*
Lin and Kunnathur (2019)	1次概念	回帰分析	顧客志向，起業家志向，技術志向はビッグデータ分析能力を高める。技術志向とビッグデータ分析能力の因果関係は創造文化によって＋に調整される。	*Journal of Business Research*
Ferraris et al. (2019)	Big Data Analytics Management Capabilities Big Data Analytics Technological Capabilities	CB-SEM	ビッグデータ分析能力はナレッジマネジメント志向を高める。その結果，経営成果が高まる。	*Management Decision*
Mikalef et al. (2019b)	Tangible Intangible Human Skills	PLS-SEM	ビッグデータ分析能力はダイナミックケイパビリティを高める。その結果，漸進的イノベーションと急進的イノベーションを促進する。	*British Journal of Management*

Wamba et al. (2017)	Big Data Analytics Infrastructure Flexibility Big Data Analytics Management Capability BDA Personal Expertise Capability	PLS-SEM	ビッグデータ分析能力はダイナミックケイパビリティを介して経営成果を高める。	*Journal of Business Research*
Gupta and George (2016)	Tangible Intangible Human Skills	PLS-SEM	ビッグデータ分析能力の下位概念を有形(データ，技術，基礎資源)，無形(データドリブン文化，組織学習)，人的(経営管理能力，技術的スキル)という下位概念で捉えることを最初に整理した。このビッグデータ分析能力は市場成果とオペレーション成果を高める。	*Information & Management*
Akter et al. (2016)	Big Data Analytics Management Capability Big Data Analytics Technology Capability BDA Talent Capability	PLS-SEM	ビッグデータ分析能力は経営成果を高める。この因果関係は分析能力と経営戦略の調整によって＋に調整される。	*International Journal of Production Economics*

第5章

Research on Big Data Analytics Capability and IT Outsourcing

ビッグデータ分析能力とITアウトソーシングに関する研究

As outsourcing increases, a firm's staff may push a new technology less to their customers because they do not feel involved in the technology's success. Hence, internal staff involvement is advisable when outsourcing for a new technology in order to ensure the building of integrative capabilities related to the technology and the application of firm-specific customer knowledge.（Weigelt, 2009, p.611）

概要

本章では，ビッグデータ分析能力はどのようにして高まるのか，ということを明らかにする。具体的には，IT アウトソーシング能力とビッグデータ分析能力の関係を明らかにする。新しい技術や知識，それらがパッケージ化されたサービスが登場したとき，多くの企業はそれらを提供する企業に必要な経営活動をアウトソースし知識を獲得・更新することになるが，これはビッグデータ分析も同様である。IT ベンダーと IT ユーザーはそれぞれ固有性や複雑性を持つ企業であり，IT アウトソーシングを成功させるためにはこれら固有性や複雑性を乗り越え，外部から獲得した技術やノウハウを既存知識や事業プロセスに統合し調整しなければならない。

本章では 2 つのことを明らかにする。第 1 に，ビッグデータ分析をアウトソースすることは，経営成果を高めるのかということである。第 2 に，ビッグデータ分析をアウトソースする際に，どのような組織能力があればアウトソースが成功し，ビッグデータ分析能力が高まるのかということである。

1　IT アウトソーシングを成功に導く組織能力

IT アウトソーシング（IT Outsourcing）市場は，世界全体での2023年～2028年の年間成長率が11.07%，市場規模は2023年の4,600億米ドルから2028年には7,770億米ドルとなる見込みである（Statista, 2023）。ビッグデータ分析関連のソフトウェアやIT サービスへの投資も活発になると予想されている（Gartner, 2023; IRT, 2023）。ビッグデータの収集・蓄積・分析・可視化がパッケージ化されたサービスは数多く登場している。これらサービスの専門化・多様化が進むとともに低価格化が進んでおり，アウトソースする企業は今後ますます増えるだろう。一方，ビッグデータの収集・分析・可視化を含むIT 基盤やその運用をアウトソースしていた企業が，それらを自社で保有し運用する（オンプレミス）ように戻す動きも観察される（Virtana, 2021）。このようにアウトソースから自社運用に戻す理由は，問題への即自的対応不可，データ抽出や加工の反応速度低下，データ量でコストが変わる，などである。これらの現実を見るだけでも，IT アウトソーシングがビッグデータ分析能力や経営成果を高めなくなるタイミングがあるのではないかということや，IT アウトソーシングをビッグデータ分析能力や経営成果に結びつけるために理解が欠けていることがあるのではないか，という疑問を持つことができる。

ビッグデータ分析能力を0から高めることを含め，ビッグデータ分析能力をより高めることは，IT インフラや分析・可視化技術といった資源やそれらがパッケージ化されたIT サービスをアウトソースすることから始まる。新たなビッグデータ分析関連技術・知識が組織外から取り入れられた後は，それらを組織が受け入れることや他の既存資源の資源再組織化が進むこと，事業プロセスを変えること，導入するシステムと既存の情報・組織システムの適合性を高めること，そして機能部門横断的にデータドリブンの意思決定が定着することでビッグデータ分析能力が高まる（Günther et al., 2017; Mikalef, van de Wetering, and Krogstie, 2021; Rialti et al., 2019; Warner and Wäger, 2019）。

ITアウトソーシングは，「組織の情報システム機能の一部またはすべてを外部のサービス提供企業に委ねる行為」(Grover, Cheon, and Teng, 1994, p.91) である。IT関連資源を市場から獲得する方法がITアウトソーシングであり，これはITベンダーが持つITやデータ分析・結果の可視化などに関する専門的知識や技術，サービス生産のコスト優位性を利用する手段である (Prawesh, Chari, and Agrawal, 2021; Verhoef et al., 2021)。ITアウトソースを行うことによって，ITユーザーはITインフラを構築するとともに，IT知識を得る (Delen et al., 2016; Karimi-Alaghehband and Rivard, 2020; Könning, Westner, and Strahringer, 2019)。そして，組織の意思決定や事業プロセスの柔軟性の向上 (Martins, Oliveira, and Thomas, 2015; Mazumder and Garg, 2021; Qi and Chau, 2013; Schneider and Sunyaev, 2016) と，組織の戦略的リニューアル (Warner and Wäger, 2019) を達成することができる。

ところが，ITアウトソーシングは必ずしも企業に利益をもたらすわけではないことが分かっている。なぜなら，IT自体は市場調達が容易であることに加えて，アウトソースした技術・知識は，何もせずとも既存資源や事業プロセスに統合され対市場活動に活用されるわけではないからである (Bhatt and Grover, 2005; Santhanam and Hartono, 2003; Weigelt, 2009)。アウトソースしたITが自社の事業開発に貢献しないことや経営成果を高めないこと原因は，アウトソースする先のITベンダーと導入するITユーザーの間に存在する「文脈の違い (Contextual Difference)」である。これはBtoB取引の1つの特徴として挙げられ (Murthy et al., 2016；高嶋・南，2010)，組織システムや保有する資源・組織能力の形成と変容は理念や文化，戦略によって方向づけられるとともに，これまでの経営活動という経路に依存 (Path Dependence) する (Cohen and Levinthal, 1990; Danneels, 2002)。ITシステムは各企業の文脈に合わせて調整されたものであり，特殊性が高い (Whang, 1992)。ITシステムを含めた技術や技術的サービスをアウトソースする場合，解決したい問題が存在する空間に埋め込まれた知識 (von Hippel, 1994) を用いることや，企業ごとの違いを調整するためのプロセスや能力を持っていることがアウトソースの成功を決める (Han, Lee, and Seo, 2008; Manning et al., 2018; Weigelt, 2009)。なぜなら，ITベンダーは基本的に自分たちが持つ技術や知識，そしてそれらを土台とした「ベストプラクティス」の変更を最小にしながら効率的に価値を創造しようとするため（Mazumder and Garg, 2021; Ross and Beath, 2006; Weigelt and Sarker, 2012; Warner and Wäger, 2019; Weyer et al., 2015），単にアウトソースするだけでは文脈の違いが残るためである。ITアウトソーシングの研究群は，文脈の違いを乗り越えITアウトソーシングから競争優位性を獲得するために，ITベンダーの組織能力（Delen, et al., 2016; Desyllas et al., 2018; Mazumder and Grag, 2021; Sumo et al., 2016; Warner and Wäger, 2019）や，ITユーザーの組織能力（Bui, Leo, and Adelakun, 2019; Karimi-Alaghehband and Rivard, 2020; Prawesh, Chari, and Agrawal, 2021; Sen, Kotlarsky, and Budhwar, 2020）が必要であるという結論を得ている。

本章は，ITユーザーがビッグデータ関連技術・知識をアウトソースしビッグデータ分析能力を高めるために，どのような組織能力が必要となるのかということをリサーチ・クエスチョンとする。ITユーザーを主役にする理由は，ITユーザーが資源開発をITベンダーに委ねた場合，組織内部の資源が次第に減価し，事業開発に関する能力が損なわれる「空洞化（Hollowing Out）」が起こるためである（Espino-Rodríguez and Ramírez-Fierro, 2018; Gambal, Asatiani, and Kotlarsky, 2022; Manning, et al., 2018; Weigelt, 2009）。また，IT人材は流動性が高い（OECD, 2023；情報処理推進機構, 2021）が，流動性が高いということは，1つの組織に長く在籍するのではなく，自身のニーズに合わせて所属組織を移動することを意味する。この場合，組織文化や組織アイデンティティが定まらないことが分かっている（Defillippi and Arthur, 1998; Shen and Benson, 2016; Wright and Boswell, 2002; Wu, et al., 2016）。この問題も，組織能力の空洞化の原因となる。ITユーザーは自律的・能動的にアウトソースした資源を自社既存資源と融合し，競争優位の源泉となる新たな資源をつくり出さなければならない。

ITアウトソーシングを成功に導くITユーザーの組織能力に関する先行研究は，自社に足りないIT関連資源を特定し市場から調達する能力や，IT関連資源を用いて素早く機会を得る能力（Manning et al., 2018; Roy and Sivakumar, 2011; Sen, Kotlarsky, and Budhwar, 2020）がITアウトソーシングを成功に導くと結論づけている。これらに加えて，ITアウトソーシングによって得たIT関連資源を既存資源と統合する能力（Weigelt, 2009）や事業化する能力（Chatterjee, 2017; Lema, Quadros, and Schmitz, 2015）など，外部から獲得した資源と保有する既存資源の融合に関する組織能力が必要だということも分かっている。Karimi-Alaghehband and Rivard（2020）はダイナミック・ケイパビリティに基づいて，ITアウトソーシング感知（Sensing）能力，ITアウトソーシング獲得（Seizing）能力，そしてITアウトソーシング調和（Orchestrating）能力の3つのITアウトソーシング能力がITアウトソーシングの成功を高めることを実証している。一方，ビッグデータ分析に関する先行研究は，ビッグデータ分析能力を高める要因の特定を進めてきた。データの質（Bhatti et al. 2021; Côrte-Real, Ruivo, and Oliveira, 2020; Mikalef et al., 2020）や組織文化（Upadhyay and Kumar, 2020），戦略的志向（Lin and Kunnathur, 2019; Morimura and Sakagawa, 2023; Yu et al., 2021）はビッグデータ分析能力を高めることが分かっている。ダイナミック・ケイパビリティとの関連において，Warner and Wäger（2019）はITの感知（Sensing）と獲得（Seizing），組織の再配置（Reconfiguration）という段階によってデジタル・トランスフォーメーションが進み，ビッグデータから事業機会を特定し事業開発する組織文化や組織エコシステムが構築されることを示している。

しかしながら，ITアウトソーシング能力とビッグデータ分析能力の先行研究の知識をもってしても，「ITアウトソーシング能力とビッグデータ分析能力の関係」を理解することができない。そこで，本章はまず「ビッグデータ分析はアウトソースしても経営成果を高めるのか？」という問いを解明した後，「**ITアウトソーシング能力は，どのようにビッグデータ分析能力を高めるのか？**」という本書の1つ目のリサーチ・クエスチョンに答えようとする。

2　ITアウトソーシング能力

IT関連資源をアウトソースし，事業変更や組織変更を成功させるためには文脈の違いを乗り越えることに関連する組織能力が必要だが，先行研究は大きく２つの視点に分けることができる。１つ目はITベンダー側の能力，２つ目はITユーザー側の能力である。ITベンダーの能力もITユーザーの能力も，ITを利用した機会の識別と獲得の能力，そして機会を得るためにITベンダー・ITユーザー・その他の企業が保有する資源を統合し調和させる能力など，ダイナミック・ケイパビリティを基礎とした組織能力が主に特定されている（例えば，Karimi-Alaghehband, and Rivard, 2019, 2020; Mazumder and Garg, 2021; Sen, Kotlarsky, and Budhwar, 2020; Wang and Wang, 2019; Warner and Wäger, 2019）。なぜなら，ダイナミック・ケイパビリティの視点は，動的に変化する市場や突然やってくる機会や脅威に対応するために，ITベンダーとITユーザーそれぞれの企業の間のIT関連資源の統合や再組織化，戦略や組織の変更，そして新たな戦略の実行の速度を速めることをより良く説明する「資産の調整（Asset Orchestration）」という考え方を提供するためである（Chatterji and Patro, 2014）。

ITベンダーの視点では，ITベンダーが持つIT知識やスキル，組織能力がITユーザーのITアウトソーシング成果の重要な決定要因であると考える。ITベンダーがITユーザーにITアウトソーシングサービスを提供する場合，ITアウトソーシングによってITユーザーが目指す目標（戦略の変更，事業プロセスの変更など）を定義するとともに，より良いIT関連資源を選択し，その目標達成に必要な従業員の教育や再配置，IT関連資源をITユーザー企業の資源と統合する方法・プロセスに関するITベンダーの能力がITアウトソースの成功に貢献する（Jarvenpaa and Mao, 2008）。これらIT関連資源は早いスピードで進化するとともに，ITユーザーの事業または組織の文脈も変化する。したがって，ITベンダーは関係を構築し，顧客に焦点を当てた学習やIT関連資源を顧客の文脈に合わせて組み合わせるための組織能力を持たなければならない（例えば，Chatterjee, 2017; Gopalakrishnan and Zhang, 2019; Lahiri and Kedia, 2009; Salunke, Weerawardena, and McColl-Kennedy, 2011; Søderberg, Krishna, and Bjørn, 2013）。ビッグデータ文脈での組織学習はしばしばデジタル・トランスフォーメーションに内包されるが，デジタル・トランスフォーメーションを進めるためには，先ほど挙げた組織能力に加えて，コンサルティング能力と調和能力（Orchestration Capability）（Mazumder and

Garg, 2021; Warner and Wäger, 2019）が重要とされる。コンサルティング能力は，IT ユーザーのデジタル・トランスフォーメーションの目標やそれを達成するまでの段階を定義し，それぞれの段階に進むために解決すべき問題を特定するための IT ユーザーと彼らの事業への共感に代表されるデザイン思考の能力である。調和能力はコンサルティング能力と補完関係にある能力である。IT ベースの組織または事業プロセスを構築する場合，IT ベンダーが持つ IT 資源と非 IT 資源，IT ベンダーは保有しないが取引可能な他の企業が持つ資源，そして IT ユーザーが持つ資源を混ぜ合わせる必要がある。そうしなければ，IT ユーザーは自社に合わない IT システムを基に経営活動を行うことになり，IT 利用から得られる知識創造や質の高い意思決定，イノベーションの創造は阻害される（Zhou et al., 2018）。調和能力は，IT アウトソースする活動の範囲が広くなるにつれ，そして事業における IT アウトソース依存度が増すにつれて，IT アウトソーシングを成功に導くために必要な能力である（Mazumder and Garg, 2021）。

IT ユーザーの視点では，IT ベンダーと IT ユーザーの文脈の違いを乗り越え，補完すべき資源を特定する（Bui, Leo, and Adelakun, 2019; Murthy et al., 2016; Tiwana and Kim, 2016）とともに，IT ユーザーにおける資源の社会的・構造的・文脈的固有性を生むための資源融合（Jain, Poston, and Simon, 2011; Palvia et al., 2011）を行うための組織能力を考える。IT アウトソーシングの研究では，IT ユーザーが IT アウトソーシングを成功させるためには IT を導入することで事業機会を獲得するという視点が重要だと結論づけられている（Day and Schoemaker, 2016; Karimi-Alaghehband, and Rivard, 2019; Ross, 2003; Sen, Kotlarsky, and Budhwar, 2020; Teece, 2007; Wang and Wang, 2019）。そして，ダイナミック・ケイパビリティに則り，IT アウトソーシングの成功を高める IT アウトソーシング能力が特定されている。本書が焦点を当てる IT ユーザーの IT アウトソーシング能力は，「組織が IT アウトソーシングの機会を感知（Sensing）し，獲得（Seizing）し，アウトソースの調整を通じて新たなそして既存の IT サービスや資源を調和（Orchestrating）する能力」（Karimi-Alaghehband and Rivard, 2020, p.4）と定義される。感知することや獲得することは，他の研究文脈におけるダイナミック・ケイパビリティと同じ概念だが，調和はITアウトソーシングにおけるダイナミック・ケイパビリティに特異な要素と言える。感知は外部環境を探索し，ITやITベンダーの情報を収集し，新たな機会を特定する能力である（Cullen et al., 2005; Karimi-Alaghehband and Rivard, 2019; Mikalef and Pateli, 2017; Sia et al., 2008）。獲得は特定された機会を事業に活かすために必要なITまたはITベンダーを理解し識別する能力である。ITユーザーは特定された機会を獲得できるITや資源を持つITベンダーを特定し，ITアウトソースを通して機会を得るように事業を改善または創造する。その際，ITベンダーが提案するITアウトソースを評価し，機会を最大限獲得できる提案を採用しなければならない（Dutta et al., 2011; Michell and Fitzgerald, 1997; Karimi-Alaghehband and Rivard, 2019）。最後の調和は，ITベンダーの視点で登場した能力と同じく，新たに得られたIT関連資源を既存の資源や事業プロセスと統合するプロセスを指す（Karimi-Alaghehband and Rivard, 2019）。IT関連資源を用いて具体的に事業を進化させ，これから挑戦的な対市場行動を行っていくという新たな戦略を実行するために必要不可欠な能力が調和である（Day and Schoemaker, 2016; Velu, 2017）。ITアウトソーシングについて，事業ごとまたは同一事業の中でも機能ごとに異なるITベンダーと取引が交わされていることもあり，そのような場合，異なるITベンダーのIT関連資源を調整しなければ，ITアウトソーシングから得られるであろう潜在的利益を実際に得ることはできない（Bapna et al., 2010）。なお，この調和は資源の統合や再組織化のみを指すだけでなく，時には外から獲得したそれら資源を最大限生かすための戦略の変更も含む（Teece, Peteraf, and Leih, 2016）。

3　ITアウトソーシングとビッグデータ分析能力に関する仮説

3-1．ビッグデータ分析能力と経営成果

第3章で述べたように，ビッグデータ分析能力はビッグデータの収集・蓄積・分析・結果の事業への活用に関する有形，無形，人的という資源を独自に複雑に組み合わせた組織能力である。ビッグデータ関連資源同士が企業や事業といった固有の文脈下で融合するため資源同士の因果関係の曖昧さが増す。このような独自性と複雑性は，組織能力の特異性と経路依存効果をもたらし，競合他社はこのような能力形成を模倣することが困難となるため，ビッグデータ分析能力は競争優位性の核となる（Gupta and George, 2016; Kiron, Prentice, and Ferguson, 2014）。

ビッグデータ分析は，セグメントごとのニーズ変化やセグメント構造自体の変化を素早く理解すること，そしてターゲットニーズに迅速に対応することを助ける。一般に，どのような製品カテゴリーにおいても，地域ごとにセグメント構造は違うし，セグメントごとの選好も異なる。このような地域消費文化の理解を助けるとともに，製品・サービスの市場投入リードタイムの縮小に貢献する（Côrte-Real et al., 2017）。それゆえ，ビッグデータ分析は，企業の利益最大化（Schroeck et al., 2012）や，市場シェアや投資収益率（Return on Investment）の向上（McAfee and Brynjolfsson, 2012; Ramaswamy, 2013）に貢献する。経営成果への効果という点で，興味深いことにビッグデータ分析によってコストに関する無駄や不正が減るとともに，サービス提供手段の正確性などが向上することによるサービス品質の向上が達成できることも報告されている（Srinivasan and Arunasalam, 2013）。

ビッグデータ分析が経営成果を高める環境について，特に顧客ニーズの細分化が進むとともにニーズの変化が大きく，その変化が素早く起こる環境では，複数の情報源から得られた複数の種類の情報で創られるビッグデータを

分析することで，変化がこれから成長していく段階でその変化を素早く理解し，その変化によって発生するであろう機会をいち早く認識することができる（Chen et al., 2022; Johnson et al., 2017; Rialti et al., 2019）。変化の中から素早く機会を認識するためには，もちろんビッグデータ分析だけでは十分ではなく，ビッグデータの収集，蓄積，データセットの整備，分析するデータドリブンの組織的なプロセスが不可欠である（Janssen, van der Voort, and Wahyudi, 2017）。企業の環境・戦略・組織・事業といった文脈に合わせてビッグデータ関連の有形資源（データ，技術，投資），無形資源（データドリブン文化，組織学習），人的資源（管理能力，技術的能力）といった組織の資源が複雑に組み合わされたビッグデータ分析能力は，外部からの観察と理解，そして模倣が困難な能力である。この能力が高い組織では，ビッグデータ分析担当者やビッグデータ分析を経営に活用しようとする従業員が組織の垣根やサイロを積極的に破壊し，機能部門横断的に活動する（Gupta and George, 2016; Wamba et al., 2017）。この活動によってビッグデータ分析の利用が広まるとともに，それまで存在はしていたが利用できなかったデータの利用が可能になることや，ビッグデータの使い方に関する新たなアイディアが生成されるなど，ビッグデータ分析を基に市場に関するインサイトを得てそのインサイトを具体化するための協働が強化される（Mikalef et al, 2018）。ビッグデータ分析能力が高い企業は，不確実性の高い環境においても，組織全体の意思決定スピードや意思決定の質を向上することができる（Aydiner et al., 2019）。これらのことから，次の仮説を提案する。

仮説 5 -1a：ビッグデータ分析能力は経営成果を高める。

3-2．IT アウトソーシングの負の側面とビッグデータ分析能力

IT アウトソーシングを通じて，IT ユーザーは IT ベンダーが持つデータ収集・分析・結果の可視化に関する専門知識や技術を低コストで利用することができる（Prawesh, Chari, and Agrawal, 2021; Verhoef et al., 2021）。このような利益を得て IT アウトソーシングを成功に導くためには，IT ベンダーも

ITユーザーも互いが保有するIT関連資源を特定し，統合し，ITユーザーの組織や事業の文脈に合わせて資源を調和させる組織能力を高めることが有効である。これら組織能力を持っていることを前提として，ITユーザーは自前でビッグデータ分析能力を高めるよりもITアウトソーシングを通じてより早く効率的にビッグデータ分析能力を高めることが可能となる。

一方，ITアウトソーシングを通してITユーザー内部に「資源の空洞化」が起こり，ITユーザーが競争優位性を高めることや持続的成長が阻害される（Miozzo and Grimshaw, 2005; Weigelt, 2009）。ITアウトソーシングを通して，ITユーザーの組織能力が低くてもITベンダーがその低い組織能力を補いながらIT関連資源の統合や組織化を行う。この場合，ITユーザーはITベンダーに資源開発を委ねることになる。そもそも，資源は新たに獲得された後，組織や事業の文脈に合わせて既存資源と融合・組織化されるべきである。この組織化を通じて資源間の因果関係の曖昧さが生まれ，資源の模倣・代替不可能性が生まれる。そのような企業固有の資源が競争優位を支える（Barney, 1991; Makadok, 2001）。ITアウトソースをした場合，「ITベンダーに任せておけばいろいろやってくれる」，「専門的で細かいことは分からない」という受動的な資源獲得が起こり，資源獲得に対する戦略的意図が失われ，ITユーザー自ら積極的に資源を探索することや資源を獲得し既存資源と混ぜ合わせることといった組織学習が行われなくなるリスクがある（Barthélemy, 2003）。結果的に，ITアウトソースをしたITユーザー内部のIT関連資源は時間とともに少なくなり，将来ITを用いて機会を獲得したいと考えてもそれができない状態になる（Hoecht and Trott, 2006）。ITユーザーはIT関連資源を獲得するためにITアウトソーシングに依存しすぎると，ITユーザー内部の技術的知識開発を行う能力を低下させ，将来の資源開発・獲得をよりITアウトソースに依存しなければならなくなる（Lee and Kim, 2010; Manning et al., 2018; Susarla, Subramanyam, and Karhade, 2010）。このような状態では，ITユーザーはITベンダーのベストプラクティス（またはそれを少し変更したような提案）を導入した際に，その提案と自社組織や事業の文脈との乖離を考えることなく提案を受け入れ実行するリスクがある。ITユーザーはこの乖離を調整しなければ，ITアウトソースを通して競争優位性を高めることはできない（Espino-Rodríguez and Ramírez-Fierro, 2018; Mukherjee et al., 2013）。

ビッグデータ分析能力の3つの下位概念である有形・無形・人的資源は，組織や事業の固有性に基づいて社会的・構造的・文脈的に再組織化されることで組織能力となる（Kiron, Prentice, and Ferguson, 2014; Lee and Trimi, 2021; Mikalef et al., 2019a）。ビッグデータ分析のインフラや技術は市場調達が容易であり，モジュールとして組織に導入することで組織システムとの調整を低コストで行うことが可能である（Bradlow et al., 2017; Sorescu, 2017; Warner and Wäger, 2019）。一方，分析結果を事業改善や事業創造に具体化する際に，ビッグデータ分析の戦略的目的を明確に理解するとともに，分析結果の解釈，自社が保有するまたは不足する資源の特定や獲得，必要な機能部門との調整などが必要不可欠であり，これこそがビッグデータ分析能力が経営成果を高める核の部分である（Gupta and George, 2016; Mikalef, van de Wetering, and Krogstie, 2021）。ビッグデータ分析をアウトソースをした場合，ビッグデータ分析が当事者の行動や問題とならず戦略的目的がユーザーに浸透しない恐れがある。目的が不在の場合，ビッグデータ分析を事業に活用することは進まず（AlNuaimi, Khan, and Ajmal, 2021; Bradlow et al., 2017; McAfee and Brynjolfsson, 2012; Ritter and Pedersen, 2020），分析自体や分析結果の可視化や具体化を自分たちで行うようにすることや，そこから知識を獲得し更新する組織学習が阻害される（Côrte-Real, Oliveira, and Ruivo, 2017; Upadhyay and Kumer, 2020）。ビッグデータ分析能力の複雑さから，これらの状況が長期化すると，ITユーザー企業のビッグデータ分析能力は高まらず，ITユーザーはビッグデータ分析とビッグデータ分析ベースの事業をITベンダーまたはサービスプロバイダにより強く依存するようになるホールドアップ問題（Hold-up Problem）（Susarla, Subramanyam, and Karhade, 2010）が発生する。これらのことから，次の仮説を提案する。

仮説5-1b：ビッグデータ分析能力は経営成果を高めるが，ビッグデータ分析のアウトソースはこの関係を負に調整する。

3-3．ITアウトソーシングの組織能力とビッグデータ分析能力

ビッグデータ分析やビッグデータ分析ベースの事業モデル開発の文脈では，ビッグデータ分析を用いて競争優位性を高めるための組織変容は，1）組織外部に存在するビッグデータ関連の技術や知識を探索し自社に必要な資源を特定すること，2）既存資源やシステムと調整すること，そして3）ビッグデータベースの事業モデルを創ることや内部のビッグデータ関連知識を自己強化すること（Mikalef, van de Wetering, and Krogstie, 2021；Warner and Wäger, 2019）によって進む。これらは，ITユーザーがITアウトソーシングを成功に導くために必要な組織能力に類似している。すなわち，企業に固有のITシステムを構築することや，ITシステムを競争優位性につなげるための1）ITアウトソーシング感知能力，2）ITアウトソーシング獲得能力，そして3）ITアウトソーシング調和能力という3つの組織能力である（Karimi-Alaghehband and Rivard, 2019, 2020）。以下，この3つのITアウトソーシング能力がビッグデータ分析能力を高めるかどうかについて，仮説を構築する。

●── 3-3-1．ITアウトソーシング感知能力とビッグデータ分析能力

ITアウトソーシング感知能力は，ITやITがもたらすだろう予期しない機会や脅威を探索する組織能力である（Karimi-Alaghehband and Rivard, 2020）。この能力は，「市場と技術の絶え間なく続く監視」（Teece, Pisano, and Shuen, 1997, p.520）と「新たな能力を創造もしくは生成するために絶え間なく環境をスキャンすることによって警戒を維持すること」（Tan and Sia, 2006, pp. 193–194）という資源と機会の探索に関する能力である。感知能力が高い組織はすべての機能部門と職能レベルで，経営環境で起こっているトレンドを見つけるために様々な情報を入手しようとし，知識を生成し，それらを自社組織や資源に合うように変換するように行動する（Teece and Linden, 2017）。ITに関する感知能力は，今起こっているITの進化やそれらITを用いた経営行動・消費者行動の進化などを知るとともに，それらの今後の動向を予測することを促進するが，これらはITを用いた組織や事業の変更に関する戦略の在り方に直結する（Fitzgerald et al., 2014; Ross, Beath, and

Sebastian, 2017)。ビッグデータと事業開発に関して言うと，ビッグデータが示す多様な結果を用いて現在そして今後の市場の状態を判断または予想することや，事業化のために必要だが不足している資源を探し出すことなど，ビッグデータを用いて何ができるかということを探し出すことの必要性が強調される（Agrawal et al., 2017)。感知能力が高い場合，たとえ探索者が自分1人ではビッグデータ関連資源やビッグデータの機会や脅威を探索できなくても，企業外部にあるネットワーク（例えば，業界の会議やカンファレンス，技術展，特定の技術者グループなど）の中に入っていき，そこで生成される機会を得ることや，そのネットワークの中で機会を共創することができる（Giudici et al., 2018)。IT アウトソーシング感知能力は，ビッグデータ関連の技術や知識だけでなく，ビッグデータの使い方や分析結果の解釈などに関するアイディアを得ることや，ビッグデータ分析を事業につなぐことに関する能力も高めると考えられる。そこで，次の仮説を提示する。

仮説5-2a：IT アウトソーシング感知能力は，ビッグデータ分析能力を高める。

仮説5-3a：ビッグデータ分析能力は，IT アウトソーシング感知能力と経営成果の関係を媒介する。

◉── 3-3-2．IT アウトソーシング獲得能力とビッグデータ分析能力

IT アウトソーシング獲得能力は，機会を得るために IT を使って何ができるかを定めた後，これを実現する IT 関連資源や IT サービスを探索し，それらを提供する IT ベンダーを特定する能力である（Karimi-Alaghehband and Rivard, 2020)。経営環境をスキャンし機会を認識したとしても，その機会を活かさなければ企業または事業の利益は拡大しないし持続的に成長することはない。重要なことは，機会を認識した後にそれを獲得するための組織能力である。この機会を獲得する能力が重要な理由は，企業はこれまでの経営活動や蓄積してきた資源があり，それによって「漸進的な能力強化の改善を好み，抜本的な革新を避けようとする」（Teece, 2007, p.1327）傾向が生まれるため，機会を認識したとしても，それが抜本的な革新を必要とするにもかか

わらず，従来の方法でそれを獲得しようとして失敗することがあるためである。

ITアウトソーシング獲得能力が高い企業は，機会を形にするために不足するIT関連資源を理解し，それを補い最適な資源ポートフォリオを創ることができるITベンダーを評価し選択することができる（Dutta et al., 2011; Karimi-Alaghehband and Rivard, 2019）。また，ITユーザーのITアウトソーシングは不足資源を補うだけでなく，機敏な（Agile）IT実験を実施することに貢献しうるが，それは自社にとって品質の良いITベンダーを特定し，評価し，選択する能力によって成功に導かれる（Karimi-Alaghehband and Rivard, 2020）。ITアウトソーシングを通して事業プロセスをデジタル化する場合，しばしば仕事のフローや働き方を抜本的に変えるが，それはリスクを取りリターンが得られることを可視化する小さな実験によって進められる（Autio et al., 2018; Day and Schoemaker, 2016; Mikalef, van de Wetering, and Krogstie, 2021; Pavlou and El Sawy, 2010; Sambamurthy et al., 2003; Warner and Wäger, 2019）。ビッグデータ分析を含むITやその他技術の進化は早いが，ITベンダーの差別化競争のおかげで，関連資源をパッケージ化し特定の経営文脈に適応したサービスも次々に登場する。より良いビッグデータ活用のアイディアを得るためのデジタルイノベーションの知識が集まる空間への参加や，ある限定したデータ範囲・種類や特定の製品・サービスを対象に試行的にビッグデータ分析とその事業化を小さく素早く行うリーンスタートアップ方式はビッグデータを含むデジタルベースの事業モデル開発組織への変容の基礎となる（Warner and Wäger, 2019）。そこで，次の仮説を提示する。

仮説5-2b：ITアウトソーシング獲得能力は，ビッグデータ分析能力を高める。

仮説5-3b：ビッグデータ分析能力は，ITアウトソーシング獲得能力と経営成果の関係を媒介する。

◉── 3-3-3．IT アウトソーシング調和能力とビッグデータ分析能力

IT アウトソーシング調和能力は，戦略的に機会を活かすために，IT ベンダーから獲得した IT 関連資源と IT ユーザーが保有する資源を統合する能力である（Karimi-Alaghehband and Rivard, 2020）。資源の調和は，「無形と有形の資産を強化し，結合し，保護し，必要なときに再構成する」（Teece, 2007, p.1319）ことである。この能力は，1）対組織内では新たな戦略を実行することや戦略実行に必要な資源を利用できるように組織内部のコミュニケーションやタスク，責任を調整することや，この調整が機能するように組織の物理的・構造的変更を行うこと，そして 2）対組織外では外部ネットワークの構築やそのネットワーク内での資源共創などを行うこと，に貢献する（Helfat et al., 2007; Day and Schoemaker, 2016）。IT システムは，企業の基幹システムだけでなく事業ごとまたは複数の事業に特化した部分最適システムが配置されている（Goodhue et al., 2009; Keen, 1991; Weill, Subramani, and Broadbent, 2002）。部門ごとに主要な機能やタスクが異なるため，必要となる IT 機能も異なり，それらモジュールを複雑かつ柔軟に組み合わせて組織全体の IT システムができ上がる（Bhatt et al., 2010; Fink and Neumann, 2009）。

調和能力が高い IT ユーザーは，異なる IT ベンダーの資源・タスク間や，それら資源・タスクと自社が保有する資源・タスクを調整し，全体の資源・タスク間で一貫性を持たせるとともに企業の固有性と競争優位性の源泉となるように資源・タスク間に相互依存性を持たせることができる（Bapna et al., 2010）。ビッグデータ文脈では，ビッグデータの収集・分析・可視化の技術やパッケージドサービスを導入したとき，導入する技術やサービスと社内の組織システム，タスク，利用可能なデータを統合する必要がある（Rialti et al., 2019）。例えば，ビッグデータ分析の実験を進めていく中で，すでに導入しているビッグデータと，新たに入手できるであろうデータを 1 つのデータベースに格納し利用可能性を高め，分析し，意思決定に活用しなければならない（Aversa, Hernandez, and Doherty, 2021; Bradlow et al., 2017; Côrte-Real, Ruivo, and Oliveira, 2020）。ビッグデータ分析の結果を事業プロセス改善や革新的製品・サービスに具体化することは，ビッグデータ分析と利用可能な資源の統合を行うことを前提とする（Elia et al., 2022; Mikalef et al., 2020）。IT

図５－１　本書のリサーチモデル

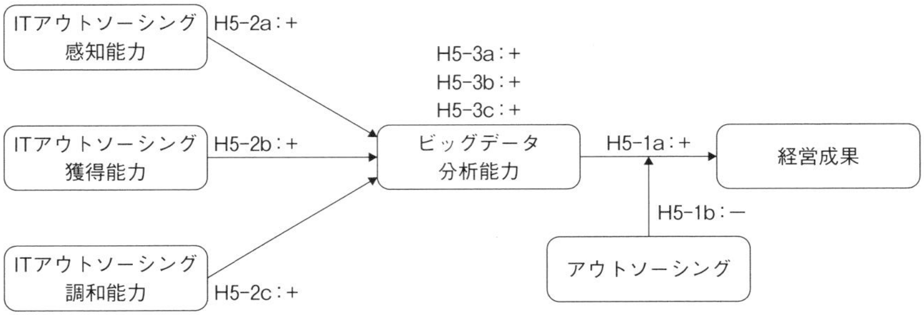

アウトソーシング調和能力は，これらビッグデータの生成や統合を促進し，データの質を高め，ビッグデータ分析ベースの資源統合や再組織化の基礎となるだろう。そこで，次の仮説を提示する。

仮説５-2c：IT アウトソーシング調和能力は，ビッグデータ分析能力を高める。

仮説５-3c：ビッグデータ分析能力は，IT アウトソーシング調和能力と経営成果の関係を媒介する。

4　研究方法

図５－１に示す概念間関係および仮説を検証するために，オンラインの質問票調査法を採用した。この方法は，一般的な傾向を捉え，変数間の関連を明らかにする方法として学術研究で広く採用されている方法である。また，この調査法は結果の汎用性を高め，再現を容易にするとともに，IT やマネジメントに関する多くの要因を同時に調査することを可能とする方法である（Pinsonneault and Kraemer, 1993）。

本書の実証研究（第５章，第６章，第７章）は，すべて日本で収集したデータを用いた。ビッグデータ分析能力を議論するために，日本でデータを取った意義は次の２点である。第１に，日本の ICT 普及率は世界第５位（Schwab and Zahidi, 2020），モバイルブロードバンド普及率は世界第１位（OECD, 2021）であり，企業がビッグデータを収集または分析するための環境が整っていると言える点である。第２に，ビッグデータ分析の重要性や有効性が認知されている点である。日本政府は2016年からビッグデータの利活用を戦略的政策とし，企業のビッグデータ分析を支援するガイドラインを策定している（総務省 , 2020）。市場知識の更新とビッグデータ分析の必要性・重要性に関して言うと，例えば日本は世界で最も高齢化率が高い国である（国連 , 2019）。企業は新たなターゲットとしての「シルバー」の行動やニーズを理解し，セグメント構造の理解を深めなければならない。このシルバーという消費者群のニーズの特定や事業開発は，日本だけでなく今後多くの国が直面する課題である。また，日本の消費者は，伝統的にそして現在も地域ごとに異なる消費文化を持っている（Larke, 1992; Morimura and Sakagawa, 2018）。企業が消費者についてのインサイトを得て事業を開発することにビッグデータ分析が貢献するかどうかを知るには，日本は良いフィールドである。

なお，**仮説５－１**，**仮説５－２**，**仮説５－３**を検証するためのデータは異なる時期・異なる質問票で収集した。その理由は，**仮説５－１**の研究が完了した後に得られたリサーチ・クエスチョンが**仮説５－２**および**仮説５－３**だったからである。以下でデータの収集と確認について述べるが，混乱を避けるために**仮説５－１**のものは調査１，**仮説５－２**と**仮説５－３**のものは調査２として分けて説明する。

調査１と調査２について，日本の市場調査企業である株式会社インテージ（以下，インテージ）が保有する法人パネル（インテージ・マイティモニター）の従業員データベースを用いてオンライン調査を行った。インテージを選択した理由は，１）データベースの規模が大きいことと，２）パネルに含まれる従業員の基礎情報を定期的に調査しパネルを更新しているため高い品質のデータが得られること，である。

4－1．調査1

◉── 4－1－1．データの収集プロセス

仮説5－1を検証するためのデータは，2022年2月15日から17日にかけて経営者から収集した。ITのような企業システムの土台に関わる大きな投資や，データ分析を実験的に事業に導入するリスク有る試みは，情報システム部門のマネジャーが決裁権を持つ場合もあるが，多くの場合最終的に経営者の決済を必要とする（Gupta et al., 2020; Henschen, 2012; Tan et al., 2015）。そのため，経営者を対象にデータを収集した。調査は調査実施時点で配信可能だった全経営者6,192名中3,986名に配信し，1,062名の回答を得た（回収率26.6%）。この1,062名の回答のうち，ビッグデータの収集・分析・事業への活用について，少なくともいずれか1つ行っていると答えた212サンプルを分析に使用した。これらの調査では，回答者はすべての質問に回答しなかった場合，次の質問に進むことができないため，データセットには欠損値は含まれない。**表5－1**は，回答データの人口統計学的特徴と企業の特徴である。

◉── 4－1－2．測定項目

質問票調査に含める概念と概念の測定項目は，先行研究によって妥当性や信頼性が確認されているものを使用した。ビッグデータ分析能力の測定項目は7点のリカート尺度（1：非常に当てはまらない－7：非常に当てはまる）を用いて測定した。測定項目は**表5－2**に示す。

ビッグデータ分析能力は，Gupta and George（2016）の定義を採用した。ビッグデータ分析能力は，ビッグデータに関する有形資源，無形資源，人的資源によって構成されるが，それぞれの資源を測定する際に2つの異なる概念の捉え方を採用している（Hair et al., 2012; Jarvis, MacKenzie, and Podsakoff, 2003; MacKenzie, Podsakoff, and Podsakoff, 2011; Sarstedt et al., 2016）。まず，ビッグデータ分析能力は，3つの資源によって「定義される」組織能力である。したがって，これら3つの資源はビッグデータ分析能力を構成する2次の形成的（Formative）な下位概念として扱われる。これら3つの下位概念は，それぞれさらにいくつかの下位概念で構成される。有形資源は，基本資源

表5-1　調査1のデータセットのサンプルデモグラフィック

産業分類	n	%
製造業	20	9.4
情報通信業	30	14.2
運輸業，郵便業	4	1.9
卸売業，小売業	42	19.8
金融業，保険業	14	6.6
不動産業，物品賃貸業	33	15.6
学術研究，専門・技術サービス業	4	1.9
宿泊業，飲食サービス業	12	5.7
生活関連サービス業，娯楽業	7	3.3
教育，学習支援業	10	4.7
医療，福祉	14	6.6
複合サービス事業	2	0.9
サービス業(他に分類されないもの)	20	9.4
創業からの年数		
10年未満	31	14.6
10-49年	123	57.9
50-99年	31	14.8
100年以上	6	3.0
企業規模(従業員数)		
1-49人	157	74.0
50-99人	19	9.0
100-500人	22	10.4
500人以上	14	6.6

(予算配分)・データ・技術という3次の下位概念で構成されるが，これら下位概念はデータやデータベース・計算技術，そして予算といった観察可能なことがらによって「定義される」ため，形成的な下位概念である。無形資源はデータドリブン文化と組織学習強度，人的資源は管理能力と技術的能力という3次の下位概念で構成されるが，これらはそれぞれの能力や文化などがあるからこそ，それに関連する従業員の思考・行動などが顕在化すると考える資源である。つまり，観察可能な従業員の思考や行動はそれぞれの概念から影響を受ける反射的（Reflective）なものとして扱われる下位概念である。

3次の下位概念を直接測定する測定項目は，Gupta and George（2016）に基づいている。ただし，技術についてはMikalef et al.（2020b）の妥当性チェ

表5-2　調査1の測定項目

構成概念	ラベル	測定項目	平均値	標準偏差
データ	D1	大規模な，構造化されていない，めまぐるしく変化するデータを，市場の分析に利用することができる。	4.226	1.403
	D2	簡単にアクセスするために，社内の複数の情報源からのデータを1つのデータウェアハウスやデータマートに統合している。	4.118	1.530
	D3	ビジネス環境についての高価値分析を容易にするために，社外データと社内データを統合している。	3.953	1.547
技術	T1	ビッグデータ処理に対する並列計算アプローチ（例えば，Hadoop など）を探索している，または採用している。	3.660	1.550
	T2	異なるデータを可視化するツールを探索している，または採用している。	4.085	1.435
	T3	データを蓄積するために，Not Only SQL（NoSQL）のような新しいデータベースの形式を探索している，または採用している。	3.712	1.535
基本的資源	BR1	ビッグデータ分析プロジェクトには，十分な資金が投入されている。	3.991	1.457
	BR2	ビッグデータ分析プロジェクトには，目的を達成するために十分な時間が与えられている。	4.231	1.495
技術的能力	TS1	従業員にビッグデータ分析の訓練を提供している。	4.340	1.352
	TS2	すでにビッグデータ分析能力を持つ（新しい）従業員を採用している。	4.146	1.474
	TS3	ビッグデータ分析を担当するスタッフは，仕事を成功させるために適切な能力を備えている。	4.693	1.301
管理能力	MS1	ビッグデータ分析を担当するマネジャーは，異なる部門のマネジャー／サプライヤー／顧客の将来のニーズを先取りすることができる。	4.665	1.250
	MS2	ビッグデータ分析を担当するマネジャーは，ビッグデータの適用先をきちんと判断することができる。	4.693	1.301
	MS3	ビッグデータ分析を担当するマネジャーは，ビッグデータから抽出したことがらを理解し評価することができる。	4.825	1.187
データドリブン文化	DDC1	データを有形資産と考えている。	5.274	1.213
	DDC2	勘ではなくデータに基づいて意思決定を行っている。	5.038	1.224
	DDC3	私たちの視点がデータと矛盾したとき，進んで慣例を変える。	5.047	1.189
	DDC4	データから得られた洞察に応じて，ビジネスルールを継続的に評価し改善する。	5.156	1.157
	DDC5	データに基づいた意思決定を行うために，従業員を継続的に指導する。	5.113	1.204
組織学習	OL1	新しく適切な知識を探索することができる。	5.094	1.166
	OL2	新しく適切な知識を獲得することができる。	5.099	1.163
	OL3	適切な知識を取り入れることができる。	5.156	1.161
	OL4	適切な知識を応用することができる。	5.137	1.180
	OL5	一丸となって，既存の資源の活用と新しい知識の探索に取り組んできた。	5.005	1.253

ック結果に基づき3つの項目を採用した。

ビッグデータ分析のアウトソースについて，ビッグデータの収集・分析・事業への活用という3段階について，アウトソースしているかどうかを質問した。これら段階のどこか1つでもアウトソースしている場合は1，すべてインハウス（自社で行っている）の場合は0とした。経営成果は2021年4月1日から3月31日の売上高の前年比とした。

◉── 4-1-3．データの質の検討

すべての概念の測定項目は，1つの質問紙調査の中で回答者の自己報告式で測定された。この方法だと，回答者が惰性的に回答することや，前後の回答から望ましい回答を予想し回答するといったコモンメソッドバイアス（Common Method Bias）が研究結果と解釈を歪めてしまう危険性がある。このバイアスを回避するために，Podsakoff et al.（2003）が推奨する方法を採用した。まず，質問紙上の測定項目の位置から測定項目間の関係などについての予想を持たれてしまうプライミング効果（Priming Effect）を防ぐために，すべての項目をランダムに並べて提示した。

次に，回答していない非回収サンプルのデータが結果に深刻な影響を与えているかもしれないという非回答バイアスの可能性も検証した。回答データは「いつ回答したか」を識別できる。まず，回答者が質問票に回答した順番に従って，回答者を最初の4分位と最後の4分位に分けた。次に，回答者の企業規模と企業年数および2つの経営成果（市場成果と金融的成果）について，それぞれのサブサンプル群間でt検定を行った。その結果，統計的に有意な差は見られなかった（p =0.054～0.842）。したがって，非回答バイアスは仮説の検証に対する脅威にはならないと結論づけた。

◉── 4-1-4．測定モデル

ビッグデータ分析能力は，下位概念で構成される。階層的なリサーチモデルの信頼性と妥当性を評価するために，部分最小2乗ベースの構造方程式モデリング（Partial Least Squares-Based Structural Equation Modeling：以下，PLS-SEM）を行った。PLS-SEMは共分散ベースの構造方程式モデリング

(Covariance-Based Structural Equation Modeling) と比較して，複雑な高次因子モデルをテストできるという利点がある。PLS-SEM は，①正規性に関して柔軟な仮定を用い不適解を回避することで階層モデルを推定すること，②観測変数（測定項目）を生じさせる反射的な構成概念と測定項目を定義的特徴量と見なす形成的な構成概念の両方の使用することができる，③少ないサンプルで複雑なモデルを分析することができる，④形成的な構成概念のよりロバストな推定，そして，⑤理論構築の予測ツールとしての可能性を持つことが利点である（Hair, Ringle, and Sarstedt, 2011, 2013; Henseler, Ringle, and Sarstedt, 2015; Wetzels, Odekerken-Schröder, and Van Oppen, 2009)。階層的なモデルのガイドライン（Becker, Beverungen, and Knackstedt, 2010; Henseler, Hubona, and Ray, 2016; Wetzels, Odekerken-Schröder, and Van Oppen, 2009）に従い，測定モデルと構造モデルを推定した。

ビッグデータ分析能力の測定項目の負荷量は，0.802〜0.980であり，すべての負荷量が1％水準で有意であった。Gupta and George（2016）のビッグデータ分析能力には，反射的および形成的な構成概念が含まれるため，信頼性と妥当性についてそれぞれの評価基準を採用した。反射的構成概念は，信頼性（Reliability），収束妥当性（Convergent Validity），そして判別妥当性（Discriminant Validity）を確認した。第1に，信頼性は合成信頼性（Composite Reliability：以下，CR）とクロンバックの α（Cronbach's α：以下，α）を算出し検討した。すべての構成概念について，CR は0.924〜0.960，α は0.763〜0.830であり，各構成概念のすべての値が経験的に採択可能な閾値0.70（Bagozzi and Yi, 1988）以上であった。測定項目の信頼性については構成概念から測定項目への負荷量が閾値0.70を超えているという基準を採用したが，すべての測定項目の負荷量がこの閾値を超えた。第2に，収束妥当性を評価するために平均分散抽出値（Average Variance Extracted：以下，AVE）を計算したところ，すべての AVE 値が下限値の0.50（Fornell and Larcker, 1981）を超えた。第3に，判別妥当性は2つの基準で評価した。最初に Fornell and Larcker（1981）のガイドラインに基づき，ある構成概念の AVE 値の平方根が，その構成概念と他の構成概念の因子間相関係数の中で最も大きい値よりも大きいことを確認した。すべての構成要素がこの基準を

表5-3　調査1の妥当性評価

構成概念	ラベル	重み	有意性	VIF	R^2_a
データ	D1	0.904	$p<0.001$	2.942	0.542
	D2	0.238	*n.s.*	2.395	
	D3	-0.115	*n.s.*	2.803	
基本的資源	BR1	-0.128	*n.s.*	2.630	0.619
	BR2	1.098	$p<0.001$	2.630	
技術	T1	0.134	*n.s.*	3.750	0.563
	T2	0.757	$p<0.001$	2.108	
	T3	0.182	*n.s.*	4.165	
有形資源	データ	0.528	$p<0.001$	2.594	0.778
	技術	-0.050	*n.s.*	3.167	
	基本的資源	0.600	$p<0.001$	2.531	
無形資源	データドリブン文化	0.814	$p<0.001$	2.449	0.784
	組織学習	0.226	*n.s.*	2.449	
人的資源	技術的能力	0.375	*n.s.*	8.268	0.960
	管理能力	0.637	$p<0.01$	8.268	
ビッグデータ分析能力	有形資源	0.323	$p<0.001$	2.274	0.737
	人的資源	0.488	$p<0.001$	2.579	
	無形資源	0.345	$p<0.001$	1.519	

満たした。次に，各測定項目の負荷量が他の構成概念とのクロスローディングよりも大きいかどうかを計算し，判別妥当性の裏付けとした（本章の**Appendix 1**参照）。また，判別妥当性についてより精度の高い評価指標としてHeterotrait-Monotrait Ratio（以下，HTMT比）基準を採用した。HTMT比は，モデルに含まれる構成概念間の測定項目間の相関係数の平均と，同一構成概念内の測定項目間の相関係数の平均の比である。つまり，この比率が高いほど，弁別妥当性に疑義が生じる。HTMT比は1よりも小さい場合弁別妥当性が確保されていると見なすが，弁別妥当性が確保された構成概念とそうではない構成概念を確実に区別する経験的に推奨される理想的閾値は0.85または0.90とされる（Henseler, Ringle, and Sarstedt, 2015）。分析の結果，管理能力と技術的能力のHTMT比が理想的閾値を超えているが1を下回っているため弁別されていると見なし構造モデルの推定に進む。

次に，形成的構成概念について，それぞれの構成概念と測定項目間，構成概念間の関係の重み（Weight）と有意性を確認した。**表5-3**のとおり，いくつかの構成概念と測定項目間，および構成概念間の重みが有意ではなかった。Cenfetelli and Bassellier（2009）は，形成的な構成概念は非有意の重みを持つ指標が存在する可能性が高いため，研究者間で共通して重要性や正当性が認識されている測定項目については，有意でない測定項目も残すべきだと指摘している。本章は，Gupta and George（2016）や Mikalef et al.（2020b），Ciampi et al.（2021），Elia et al.（2022）など，質の高い学術雑誌に掲載されている研究者たちが使用するビッグデータ分析能力の測定項目を採用した。加えて，非有意となった測定項目はビッグデータ分析能力のインフラ等に相当する概念の基礎的部分であるため，分析モデル内に残した。次に，形成的構成概念の測定項目の妥当性を評価するために，Mackenzie, Podsakoff, and Podsakoff（2011）のガイドラインに沿って Edwards（2001）の妥当性係数（R^2_a）を採用した。R^2_a は形成的構成概念間の二乗相関の総和を算出し，項目数で割った値である。R^2_a の経験的閾値は0.50である。この基準は構成概念が測定項目の分散のほとんどを共有し，測定項目が構成概念の有効な測定項目であることを意味する。すべての R^2_a は推奨される閾値である0.5を超えていた。計算手順は，Ringle et al.（2012）のガイドラインに従い，反復指標アプローチ（Repeated Indicator Approach）と潜在変数得点（Latent Variable Scores）を採用した。第1段階は，3次構成概念（データ，基本的資源，技術）の潜在変数得点を求めた。第2段階は，得られた潜在変数得点を2次構成概念（有形資源，無形資源，人的資源）の測定項目として組み込んだ。そして，2次構成概念の潜在変数得点を算出した。第3段階では，3次構成概念（ビッグデータ分析能力）の測定項目と1次および2次の形成的構成概念との間に多重共線性が存在する可能性を分散拡大係数（Variance Inflation Factor: VIF）を計算することによって検討した。すべての VIF 値は10以下であり，多重共線性がないと判断する（Cenfetelli and Bassellier, 2009; Ciampi et al., 2021）。

表5－4　調査2のデータセットのサンプルデモグラフィック

産業分類	n	%
建設業	4	0.9
製造業	78	17.3
情報通信業	8	1.8
運輸業，郵便業	188	41.8
卸売業，小売業	5	1.1
金融業，保険業	27	6.0
学術研究，専門・技術サービス業	33	7.3
宿泊業，飲食サービス業	12	2.7
生活関連サービス業，娯楽業	5	1.1
教育，学習支援業	7	1.6
医療，福祉	9	2.0
複合サービス事業	16	3.6
サービス業（他に分類されないもの）	7	1.6
公務（他に分類されるものを除く）	43	9.6
分類不能の産業	1	0.2
創業からの年数		
10年未満	46	10.3
10-49年	261	57.8
50-99年	103	22.5
100年以上	40	8.9
企業規模（従業員数）		
1-49人	111	24.7
50-99人	37	8.3
100-500人	84	18.7
500人以上	206	45.7

4－2．調査2

◉── 4－2－1. データの収集プロセス

仮説5－2と**仮説5－3**を検証するためのデータは，2023年6月13日～17日にかけて情報システム部門に紐づいた経営者・取締役・部門長から収集した。ビッグデータに関わる技術や知識だけでなく，それら技術・知識に関する知識を更新することや，それら技術・知識を保有しているであろう外部企業を探索し，識別し，自社のシステムに統合・調整するという現象を測定する必要がある（Karimi-Alaghehband and Rivard, 2019, 2020; Prawesh, Chari, and Agrawal, 2021）。そのため，これらのことがらを理解することができる情報システムの知識を持つ経営者，取締役，そして情報システム部門の統括責任者を対象に調査を行った。なお，ビッグデータの収集・分析・事業への活用について，いずれかの少なくとも1つを行っていると回答した回答者のみ，質問紙調査に進むように設計した。この調査は2,172名に配信し，450名の回答を得た（回収率20.7%）。サンプルデモグラフィックは**表5－4**のとおりである。

◉── 4－2－2．測定項目

調査2でも，先行研究によって信頼性や妥当性が確認されている概念の測定項目を使用した。ビッグデータ分析能力の測定項目は7点のリカート尺度（1：非常に当てはまらない － 7：非常に当てはまる），ITアウトソーシング能力は7点のリカート尺度（1：かなり不正確 － 7：かなり正確）を用いて測定した。各概念の測定項目は**表5－5**に示す。

仮説5－2と**仮説5－3**の検証のためのビッグデータ分析能力は，Gupta et al.（2020）に従い，管理能力と技術的能力に関する計10の測定項目を用いた。これら2つの能力は，有形資源，無形資源，人的資源について組織全体の能力を定義したGupta and George（2016）の下位概念の中でも，ビッグデータ分析を事業として具体化し経営成果に結びつける核となる資源である（Ferraris et al., 2019; Gupta et al., 2020; Song et al., 2022; Sun and Liu, 2020）。管理能力は，ビッグデータ分析で分かったことを事業化することに関する能力で，ビッグデータ分析の担当者やチームが，ニーズや事業文脈を理解し機能部門間や事業プロセスの調整を行う能力を指す。一方，技術的能力はビッグデータ分析そのものに関わる能力である。

仮説5－2と**仮説5－3**の検証のためのITアウトソーシング感知・獲得・調和能力は，Karimi-Alaghehband and Rivard（2020）の定義および測定項目を採用した。ITアウトソーシング感知能力は，「ITユーザーが環境をスキャンし新たなアウトソースの機会を特定し，ITアウトソーシング市場の状況や提供物に注意を払うことができる程度」（Karimi-Alaghehband and

表5－5　調査2の測定項目

構成概念	指標	測定項目	平均値	標準偏差
ビッグデータ分析能力	BDAC1	ビッグデータ分析を担当するマネジャーは，各部門のマネージャー，サプライヤー，顧客と協働することができる。	4.333	1.530
	BDAC2	ビッグデータ分析を担当するマネジャーは，ビッグデータ関連の活動を調整することができる。	4.320	1.538
	BDAC3	ビッグデータ分析を担当するマネジャーは，将来のビジネスニーズを予測することができる。	4.256	1.495
	BDAC4	ビッグデータ分析を担当するマネジャーは，ビッグデータの適用先について優れた感覚を持っている。	4.244	1.503
	BDAC5	ビッグデータ分析を担当するマネジャーは，ビッグデータから抽出したことがらを理解し評価することができる。	4.338	1.509
	BDAC6	私たちの企業は従業員にビッグデータ分析の訓練を提供している。	4.144	1.593
	BDAC7	私たちの企業はビッグデータ分析スキルをすでに持っている従業員を新たに採用している。	4.120	1.604
	BDAC8	ビッグデータ分析を担当するスタッフは，仕事を成功させるために適切な能力を備えている。	4.329	1.487
	BDAC9	ビッグデータ分析を担当するスタッフは，仕事を遂行するために適切な教育を受けている。	4.207	1.519
	BDAC10	ビッグデータ分析を担当するスタッフは，仕事を成功させるために適切な業務経験を積んでいる。	4.296	1.513
ITアウトソーシング感知能力	ITOSEN1	私たちの部署のある人たちは，新しいITアウトソーシングの機会がないか環境を調べることに時間を割いている。	4.338	1.450
	ITOSEN2	競合他社がどのようなITベンダーと仕事をしているかを定期的に確認している。	4.367	1.475
	ITOSEN3	定期的に，他の業界でアウトソーシングされているITサービスの種類を調査している。	4.444	1.445
	ITOSEN4	定期的に，私たちの業界で結ばれているITアウトソーシング契約の種類を調査している。	4.407	1.458

ITアウトソーシング獲得能力	ITOSEI1	IT 活動のアウトソーシングを決定した場合，可能性のある IT ベンダーを特定する方法を知っている。	4.520	1.402
	ITOSEI2	IT 活動のアウトソーシングを決定した場合，可能性のある IT ベンダーの提案を評価するための明確な基準を持っている。	4.493	1.455
	ITOSEI3	IT 活動のアウトソーシングを決定した場合，可能性のある IT ベンダーの中から選ぶために必要な専門知識を持っている。	4.649	1.410
	ITOSEI4	IT 活動のアウトソーシングを決定した場合，私たちの企業はどの IT ベンダーに提案書を提出してもらうかを決定するための基準を確立している。	4.467	1.425
ITアウトソーシング調和能力	ITOO1	複数の IT ベンダーに委託している活動を調整するためのプロセスがある。	4.493	1.462
	ITOO2	新たにアウトソーシングされたサービスを，他の社内サービスとどのように統合するかを計画する担当者がいる。	4.438	1.503
	ITOO3	新しくアウトソーシングされた活動を，現在アウトソーシングされている活動と同期させるためのスキルがある。	4.464	1.387
	ITOO4	IT ベンダーの資源と私たちの IT 部門の資源を調整する担当者がいる。	4.513	1.435
市場成果	MP1	競争相手よりも早く，新しい市場に参入した。	4.362	1.333
	MP2	競争相手よりも早く，市場に新しい製品あるいはサービスを投入した。	4.371	1.322
	MP3	我々の新しい製品あるいはサービスの成功率は，競争相手のものよりも高かった。	4.429	1.206
	MP4	我々の市場シェアは，競争相手を超えていた。	4.398	1.316
金融的成果	FP1	主要な競争相手と比較した市場シェア。	4.511	1.288
	FP2	主要な競争相手と比較した売上高。	4.489	1.248
	FP3	主要な競争相手と比較した利益率。	4.411	1.297

Rivard, 2020, p.4）と定義した。また，IT アウトソーシング獲得能力は「IT ユーザーが潜在的な IT ベンダーを特定し，その中から選択できる程度」（Karimi-Alaghehband and Rivard, 2020, p.4）と定義した。最後に IT アウトソーシング調和能力は「IT ユーザーが 1 社以上の IT ベンダーの仕事を調整し，その資源や活動を現在の情報システム部門の資源や活動と統合できる程度」（Karimi-Alaghehband and Rivard, 2020, p.5）と定義した。

仮説 5－2 と **仮説 5－3** の検証のための経営成果は，市場成果（Market Performance）と金融的成果（Financial Performance）を用いた。ビッグデータ分析能力の研究群（例えば，Olabode et al., 2022; Mikalef et al., 2020b; Yasmin et al., 2020; Wamba et al., 2017; Gupta and George, 2016）は，これら２つのどちらか，または両方を結果の変数として扱っている。両方の変数を使う理由は，より長期的な成果を表す金融的成果と，小さくても良いのでアウトプットとしての事業改善や事業創造を捉える市場成果の両方への影響を確認することで，分析結果がより良く現実を説明するものであると主張するためである（Gupta et al., 2020）。本章も，これら２つの成果を扱い，結果を比べることでより良く現実を理解することを目指す。１つ目の市場成果は，Gupta and George（2016）に基づき，競合他社と比べた場合の新製品・サービスの市場参入スピード，成功率，シェアを測定している。２つ目の金融的成果は，Moorman（1995）に基づき，企業が競合他社に比べてより高い市場シェア，売上高，利益率を得ていることについて測定した。

経営成果に関する統制変数として，企業規模と企業年齢，そして産業の違いを採用した。ビッグデータの研究群（例えば，Olabode et al., 2022; Bodlaj and Čater, 2022; Gupta and George, 2016; Mikalef et al., 2020b）は，従業員の規模や創業からの経過年数の影響を考慮している。なぜなら，組織の規模が大きい場合，より多くの資源（人・モノ・カネ・情報）が利用可能な状況である一方で，それら資源を統合し事業を具体化させる際により多くの調整が必要だと考えられるためである。企業年齢は，経路依存性から考えると，保有知識の複雑化・高度化と関連すると考えられるが，一方で年齢が高い組織はリスク回避的になりITを通して過去の成功体験の再現を行うというITの逆機能が発生してしまうかもしれないためである。企業規模は従業員数，企業年齢は創業からの年数で測定した。産業の違いを採用した理由は，ITアウトソーシングやビッグデータ分析が事業として具体化される際に，提供物がBtoBなのかBtoCなのかによって，顧客ニーズの存在の仕方やその理解の仕方が異なることや，BtoBの場合基本的には相手企業の組織や事業の文脈に合わせた提案となることなど，資源の再組織化や事業プロセスの調整が異なるためである（高嶋・南，2010; Whang, 1992）。BtoBの場合1，BtoCの場合０というデータを統制変数として用いた。

表５－６　調査２における構成概念の妥当性評価

概念	1	2	3	4	5	6
1　ビッグデータ分析能力	0.922					
2　IT アウトソーシング感知能力	0.706	0.926				
3　IT アウトソーシング獲得能力	0.672	0.895	0.928			
4　IT アウトソーシング調和能力	0.704	0.904	0.915	0.909		
5　金融的成果	0.630	0.535	0.534	0.563	0.924	
6　市場成果	0.590	0.583	0.589	0.596	0.795	0.902
平均値	4.259	4.389	4.532	4.477	4.470	4.390
標準偏差	1.411	1.351	1.322	1.317	1.181	1.170
CR	0.981	0.946	0.948	0.931	0.915	0.925
α	0.980	0.945	0.946	0.930	0.914	0.924
AVE	0.850	0.857	0.861	0.827	0.853	0.814

AVE の２乗根は対角線上に示す。

◉── ４－２－３．データの質の検討

仮説５－２と**仮説５－３**の検証のためのデータセットも１つの質問紙調査の中で回答者の自己報告式回答データで作られた。そこで，このデータセットについてもコモンメソッドバイアスの脅威が無いかを確認する（Podsakoff et al., 2003）。なお調査２でも，測定項目の位置から測定項目間の関係などについての予想を持たれてしまうプライミング効果を防ぐためにすべての項目をランダムに並べて提示した。

次に，Harman の単一因子検定の結果，１つの因子で説明される最大変量は市場成果の場合65.331％，金融的成果の場合66.625％であった。これらは Podsakoff et al.（2003）が示す50％という閾値を超えている。そこで各構成概念の測定項目間の相関関係を評価した（Peng and Lai, 2012; Podsakoff et al., 2003）。VIF を確認したところ，2.504～4.803となり 受容可能なレベルであることが分かった。また，適合度テストでは，市場成果の場合0.598，金融的成果の場合0.510となり，Wetzels et al.（2009）が推奨する閾値0.36を超えている。これらの結果から，コモンメソッドバイアスは深刻な問題ではないと結論づけた。

そして，**仮説５－２**と**仮説５－３**のデータセットについて，非回答バイアスの可能性を検証した。まず，回答者が質問票に回答した順番に従って，回答

図５-２　仮説５-１の分析結果

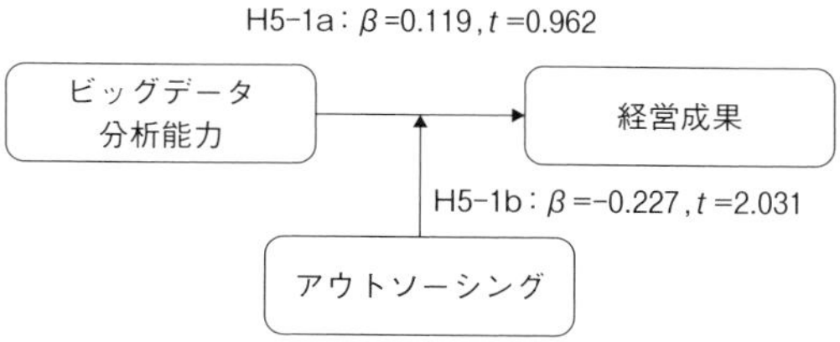

者を最初の４分位と最後の４分位に分けた。次に，回答者の企業規模と企業年数および２つの経営成果（市場成果と金融的成果）について，それぞれのサブサンプル群間でｔ検定を行った。その結果，統計的に有意な差は見られなかった（p =0.070〜0.910）。したがって，非回答バイアスは仮説の検証に対する脅威にはならないと結論づけた。

◉―― ４-２-４．測定モデル

仮説５-２と**仮説５-３**について，階層的なリサーチモデルの信頼性と妥当性を評価するために，PLS-SEMを採用した。Gupta et al.（2020）やKarimi-Alaghehband and Rivard（2020）と同様に，それぞれの測定項目と概念は反射的なものとして扱った。まず，各概念の測定項目の負荷量は，経営成果が市場成果の場合0.885〜0.940，金融的成果の場合0.883〜0.943であり，すべての負荷量が１％水準で有意であった。次に，リサーチモデルに含まれる概念の信頼性，収束妥当性，そして判別妥当性を確認した（**表５-６**）。第１に，信頼性はCRとαを算出し検討した。すべての構成概念について，CRは0.946〜0.983，αは0.914〜0.980であり，各構成概念のすべての値が経験的に採択可能な閾値0.70（Bagozzi and Yi, 1988）以上であった。測定項目の信頼性については構成概念から測定項目への負荷量が閾値0.70を超えているという基準を採用したが，すべての測定項目の負荷量がこの閾値を超えた。第２に，収束妥当性を評価するためにAVEを計算したところ，すべてのAVE値が下限値の0.50（Fornell and Larcker, 1981）を超えた。第３に，判別妥当性は１）ある構成概念のAVE値の平方根が，その構成概念と他の構成概念の因子間相関係数の中で最も大きい値よりも大きいこと，２）

図5－3　単純交差分析結果

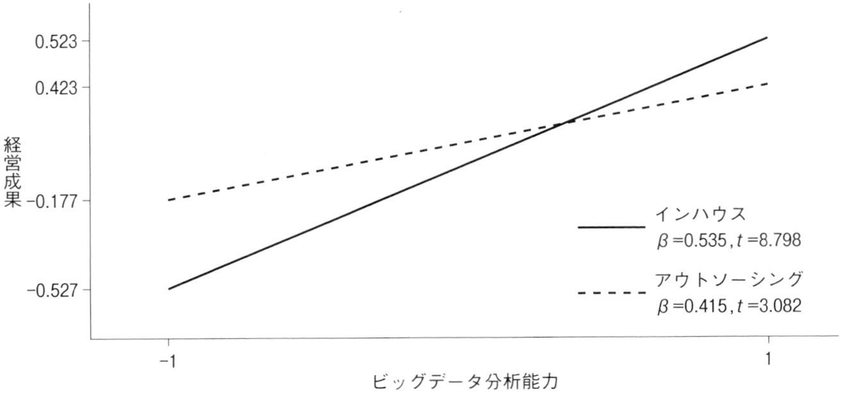

図5－4　経営成果を市場成果（新製品・サービスの市場投入スピード・成功率，市場シェア）とした場合の分析結果

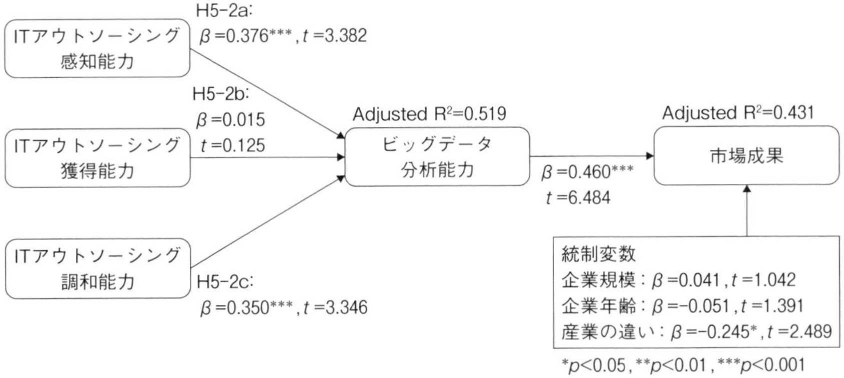

HTMT 比，を確認した。1）について，すべての構成要素がこの基準を満たした。また，各測定項目の負荷量が他の構成概念とのクロスローディングよりも大きいことも確認した（本章の Appendix 2 参照）。2）について，IT アウトソーシング調和能力と IT アウトソーシング感知能力（0.965）および IT アウトソーシング獲得能力（0.974），IT アウトソーシング感知能力と IT アウトソーシング獲得能力（0.946）で，理想的閾値を超えたが，1を下回

図5-5　経営成果を金融的成果（市場シェア・売上高・利益率）とした場合の分析結果

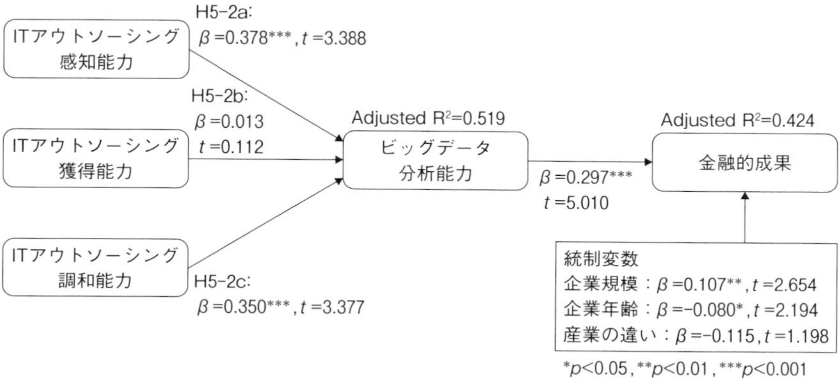

っているため弁別されていると評価し構造モデルの推定に進む。

5　分析結果

5-1. 調査1の分析結果

まず，**仮説5-1**の検証を行った。インハウス = 0，アウトソース = 1として，ビッグデータ分析能力が1年間の前年比売上高成長率を高めるという関係をアウトソースが調整するかどうかを計算した。分析結果は**図5-2**に示すとおり，ビッグデータ分析能力が経営成果に与える影響は非有意であったが，アウトソースの負の調整効果が有意となった。次に，アウトソースの影響に関する下位検定を行うために単純交差分析を行った。**図5-3**に示すとおり，分析の結果，インハウスの場合は$\beta = 0.535$, $t = 8.798$，アウトソースの場合は$\beta = 0.415$, $t = 3.082$となり，どちらの場合でもビッグデータ分析能力は経営成果を高めるが，その傾きが異なることが分かった。

表5-7　ビッグデータ分析能力の媒介効果

パス	市場成果			金融的成果		
	Effect	*t*-value	結論	Effect	*t*-value	結論
ITアウトソーシング感知能力 → 経営成果	-0.047	0.391	完全媒介	0.045	0.33	完全媒介
ITアウトソーシング感知能力 → ビッグデータ分析能力 → 経営成果	0.173***	3.048		0.112***	2.952	
ITアウトソーシング獲得能力 → 経営成果	0.05	0.426	非有意	0.193	1.585	非有意
ITアウトソーシング獲得能力 → ビッグデータ分析能力 → 経営成果	0.007	0.122		0.004	0.107	
ITアウトソーシング調和能力 → 経営成果	0.237	1.662	完全媒介	0.147	1.009	完全媒介
ITアウトソーシング調和能力 → ビッグデータ分析能力 → 経営成果	0.161***	3.141		0.104***	2.947	

*** $p < 0.001$

5-2．調査2の分析結果

次に，**仮説5-2**と**仮説5-3**の検証を行った。構造モデルのPLS-SEM分析の結果について，内生変数の調整済みR^2と標準化パス係数を**図5-4**および**図5-5**に示す。構造モデルは調整済みR^2，予測妥当性（Stone-Geisser Q^2），パス係数によって評価する。t値は5,000回のRandom Resamplingを用いたブートストラップ法により算出した。

図5-4および**図5-5**が示すように6つの仮説のうち4つの仮説が支持された。ITアウトソーシング能力とビッグデータ分析能力の関係については，次のことが分かった。第1に，ITアウトソーシング感知能力はビッグデータ分析能力を高める。第2に，ITアウトソーシング獲得能力はビッグデータ分析能力を高めない。第3に，ITアウトソース調和能力はビッグデータ分析能力を高める。

構造モデルは，経営成果の指標を1）新製品・サービスの開発や市場投入といった市場成果，２）売上高や利益率といった金融的成果それぞれの場合で，ビッグデータ分析能力の51.9％，そして経営成果の43.1％と42.4％の分散を説明し，中程度の予測力を示した（Hair et al., 2012）。調整済みR^2に加えて，Cross-Validation ホールドアウト手続きとして外生変数Q^2の予測関連性を計算し，モデルの予測妥当性を検証した。分析の結果，ビッグデータ分析能力（Q^2＝0.636と0.633）と経営成果（Q^2＝0.281と0.420）ともに０より大きい値であった。これは，予測妥当性が大（Q^2＝0.350）または中（Q^2＝0.150）のいずれかの閾値を上回っており，満足できる予測妥当性を持つことが分かった（Hair et al., 2014）。最後に，リサーチモデルの適合性を検討するために，Standardized Root Mean Square Residual（以下，SRMR）値を計算した。SRMR 値は，全測定項目の相関とモデルが想定する測定項目間の相関行列の間の差によって得られる。経営成果が市場成果と金融的成果の場合で，それぞれ0.035と0.039となった。SRMR の閾値は0.08とされるが，リサーチモデルの SRMR はこの閾値を下回っており，PLS パスモデル全体の適合性が確認できた。

次に，ブートストラップ法を用いて，ビッグデータ分析能力が３つの IT アウトソーシング能力と経営成果の関係を媒介することを検証した。媒介効果を検証するために，5,000回の Resampling を行い，間接的パスの効果を分けて間接効果全体を推定することにより，媒介パスの t 値を算出した。Hair et al.（2014）のガイドラインに従い，最初に媒介パス（IT アウトソーシング能力→ビッグデータ分析能力→経営成果）が有意であることを確認した。次に，直接パス（IT アウトソーシング能力→経営成果）を検証した。**表５-７**に示すように，ビッグデータ分析能力は IT アウトソーシング感知能力と市場成果および金融的成果の関係を完全媒介することが分かった。同様に，ビッグデータ分析能力は IT アウトソーシング調和能力と市場成果および金融的成果の関係を完全媒介することが分かった。

6 小括

本章の分析の結果，２つのことが分かった。第１に，ビッグデータ分析能力が経営成果を高める関係は，アウトソースによって負に調整されることである。ビッグデータ分析に関するインフラ，技術，知識，そしてこれらがパッケージになったサービスの利用可能性は年々高まっている。ただし，多くの企業はビッグデータ分析を事業に活かすことができておらず（例えば，NewVantage Partners, 2021），他社に先駆けてビッグデータ分析を導入することでビッグデータ分析の恩恵を受けられる状況である。このような状況では，IT ベンダーが持つビッグデータ分析関連資源やビッグデータ分析のベストプラクティスを獲得することで，他社よりも素早くビッグデータ分析能力を高め始めることが可能である。本章の単純交差分析によって明らかになったことは，ビッグデータ分析能力がある程度まで高まると，インハウスでビッグデータ分析を行った方がより経営成果が高まるということである。ある程度まではIT ベンダーが持つ技術や知識によってビッグデータ分析能力が高まるのだが，これは他社も利用可能である。したがって，多くの企業が同じようなビッグデータ関連資源やパッケージドサービスを利用すれば，相対的なビッグデータ分析能力は低下する。ビッグデータ分析能力は，組織や事業といった複雑な文脈にビッグデータの収集・分析・可視化のシステムを適合させ，それを使いこなす人的資源を育て，そして自社資源と外部資源を組織化し事業化することを促進する組織学習や事業プロセスを構築するなど，ビッグデータ関連資源の複雑な調整が不可欠である（Akter et al., 2016; Gupta and George, 2016; Rialti et al., 2019）。つまり，模倣不可能なレベルでのビッグデータ分析能力を構築しようとしたとき，ビッグデータの収集や分析・可視化をアウトソースするのではなく，自分たちで戦略や組織により良く適合するようにビッグデータ分析を行っていかなければならない。

第２に，感知・獲得・調和というIT アウトソーシング能力の中でも，感知能力と調和能力はビッグデータ分析能力を高めることと，これらIT アウトソーシング能力はビッグデータ分析能力を介して経営成果を高めることが分かった。ITアウトソーシングはITベンダーからIT関連資源を獲得することや，ITベンダーにIT活動を担ってもらうことである。ITの進化は早く，新たなITはこれまでできなかったことを実現することを助けてくれる可能性がある。そのIT進化を常に学習し，それを使うとどのようなことができそうかという機会を抽出することに努力を割くことが，ビッグデータ分析を使った事業アイディアの創出や事業化に貢献する。また，アウトソースしたIT関連資源やIT活動はそれ単体で機能するわけではなく，自社の戦略・組織や保有資源と統合・再組織化されなければITアウトソーシングの目的を達成できない（Chatterjee, 2017; Han, Lee, and Seo, 2008; Karimi-Alaghehband and Rivard, 2019, 2020; Wang and Wang, 2019; Weigelt, 2009, 2013）。一方，ITアウトソーシング獲得能力はビッグデータ分析能力を高めないことが分かった。この能力は，ITベンダーを特定し評価する仕組みや方法の保有に関するものだが，ビッグデータ分析のパッケージドサービスは増え続けている導入期から成長期にあり，ITユーザー側で，まだ評価基準や評価のための専門知識が定まっていないと考えられる。この能力が不必要なのではなく，今後ビッグデータ分析が当たり前の状況になったとき，そしてITベンダーが提供するサービスが成熟期を迎えたとき，この能力はビッグデータ分析能力を高めるための必要な能力となる可能性がある。

6－1．理論的貢献

本章の理論的貢献は2つある。第1に，ビッグデータ分析能力は経営成果に貢献するが，ビッグデータ分析をアウトソースに頼るのかインハウスで行うのかによって，経営成果への貢献の程度が変わるということを明らかにした点である。ビッグデータ分析能力に関する実証研究は，ビッグデータ分析能力によって他の組織的要因が高められ，間接的に経営成果を高めるという結論を導いている（Akter et al., 2020; Côrte-Real, Ruivo, and Oliveira ,2020; Elia et al., 2022; Ferraris et al., 2019; Mikalef et al., 2019b; Rialti et al., 2019; Wamba et al., 2017）。先行研究は，ビッグデータ分析能力を高める際に，初期段階ではビッグデータ関連資源やビッグデータの収集・分析活動をアウトソースすることも想定している（Mikalef, van de Wetering, and Krogstie, 2021）。IT アウトソーシングに関する先行研究が強調するように，IT アウトソーシングを成功に導くためには，企業の複雑性や文脈の違いを乗り越えなければならない（Murthy et al., 2016）。また，IT アウトソーシングを続けると，IT ユーザーに組織能力が形成されない空洞化問題もある（Miozzo and Grimshaw, 2005; Weigelt, 2009）。IT アウトソーシングは負の側面があることも明らかになっているが，IT アウトソーシングがビッグデータ分析能力と経営成果の関係に与える影響は明らかになっていない。本章では，ビッグデータ分析能力が低いうちはIT アウトソーシングを行い，最終的にはビッグデータ分析に関わるIT 活動をすべてインハウスで行うことが望ましいことを発見した。

第２に，IT アウトソーシング感知・獲得・調和能力とビッグデータ分析能力の関係を明らかにした点が理論的な貢献である。先行研究では，IT ベンダーとIT ユーザーそれぞれがより良いIT 資源や活動を探索し，新たなIT から事業の機会を見出し，そしてIT 資源や活動を自社資源・事業プロセスと調整し組織化することで，IT アウトソーシングは成功する（Han, Lee, and Seo, 2008; Tiwana and Kim, 2016）とともに，デジタル・トランスフォーメーションという戦略的目標を達成することができる（Chatterjee, 2017; Mazumder and Garg, 2021; Warner and Wäger, 2019）ことが分かっている。ビッグデータ分析能力という組織能力を高めることはビッグデータ環境における競争優位性獲得のための戦略的目標だが（Grover et al., 2018; Hossain, Akter, and Yanamandram, 2020），これらのIT やIT によって得られる機会の感知・獲得・調和がどのようにビッグデータ分析能力を高めるのかということは分かっていない。これらのことをIT ベンダーとIT ユーザーのどちらが担うのかという点で研究視点が変わるが，本章はIT ユーザーの能力に注目した。そして，IT アウトソーシング感知能力と調和能力がビッグデータ分析能力を高めることを明らかにした。この発見事項は，IT アウトソーシング研究およびビッグデータ分析能力の知識拡張に貢献するものである。

6-2. 実務的貢献

本章で分かったことは，ビッグデータ分析能力を高める担当者の意思決定をサポートする。ビッグデータ分析能力は2段階で進める必要がある。第1段階目として，これからビッグデータ分析を始めようとする場合はアウトソースが有効である。この際，ITアウトソーシング能力に従ってビッグデータ分析能力を高めることを考える。アウトソースによってビッグデータ分析能力を高めるためには，「ビッグデータとは何か」ということや「ビッグデータでできることは何か」ということを理解することは大前提として，世の中にどのようなITベンダーが存在するのかということを常に探索するとともに，彼らが提供するIT関連資源やサービスの強み・弱みは何か，それを用いるとどのような問題を乗り越え新しいことができるかということを考察しなければならない。組織に適合したITシステムは複雑なものであり，市場に良さそうなIT関連資源・IT活動があるから導入したというだけでは，ITベンダーのベストプラクティスをそのまま導入することになり，ITユーザーの組織や事業の文脈の中で得られるデータや事業プロセスでは機能しない場合がある。それが良いサービスだとしても，自社の固有性の中で機能するように調整しなければ，せっかく導入したビッグデータ・サービスが「ただデータを集めているだけ」，「そのデータは将来使うかもしれないが，今はまったく有効活用できていない」という状態に留まる。つまり，ITアウトソーシングも失敗だし，ビッグデータ分析能力への投資も失敗である。

第2段階目として，ある程度自社内でビッグデータ分析の活用が進むと，それまでアウトソースしていたビッグデータ関連資源や活動をインハウス化する必要がある。なぜなら，競合他社も同じ資源・活動を利用可能であり，時間とともに相対的な競争優位性が失われるためである。また，学習戦略や学習の仕組みが無いままにアウトソースすると，専門的な知識や技術，ビッグデータ分析のノウハウはITベンダーが保有するままである。この状態が続けば，ITユーザーの組織内にはビッグデータ分析のノウハウは無いが，他社も同じビッグデータ分析ができるという状況ができ上がる。これを避けるために知識創造の仕組みを持ち（Ferraris et al., 2019），アウトソースしていたビッグデータ分析の資源や活動をインハウス化するべきである。

6－3．研究の限界と今後の研究

本章は，IT アウトソーシング能力とビッグデータ分析能力，経営成果の関係を明らかにしたが，今後の研究ではいくつか考慮すべき点がある。第1に，IT 能力やビッグデータ分析能力の研究では IT 投資の経験や IT 投資額が組織能力を高めることが分かっている（Bhatti et al., 2021; Gu et al., 2021; Lu and Ramamurthy, 2011; Schlosser et al., 2015）。IT 投資やその経験は，新たな技術が登場した際に迅速にその技術の獲得を実行させる。たとえ獲得した技術や知識が最終的には役立たないものだったとしても，常に新しい技術・知識が組織に入ってくることで，組織が新しいことをしようとする姿勢を高める。IT システムが組織に適合している場合，組織は流入する新技術を使ってより良い事業にしようとする思考能力を高めることに集中することができ，IT 投資によって得たものを基に経営成果を高めることができる（Byrd, Lewis, and Bryan, 2006）。今後の研究では，IT 投資がビッグデータ分析能力および IT アウトソーシングに与える影響を調べることが望ましい。

次に，アウトソースする資源や活動と IT ユーザーの距離である。アウトソースは BtoB 取引であり，互いの組織や事業の固有性を乗り越えないとアウトソースは成功しない（Han, Lee, and Seo, 2008; Manning et al., 2018; Murthy et al., 2016; Weigelt, 2009）。IT ベンダーは自社がこれまでにサービスを提供してきた産業・企業での経験から彼らのサービス生産に関する知識を形成している。この知識は IT ユーザーに必ずしも適合するとは限らない。知識の異質性が高い場合は，それを乗り越えるための組織能力が必要となる（Kiron, Prentice, and Ferguson, 2014; Mazumder and Garg, 2021; Warner and Wäger, 2019; Weyer et al., 2015）。将来の研究では，IT アウトソーシング能力とビッグデータ分析能力の関係を調べる際に，IT ユーザーと IT ベンダーの文脈の違いや異質性の程度を考慮すべきだろう。

Appendix 1：調査 1 ビッグデータ分析能力のクロスローディング

ラベル	データ	技術	基本的資源	技術的能力	管理能力	データドリブン文化	組織学習
D1	**0.975**	0.708	0.673	0.704	0.627	0.361	0.271
D2	**0.861**	0.723	0.611	0.640	0.606	0.299	0.259
D3	**0.802**	0.711	0.615	0.673	0.596	0.233	0.182
T1	0.638	**0.820**	0.640	0.563	0.456	0.229	0.183
T2	0.726	**0.969**	0.732	0.610	0.542	0.394	0.328
T3	0.665	**0.853**	0.661	0.571	0.458	0.278	0.199
BR1	0.660	0.707	**0.893**	0.593	0.513	0.311	0.346
BR2	0.666	0.736	**0.980**	0.618	0.585	0.516	0.443
TS1	0.654	0.528	0.513	**0.900**	0.740	0.368	0.295
TS2	0.642	0.668	0.588	**0.868**	0.678	0.315	0.270
TS3	0.626	0.510	0.583	**0.868**	0.876	0.482	0.400
MS1	0.624	0.516	0.527	0.843	**0.944**	0.481	0.394
MS2	0.607	0.553	0.549	0.784	**0.928**	0.492	0.422
MS3	0.635	0.502	0.591	0.846	**0.953**	0.539	0.479
DDC1	0.293	0.276	0.380	0.350	0.445	**0.893**	0.719
DDC2	0.343	0.354	0.424	0.343	0.436	**0.846**	0.653
DDC3	0.265	0.331	0.430	0.416	0.445	**0.818**	0.606
DDC4	0.325	0.348	0.422	0.436	0.520	**0.903**	0.674
DDC5	0.359	0.332	0.425	0.404	0.490	**0.904**	0.699
OL1	0.250	0.243	0.390	0.339	0.403	0.674	**0.922**
OL2	0.290	0.298	0.392	0.359	0.405	0.713	**0.917**
OL3	0.209	0.226	0.373	0.274	0.394	0.684	**0.916**
OL4	0.230	0.278	0.375	0.327	0.406	0.669	**0.918**
OL5	0.309	0.337	0.438	0.379	0.478	0.754	**0.878**

Appendix 2 ：調査 2 の各概念のクロスローディング①

ラベル	ビッグ データ 分析能力	IT アウト ソーシング 探索能力	IT アウト ソーシング 獲得能力	IT アウト ソーシング 調和能力	市場成果
BDAC1	**0.922**	0.622	0.585	0.620	0.570
BDAC2	**0.927**	0.632	0.628	0.640	0.603
BDAC3	**0.927**	0.646	0.604	0.638	0.584
BDAC4	**0.943**	0.643	0.608	0.631	0.591
BDAC5	**0.931**	0.653	0.640	0.654	0.598
BDAC6	**0.905**	0.676	0.595	0.648	0.589
BDAC7	**0.890**	0.710	0.643	0.696	0.547
BDAC8	**0.925**	0.599	0.605	0.606	0.554
BDAC9	**0.934**	0.698	0.653	0.694	0.593
BDAC10	**0.918**	0.624	0.627	0.657	0.580
ITOSEN1	0.635	**0.914**	0.805	0.830	0.469
ITOSEN2	0.679	**0.918**	0.818	0.834	0.509
ITOSEN3	0.627	**0.934**	0.849	0.846	0.486
ITOSEN4	0.673	**0.938**	0.843	0.842	0.517
ITOSEI1	0.607	0.802	**0.929**	0.823	0.502
ITOSEI2	0.664	0.847	**0.940**	0.875	0.538
ITOSEI3	0.567	0.785	**0.908**	0.795	0.461
ITOSEI4	0.649	0.883	**0.934**	0.897	0.477
ITOO1	0.617	0.782	0.798	**0.910**	0.502
ITOO2	0.654	0.838	0.836	**0.921**	0.518
ITOO3	0.612	0.817	0.854	**0.885**	0.501
ITOO4	0.675	0.852	0.840	**0.921**	0.526
MP1	0.547	0.441	0.443	0.463	**0.897**
MP2	0.582	0.491	0.490	0.535	**0.912**
MP3	0.574	0.495	0.506	0.508	**0.896**
MP4	0.570	0.502	0.486	0.523	**0.904**

Appendix 2 ：調査 2 の各概念のクロスローディング②

ラベル	ビッグデータ分析能力	IT アウトソーシング探索能力	IT アウトソーシング獲得能力	IT アウトソーシング調和能力	金融的成果
BDAC1	**0.922**	0.622	0.585	0.620	0.534
BDAC2	**0.927**	0.631	0.628	0.640	0.545
BDAC3	**0.927**	0.646	0.604	0.637	0.556
BDAC4	**0.943**	0.643	0.608	0.631	0.548
BDAC5	**0.931**	0.653	0.639	0.654	0.551
BDAC6	**0.905**	0.676	0.595	0.648	0.541
BDAC7	**0.890**	0.710	0.643	0.696	0.529
BDAC8	**0.925**	0.599	0.605	0.605	0.540
BDAC9	**0.935**	0.698	0.653	0.694	0.572
BDAC10	**0.917**	0.624	0.627	0.657	0.521
ITOSEN1	0.635	**0.913**	0.805	0.829	0.488
ITOSEN2	0.680	**0.918**	0.818	0.834	0.557
ITOSEN3	0.627	**0.935**	0.849	0.846	0.544
ITOSEN4	0.673	**0.938**	0.843	0.841	0.566
ITOSEI1	0.607	0.803	**0.928**	0.823	0.547
ITOSEI2	0.664	0.847	**0.939**	0.875	0.567
ITOSEI3	0.567	0.785	**0.908**	0.795	0.520
ITOSEI4	0.649	0.883	**0.935**	0.897	0.550
ITOO1	0.617	0.782	0.798	**0.911**	0.560
ITOO2	0.654	0.838	0.836	**0.921**	0.544
ITOO3	0.612	0.818	0.854	**0.883**	0.511
ITOO4	0.675	0.852	0.840	**0.921**	0.551
FP1	0.558	0.524	0.539	0.564	**0.924**
FP2	0.512	0.514	0.519	0.526	**0.932**
FP3	0.562	0.575	0.571	0.559	**0.915**

第 6 章

Research on Big Data Analytics Capability and Two Market Orientation

ビッグデータ分析能力と2つの市場志向に関する研究

Though in general organizations that develop market intelligence and respond to it are likely to perform better and have more satisfied customers and employees than ones that do not, simply engaging in market-oriented activities does not ensure the quality of those activities. The quality of market intelligence itself may be suspect or the quality of execution of marketing programs designed in response to the intelligence may be poor. In such instances, a market orientation may not produce the desired functional consequences. （Kohli and Jaworski, 1990, p.16）

概要

本章では，ビッグデータ分析の目的や方向性が異なる場合，ビッグデータ分析能力は経営成果に結びつくのかどうかということを明らかにする。この目的や方向性を与える組織的要因として，反応的市場志向と先行的市場志向という2つの戦略的志向を用いる。

ビッグデータ分析はこれまで蓄積してきた経験や知識で解釈できる結果だけでなく，そのような経験・知識では解釈できない結果も返す。マーケティング論では，伝統的に顕在ニーズと潜在ニーズという2つのニーズの充足を問題としてきた。本章では，ビッグデータ分析能力は，顕在ニーズを満たすように事業を洗練することや効率性を上げることを目指す反応的市場志向を通して経営成果を高めるのか，それとも潜在ニーズを認識し新たな競争軸を生むような事業を創造することを目指す先行的市場志向を通して経営成果を高めるのか，どちらの目的を通して経営成果を高めるのかということを明らかにする。

1 ビッグデータ分析能力と組織文化

ビッグデータ分析能力を経営成果に変換するためには，ビッグデータ分析から分かったことを既存知識と統合し新たな知識を創造する学習能力や，分析結果をマーケティング行動として具体化する際の資源利用・組織化能力（AlNuaimi et al., 2021; Boyd and Crawford, 2012; Ferraris et al., 2019; Mikalef et al., 2019b）が不可欠である。質の高い市場情報に基づくビッグデータ分析は，企業が顧客インサイトを獲得し競争力を高めることに貢献する（Dekimpe, 2020; Mikalef and Krogstie, 2020; Schaeffer et al., 2020; Setia et al., 2013; Wamba et al., 2015）。ビッグデータ分析によって得たインサイトを競争優位性につなげるためには，知識を更新するとともに，事業として具体化するために利用可能な組織内外の資源を探し，特定し，より良い資源の集合を創る必要がある（AlNuaimi et al., 2021; Ferraris et al., 2019; Mikalef et al., 2019b）。

組織文化は，ビッグデータ分析能力と密接に関連する（Gupta and George, 2016）。組織文化は，組織が収集し利用する市場情報や資源獲得・再組織化の方向性を決定する。組織文化は組織や事業が環境変化に対応するために，構造，システム，行動を規定し，事業目的の定義を全従業員が共有することを助ける。組織文化は競争優位性を高めるための資源の開発と活用を促進する重要なドライバーである（Alavi and Leidner, 2001; Zheng et al., 2010）。ビッグデータ分析はデータドリブンの学習やデータドリブンの意思決定を助けるが，分析結果の中には意思決定者（例えば，マーケター）がこれまでの事業から得た知識や仮説では理解が難しいものも含まれる（Lycett, 2013）。ビッグデータ分析の結果を事業として具体化し価値に変換するためには，企業はビッグデータの収集や分析の明確な目的と，ビッグデータ分析の成功に関する目標を設定する必要がある（Lee and Trimi, 2021; McAfee and Brynjolfsson, 2012）。

目的がないと，ビッグデータ分析の結果が持つ意味や文脈を理解しそれらを事業に変換することができない（Mazzei and Noble, 2017; Metz, 2018）。ビッグデータ分析に目的が付与されなければ，事業プロセスの途中で混乱や非効率な資源活用が生じる（Côrte-Real et al., 2017）。さらに，目的が無いと，このようなビッグデータ分析に基づく意思決定を継続し続けるという組織的慣性が生み出されない（Mikalef et al., 2019a; 2021）。組織文化は，ビッグデータ分析に目的を与え，ビッグデータ分析から知識を創造する姿勢を創り，ビッグデータ分析能力を含むすべての資源を組織の目的に沿って統合し，競争優位に導く（Aversa et al., 2021; Ferraris et al., 2019; Upadhyay and Kumar, 2020）。ビッグデータ分析能力は組織文化によって目的が付与され戦略的方向性が定められ，具体的な行動に変換されながら経営成果に転換されていく。

2　顧客知識の生成を促進する組織文化としての市場志向

2－1．市場志向とは何か

企業は市場において自社事業の競争力を高め続ける努力をしなければならない。このとき，市場参入タイミングなどの点では違いが生まれるものの，主な戦略はコストを下げるか差別化を目指すかに大別できる（例えば，McDaniel and Kolari, 1987; Snow and Hrebiniak, 1980）。特に後者の差別化のためには，企業は常に市場情報を収集し，市場の過去・現在について理解し，市場がどのように変化し得るかを予想しながら，機会と脅威の理解に努める必要がある。消費者のニーズに関して言うと，企業は動的に変化するセグメント構造に関する知識を更新し続けるとともに，自社の製品やサービスを消費者のニーズに適合させなければならない。企業は，消費者と競争相手の変化を常に追跡し，消費者ニーズの特定や充足方法に関するノウハウの創造を進め，利用可能な資源を統合する必要がある（Atuahene-Gima and Ko, 2001; Hunt and Morgan, 1995; Jaworski and Kohli, 1993）。

ニーズの特定やノウハウの創造，そして資源の統合に関して，マーケティングの研究者たちは伝統的に市場志向に大きな関心を寄せてきた。市場志向は，市場の情報を収集し，市場知識を生成し，組織内外の資源を組み合わせたり再組織化したりすることで消費者のニーズをより良く満たすという戦略的目標を創り実行する組織的基礎となる組織文化である。市場志向が高い組織では，ターゲットとなる消費者たちの声（Voice）や競争相手の行動などの情報が組織に取り入れられ，知識として構造化され，それがマーケティング戦略の更新，新たなマーケティング戦略の構築，そして，事業プロセスの精緻化などに用いられ，結果として経営成果が高まる（Day, 1994）。要約すると，市場志向の高い組織は，消費者ニーズについてより良く理解し，その充足を目指す。それゆえ，消費者が持つ選択肢の中で相対的に高い価値を提供することができるし，消費者は製品・サービス，そしてそれらを生産した企業により高いロイヤルティ（Loyalty）を持つようになる。市場志向は，長期的な収益性を判断基準とし，「買い手にとってより優れた価値を創るために必要不可欠な行動を最も効率的かつ効果的に生み出し，それゆえ，事業にとって継続的に優れた成果をもたらす組織文化」（Narver and Slater, 1990, p.21）と定義される。

市場志向が高い企業は，市場の知恵（Market Intelligence）を生み出し，機能部門横断的に知恵を発信・共有し，組織全体としてニーズに対応する。この市場の知恵を持つことが重要である。市場の知恵は「顧客ニーズや選好に影響を与える外生的な市場要因や，顧客の現在そして将来のニーズを考慮することを含む」（Kohli and Jaworski, 1990, p.3）とされる。知恵という言葉が示す通り，市場志向が高い組織は，市場に関する情報を収集し，知識を創造し，戦略の構築・修正や資源配分のための効果的な意思決定を行うことまでを能動的に行う（Gatignon and Xuereb, 1997）。そのため，情報の収集・蓄積・分析をサポートするITと市場志向という概念は親和性が高い。ITなど技術的資源を通して，組織は情報収集や共有のコストを削減するとともに，これら行動の効果を向上させることができる。これらは個人やチーム・組織全体の学習行動の基礎となるが，学習によって生成された知識を組織全体に普及させることや，各機能部門で知識が再組織化され新たな知識が生まれること，そしてそれら知識を用いて事業を改善・創造することを促進する（Chang, Park, and Chaiy, 2010; Day, 1994）。これは，ビッグデータの文脈にも同じことが言える。ビッグデータ分析能力が高いために得られたインサイトは，組織の学習志向を通して知識化される（Ferraris et al., 2019）。そして，ビッグデータ分析によって得たインサイトを事業化する際にも，潜在ニーズを顕在化するような新しい事業に挑戦するのか，それとも顕在ニーズをより良く満たすように既存の事業の改善を目指すのか，異なる目的によって事業化が方向づけられインサイトが具体的なマーケティング行動に変換される（Ciampi et al., 2021; Lee and Trimi, 2021; Wang, Lin, and Sheng, 2022）。

2－2．2つの市場志向

マーケティング論では，1990年代初頭から，消費者のニーズを顕在的なものと潜在的なものに分け，市場に関するデータを常に収集し，市場知識を生成・更新し続けることが重要だと結論づけてきた（例えば，Danneels, 2004; Day, 1994, 1999; Slater and Narver, 1994, 1995, 1998）。顕在ニーズとは，消費者自身が何を求めているのかを認識しており，自分で表現することができるニーズである。これは，消費者自身が表現できる「改善して欲しいところ」やショッピングリストなどが該当する。潜在ニーズは，現実的にはその利益を求めているが消費者が気づいていないものである。例えば，ラップトップやスマートフォン，電子決済など，当時「新たなサービス」と言われていたものは，これに該当するだろう。これらのニーズを異なるものとして識別する理由は，これらニーズを識別し充足するためには異なる組織マインドや知識創造，資源の統合・再組織化，事業プロセスの構築が要求されるためである。これらに対応するように，市場志向は反応的市場志向と先行的市場志向という2つの異なる戦略的志向が特定されている。

反応的市場志向は，消費者の現在のニーズや表現されたニーズを満たすことを扱う消費者主導の市場哲学である。反応的市場志向が高い企業は消費者への近接性（Proximity），既存事業の洗練性（Refinement），ビジネスオペレーションの効率性（Efficiency）を追求し，既存の顧客の要求に対して資源と事業プロセスを調整するように行動する。一方，先行的市場志向は消費者の将来のニーズや潜在ニーズを理解し満たすことを扱う市場哲学である。顧客の潜在的なニーズを発見しそれを充足することは，顧客をリードすることであり，企業の市場に対する姿勢が積極的であることを意味する。先行的市場志向が高い企業は，潜在ニーズを発見し，新しい事業アイディアを実験し，リスクを取り，新しい製品やサービスを開発するように動機づけられている。製品・サービス開発の効率性は大きく失われるが，斬新なアイディアを得て，市場の新たな競争軸を創り出すことに貢献するアウトサイド・インの組織文化である（Brehmer and Rehme, 2009; Lamore, Berkowitz, and Farrington, 2013; Narver, Slater, and MacLachlan, 2004）。これら2つの戦略的志向は，情報を処理することや，資源を蓄積または再組織化すること，そして事業プロセスを調整またはつくり変えることを通して，異なるロジックで経営成果に貢献する（Herhausen, 2016; Morgan and Berthon, 2008; Narver, Slater, and MacLachlan, 2004）。特に潜在ニーズの識別と充足を目指す先行的市場志向は，市場でまだ誰も認識していないニーズを探索することを優先するため，このニーズを識別するとともに素早く具体化し市場に投入したならば，価格競争を回避し，持続的に成長することに寄与する（Day, 1999; Sorescu et al., 2011）。なぜなら，消費者自身も，そして市場の誰もが気がついてない潜在ニーズを発見し，組織内で可視化し，その充足方法を製品・サービスという形に具体化することは誰もができることではなく，集中的にこれを行うルーチンを持つ企業が潜在ニーズを発見することができるものだからである（Hamel and Prahalad, 1994）。

マーケティング研究者は，市場志向は組織能力間に相互作用を起こし経営成果を高めることを発見している。市場志向が高い企業は，資産の相互接続性（Asset Inter-Connectedness）（Teece te al., 1997）の程度が高い。このような企業は，事業に関する組織能力を複雑に結びつけているが，この接続性こそ，組織が保有する資源と成果の因果関係の曖昧さの基であり，模倣困難性の源泉となる（Day, 1983, 1994; Madhaven and Grover, 1998; Slater and Narver, 1999）。市場志向によって生成される知識は，変化のためのアイディアの源泉となる（Hurley and Hult, 1998）。市場志向は市場知識の生成を促進するが，この知識は事業として具体化する能力を通じて経営成果に変換される（Danneels, 2007）。市場志向に含まれる諸活動によって生成された知識が事業改善または新事業創造という形に具体化される中で，将来のそのような具体化を効率的・効果的に進めるためのルーチンや能力が創られていく。例えば，ターゲット市場にアプローチするための効果的なマーケティング戦略を創るマーケティング能力（Morgan, Vorhies, and Mason, 2009），新製品や新市場開発，製品品質や製品デザインの改善を具体的に進めるためのイノベーション能力（Ngo and O'Cass, 2012），そして，市場情報に基づいて社内外のリソースを再配置するダイナミック・ケイパビリティ（Menguc and Auh, 2006; Wilden et al, 2019）などが挙げられる。

消費者のニーズを理解し，それをより良く満たすことを目指すマーケティングにおいて，市場情報としてのビッグデータの収集・分析・解釈を，顕在ニーズもしくは潜在ニーズのどちらのニーズを充足するために使うかを決めることが重要である（Lee and Trimi, 2021）。この充足ニーズの方向性が定まると，学習行動が効率的に行われるとともに市場知識が生成・更新される。そして，更新された市場知識をマーケティング行動に具体化するために資源再組織化が進む。これら一連の行動を方向づけるのが組織文化としての２つの市場志向である。ビッグデータ分析は予想外なものも含めて様々な結果を得ることができるため，現実の本質や現実の分類についての考え方，情報の考え方，そして知識の構造などを変える（Boyd and Crawford, 2012）。それゆえ，企業は知識の更新や事業への具体化が混乱なく進められるように注意深く管理しなければならない。これら一連の行動を方向づけ混乱を回避する概念として本章は２つの市場志向を導入し，「**ビッグデータ分析能力は反応的市場志向と先行的市場志向のどちらを通してどのように経営成果に結びつくのか？**」という本書の２つ目のリサーチ・クエスチョンに答えようとする。

3　ビッグデータ分析能力と市場志向に関する仮説

IT は他の資源と統合されたときに資源として機能する（Bharadwaj, 2000）。IT を他の資源と統合し事業開発に活かす際には，機能部門間の知的・文化的ギャップを埋めなければならない（Al-Karaghouli et al., 2013）。なぜなら，ビッグデータ分析を始め，ビッグデータ分析から新たな事業を創ろうとすると，これまでとは異なるアプローチで市場を深く理解しようとする姿勢を持つことや，組織内外の資源を探し利用すること，プロジェクト単位または組織全体で異なる部門の従業員たちが相互作用することが必要となるためである（Aversa, Hernandez, and Doherty, 2021; Ferraris et al., 2019）。従業員たちにIT利用の目的を理解させることや，ITベースの知識創造や事業改善・創造を行わせることは，組織文化を通して促進される（Alavi and Leidner, 2001）。特に組織文化としての市場志向は，市場について学習し，知識を創造・修正することを促進することを通して経営成果を高める（Liu, Luo,and Shi, 2002; Narver, Slater, and MacLachlan, 2004; Slater and Narver, 1995）。市場志向が高い企業とその従業員は，市場の現在そして将来の機会についてより良く観察するようになり，部門間で知識を共有し，機会を得るために具体的に行動する（Lukas and Ferrell, 2000）。市場志向はビッグデータ分析能力をより良く経営成果に結びつけるための従業員たちの相互作用を促進すると考えられる。

ビッグデータをマーケティングの観点から分析したとき，消費者ニーズについて主に2つのことが分かる。1つは消費者たちが「これが解決したい問題だ」と認識し自分の言葉で表現できる顕在ニーズである。もう1つは，消費者たちは何となく気づいているけれども表現できない，またはまったく気づいていない潜在ニーズである。これらのニーズを識別し充足方法を具体化するプロセスにおいて，どちらのニーズを対象とするのかによって具体化プロセスや資源活用・獲得の方向性が異なる（Côrte-Real et al., 2017）。事業化に携わる従業員間の混乱を避け，仕事上の良い衝突（Conflict）を促進し，コミュニケーションフローを整え，知識を創り共有するためには，どちらのニーズに関する知識を創造したいのかというビッグデータ分析の目的を明確にしなければならない（Lee and Trimi, 2021）。顕在ニーズと潜在ニーズのどちらをベースにして市場知識の創造・更新・共有を進めるのかを方向づけるのが，2つの市場志向である。

反応的市場志向が高い企業は，既存のニーズの変化や既存ニーズの充足方法に関する競争に敏感になり，製品やサービスを更新することでこれらに迅速に対応する（Elg, 2003）。この志向が高い場合，従業員は現在取引がある消費者を重要な資産と考え，このような消費者たちとの関係性を強化するとともに，彼らの声を入手することを重視する（Day, 1994）。企業は消費者たちの既存製品・サービスの消費後評価情報を入手するとともに，市場に存在する直接的な競合他社の現在または今後の製品・サービス戦略や代替的な競合関係にあるニーズ充足手段に関する情報を収集する。これら既存市場に関する情報を知識化し組織内で共有するとともに，既存の製品・サービスの改良や既存資源の活用を中心に最も生産性の高い対応策を考える（Hult and Ketchen, 2001; Hult, Ketchen, and Slater, 2005）。消費者は過去の消費知識に基づいて製品・サービスを評価する。既存の製品・サービスに関する消費知識があるため，それらを変更したものが自分に利益をもたらすことを評価し受け入れることができる。つまり，反応的市場志向の高い企業は既存ニーズの変化に合わせて既存製品・サービスを変更することで，大きな投資をしなくても市場投入初期に利益を得ることができる。消費者が製品やサービスが以前のものよりも自分たちに利益をもたらすと認識すれば，それは企業への初期投資回収につながる（Lamore, Berkowitz, and Farrington, 2013）。

仮説 6 -1a：反応的市場志向は経営成果を高める。

マクロ経済環境の変化や，直接的または代替的な競合間競争によって消費者知識は変化するため，消費者の既存ニーズは不安定である（Grewal et al., 2009）。消費者の生活に注目すると，消費者のライフコースやライフパターンは多様化し不安定化し，日常生活で直面する問題は変化し，消費する製品・サービスに関して持つニーズも変化するとともに，どのニーズを満たすべきかという優先順位も変化する（Sheth, 2020）。それゆえ，既存ニーズを理解する際に，どのような既存ニーズがあるか，どのようなニーズを持ったセグメントがどれぐらいいるかということを常に見直し理解し直す必要がある。反応的市場志向が高い企業は，消費者を理解しマーケティング戦略の効率性を向上させるために，リアルタイム情報を収集するツールとして IT を活用する（Zhu and Nakata, 2007）。このような企業は，IT を活用して市場情報を収集・整理し，既存だが満たされていないニーズを特定し，そのニーズを基にしたセグメンテーションと戦略を直ちに修正する（Chang, Park, and

Chaiy, 2010; Ghantous and Alnawas, 2020; Kamakura and Kang, 2007)。そして，企業は既存だが満たされていないニーズに即座に反応するために，資源の特定・利用や組織内外のコミュニケーションなどタスクの効率的な実行，そして戦略と戦術を調整するためにITを利用する（Morimura and Sakagawa, 2018; Sanders, 2008; Subramani, 2004; Zhu and Nakata, 2007)。それゆえ，次の仮説を提案する。

仮説6-1b：ビッグデータ分析能力は，反応的市場志向を高める。
仮説6-1c：反応的市場志向はビッグデータ分析能力と経営成果の関係を媒介する。

先行的市場志向も市場情報を収集し，市場について学習し，市場知識を生成することを目指すが，主眼は現在取引がある消費者やその他の消費者の潜在的なニーズを発見すること，そして市場にとって新たな競争軸を創ることである。それだけでなく，先行的市場志向は潜在ニーズを基に事業を創る際に，自社が保有する資源では何が足りないのかということを理解し，組織外から資源を獲得し，自社内で資源再組織化を行うアウトサイド・インの行動を促進する（Narver, Slater, and MacLachlan, 2004)。

先行的市場志向が高い企業は，消費者の現在のニーズや，そのニーズの変化の兆しを理解し，消費者はまったく気がついていないがそれを可視化し解決できると価値を認めるだろう問題を特定するため，市場関連情報を広く深く収集し，分析する。伝統的に潜在ニーズを探る場合は文脈が理解しやすい質的情報が有効だと考えられてきたが，先行的市場志向の高い企業は，潜在的なニーズを特定しようとするために質的データ分析（例えば，質的データマイニング）を積極的に利用してきた（Narver, Slater, and MacLachlan, 2000)。このような企業は，新市場創出のためのマーケティング戦略の核となる新しい消費者行動パターンを明らかにしようとする（Morimura and Sakagawa, 2018)。反応的市場志向との決定的な違いは，潜在ニーズを満たすためにはこれまでにない製品・サービスを創る必要がある場合が多く，データ分析によって得られたアイディアを具体化する際に，不足した資源を補う必要がある点である。市場にとって新しい製品・サービスを具体化し市場に投入するためには，市場知識と技術知識の両方を生成する必要がある（Lamore, Berkowitz, and Farrington, 2013）。それゆえ，革新的な製品・サービスを具体化しいち早く市場に投入することは，差別化によって企業が相対的優位性を獲得するとともに，先発者優位性から得られる利益を最大化する（Chen et al., 2014; Kumar et al., 2011）。

仮説 6 -2a：先行的市場志向は経営成果を高める。

IT を利用して大量のデータを収集し分析すると，企業が保有する知識や経験では解釈ができない結果を思いがけず得ることがある（Morimura and Sakagawa, 2018; Sanders, 2008; Johnson et al., 2017）。すべてのこのような分析結果が潜在ニーズを表すものではないが，消費者の潜在ニーズが行動として表われている可能性がある。このような結果を得た後，リスクをとって小さな実験に資源を投入することで直接的または潜在的競合他社に先駆けて革新的な製品・サービスを具体化し，市場に投入することができる（Storbacka and Nenonen, 2015; van Raaij and Stoelhorst, 2008）。ビッグデータ分析能力にはデータ分析の結果を事業として具体化するための管理能力も含まれる（例えば，Akter et al., 2016, Ferraris et al., 2019; Gupta and George, 2016）。この管理能力が高い企業は，これまでにない分析結果を基に小さな実験とアイディアの具体化を進めるために，組織内外の資源を探索し続けるとともに，組織内では不足する資源を組織外から獲得しようとする。また，ビッグデータ分析によって意外な発見をもたらす分析結果を得た場合，それを元に小さな実験をすぐに始め市場に投入するために組織内外の調整を行うようになる（Dubey et al., 2021; Upadhyay and Kumar, 2020）。先行的市場志向の程度が高まると，企業が自分たちのこれまでの知識や経験を超えたところにある新しいアイディアを得る情報処理が促進されるとともに，得られたアイディアについてリスクをとって具体化しようとする事業プロセスや資源の調整を含む努力がより多く投入される（Lamore, Berkowitz, and Farrington, 2013; Levinthal and March, 1993; Narver, Slater, and MacLachlan, 2004）。それゆえ，

図6-1　本書のリサーチモデル

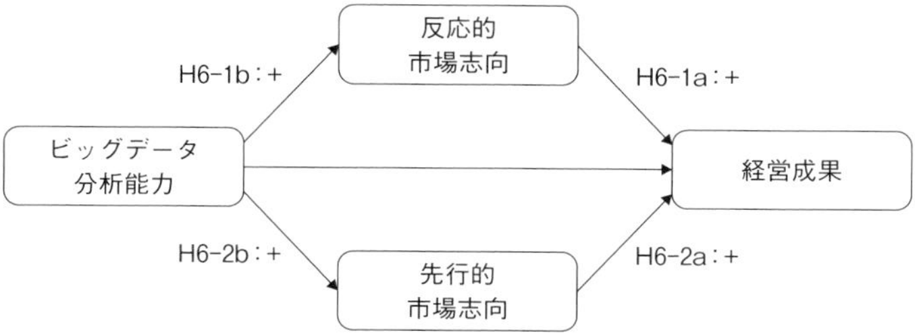

次の仮説を提案する。

仮説6-2b：ビッグデータ分析能力は，先行的市場志向を高める。
仮説6-2c：先行的市場志向はビッグデータ分析能力と経営成果の関係を媒介する。

4　研究方法

4-1．データ収集

図6-1に示す概念間関係および仮説を検証するために，第5章と同様にオンラインの質問票調査法を採用した。調査の詳細は第5章の調査1と同じである。

なお，第5章の調査1「4-1-1. データの収集プロセス」でも述べたが，仮説を検証するデータを収集するために，経営者を調査対象とした理由は2つある。1つ目は，経営者はITシステムという大きな投資への決裁権を持っているためである。2つ目は，市場志向研究において，組織全体の市場志向および市場に関する組織学習や，生成した市場知識を用いたボトムアップ型の事業アイディア具体化は経営者が導入しトップダウンで制度化し，市場情報の収集や知識創造を主導するためである（Mintzberg, 1987, Slater and

Narver, 1995; Narver, Slater, and MacLachlan, 2000, 2004)。

オンライン質問票調査は，調査実施時の2022年2月15日～17日の間で配信可能だった経営者6,192名中3,986名に配信し，1,062名の回答を得た（回収率26.6%）。この1,062名の回答のうち，ビッグデータの収集・分析・事業への活用について，少なくともいずれか1つ行っていると答えた212サンプルを分析に使用した。オンラインの調査では，回答者はすべての質問に回答しなかった場合，次の質問に進むことができないため，データセットには欠損値は含まれない。回答者の人口統計学的特徴と企業の特徴（サンプルデモグラフィック）は，第5章の**表5-1**を参照されたい。

4-2．測定項目

質問票調査に含める概念と概念の測定項目は，先行研究によって信頼性や妥当性が確認されているものを使用した。すべての概念の測定項目は7点のリカート尺度（1：非常に当てはまらない－7：非常に当てはまる）を用いて測定した。リサーチモデルに含まれる概念定義と測定項目は，**表6-1**のとおりである。

ビッグデータ分析能力は，第5章の調査1と同じく，Gupta and George（2016）の定義を採用し，Mikalef et al.（2020b）の測定項目を採用した。

反応的・先行的市場志向は，異なる消費者ニーズに注目するということに基づいて定義される。反応的市場志向は，消費者が表現するニーズを満たすように企業を方向づける。一方，先行型市場志向の企業は，潜在的なニーズの発見に焦点を当てる（Narver, Slater, and MacLachlan, 2004)。各構成概念の測定項目は，市場志向と企業業績の関係を明らかにした実証研究（Lamore, Berkowitz, and Farrington, 2013）から採用した。なお，Lamore, Berkowitz, and Farrington（2013）はNarver, Slater, and MacLachlan（2004）に基づいて反応的市場志向と先行的市場志向を測定しているが，研究モデルに含まれる市場志向の測定項目と他の構成要素の測定項目がクロスロードすることを報告するとともに，妥当性チェックを経て最終的に反応的市場志向4項目，先行的市場志向6項目を採用している。本章も，Lamore, Berkowitz, and

表6-1　測定項目

構成概念	ラベル	測定項目	平均値	標準偏差
データ	D1	大規模な，構造化されていない，めまぐるしく変化するデータを，市場の分析に利用することができる。	4.226	1.403
	D2	簡単にアクセスするために，社内の複数の情報源からのデータを1つのデータウェアハウスやデータマートに統合している。	4.118	1.530
	D3	ビジネス環境についての高価値分析を容易にするために，社外データと社内データを統合している。	3.953	1.547
技術	T1	ビッグデータ処理に対する並列計算アプローチ（例えば，Hadoopなど）を探索している，または採用している。	3.660	1.550
	T2	異なるデータを可視化するツールを探索している，または採用している。	4.085	1.435
	T3	データを蓄積するために，Not Only SQL（NoSQL）のような新しいデータベースの形式を探索している，または採用している。	3.712	1.535
基本的資源	BR1	ビッグデータ分析プロジェクトには，十分な資金が投入されている。	3.991	1.457
	BR2	ビッグデータ分析プロジェクトには，目的を達成するために十分な時間が与えられている。	4.231	1.495
技術的能力	TS1	従業員にビッグデータ分析の訓練を提供している。	4.340	1.352
	TS2	すでにビッグデータ分析能力を持つ（新しい）従業員を採用している。	4.146	1.474
	TS3	ビッグデータ分析を担当するスタッフは，仕事を成功させるために適切な能力を備えている。	4.693	1.301
管理能力	MS1	ビッグデータ分析を担当するマネジャーは，異なる部門のマネジャー／サプライヤー／顧客の将来のニーズを先取りすることができる。	4.665	1.250
	MS2	ビッグデータ分析を担当するマネジャーは，ビッグデータの適用先をきちんと判断することができる。	4.693	1.301
	MS3	ビッグデータ分析を担当するマネジャーは，ビッグデータから抽出したことがらを理解し評価することができる。	4.825	1.187
データドリブン文化	DDC1	データを有形資産と考えている。	5.274	1.213
	DDC2	勘ではなくデータに基づいて意思決定を行っている。	5.038	1.224
	DDC3	私たちの視点がデータと矛盾したとき，進んで慣例を変える。	5.047	1.189
	DDC4	データから得られた洞察に応じて，ビジネスルールを継続的に評価し改善する。	5.156	1.157
	DDC5	データに基づいた意思決定を行うために，従業員を継続的に指導する。	5.113	1.204
組織学習	OL1	新しく適切な知識を探索することができる。	5.094	1.166
	OL2	新しく適切な知識を獲得することができる。	5.099	1.163
	OL3	適切な知識を取り入れることができる。	5.156	1.161
	OL4	適切な知識を応用することができる。	5.137	1.180
	OL5	一丸となって，既存の資源の活用と新しい知識の探索に取り組んできた。	5.005	1.253

反応的市場志向	RMO1	顧客ニーズに応えるために，組織の「ひたむきさ」や「志向」のレベルを絶えず監視している。	4.953	1.327
	RMO2	顧客満足を組織的に，そして頻繁に測定している。	4.844	1.421
	RMO3	競合他社よりも顧客を重視している。	5.297	1.411
	RMO4	このビジネスは第一に顧客の役に立つために存在すると信じている。	5.368	1.469
先行的市場志向	PMO1	顧客が期待する将来の実現をサポートする。	5.047	1.520
	PMO2	顧客がまだ気づいていない付加的なニーズを発見しようとし続ける。	5.014	1.445
	PMO3	明確に表現されない顧客のニーズへの解決策を，新しい製品あるいはサービスという形で具体化する。	4.816	1.353
	PMO4	私たちの製品あるいはサービスが時代遅れになるリスクがあったとしても革新する。	4.769	1.437
	PMO5	顧客がニーズを表現しにくい分野で機会を探索する。	4.731	1.342
	PMO6	現在の市場のユーザーが将来必要とするものについての見通しを得るため，最も重要な需要の動向を予想する。	4.948	1.311
市場成果	MP1	競争相手よりも早く，新しい市場に参入した。	4.278	1.474
	MP2	競争相手よりも早く，市場に新しい製品あるいはサービスを投入した。	4.481	1.354
	MP3	我々の新しい製品あるいはサービスの成功率は，競争相手のものよりも高かった。	4.538	1.241
	MP4	我々の市場シェアは，競争相手を超えていた。	4.208	1.419
金融的成果	FP1	主要な競争相手と比較した市場シェア。	4.208	1.471
	FP2	主要な競争相手と比較した売上高。	4.255	1.318
	FP3	主要な競争相手と比較した利益率。	4.547	1.304

Farrington（2013）の妥当性チェックの後の測定項目を採用した。

経営成果は市場成果と金融的成果を採用した。ビッグデータ分析能力の研究だけでなく，市場志向の研究群（例えば，Bodlaj and Čater, 2022; Randhawa, Wilden, and Gudergan, 2021; Iyer et al., 2019; Wang and Miao, 2015; Kumar et al., 2011; Morgan, Vorhies, and Mason, 2009; Menguc and Auh, 2008; Narver, Slater, and MacLachlan, 2004）も，これら２つのどちらか，または両方を結果の変数として扱っている。分析結果がより良く現実を説明するものであると主張するため，これら２つの成果変数を用いた。

経営成果に関する統制変数として，企業規模と企業年齢を採用した。ビッグデータ分析能力だけでなく，市場志向の研究群（例えば，Deshpande, Farley, and Webster, 1993; Menguc and Auh, 2006; Atuahene-Gima, 2005; Kumar et al., 2011; Matsuno, Mentzer, and Özsomer, 2002）も，従業員の規模や創業か

らの経過年数の影響を考慮している。これらを採用した詳細理由は第5章の調査2を参照されたい。

4－3．分析結果

◉── 4－3－1. データの質の検討

すべての概念の測定項目は，1つの質問紙調査の中で回答者の自己報告式で測定された。それゆえ，コモンメソッドバイアスの脅威が無いか確認する。第5章の調査1と同様に，測定項目の位置から測定項目間の関係などについての予想を持たれてしまうプライミング効果を防ぐために，すべての項目をランダムに並べて提示した。

次に，Harmanの単一因子検定の結果，1つの因子で説明される最大変量は 市場成果の場合41.833%，金融的成果の場合42.226%だった。次に，適合度（Goodness-of-Fit）のテストも行った。Goodness-of-Fit 値は経営成果が市場成果の場合0.564，金融的成果の場合0.563であり，これは Wetzels, Odekerken-Schröder, and Van Oppen（2009）が示唆する0.36の閾値を超える。これらの分析結果から，コモンメソッドバイアスは研究結果および解釈に深刻な影響を与える程度ではないと判断する。

次に，非回答バイアスの可能性も検証した。まず，回答者が質問票に回答した順番に従って，回答者を最初の4分位と最後の4分位に分けた。次に，回答者の企業規模と企業年数および2つの経営成果（市場成果と金融的成果）について，それぞれのサブサンプル群間で t 検定を行った。その結果，統計的に有意な差は見られなかった（p =0.054～0.842）。したがって，非回答バイアスは仮説の検証に対する脅威にはならないと結論づけた。

◉── 4－3－2．測定モデル

階層的なリサーチモデルの信頼性と妥当性を評価するために，PLS-SEM を用いて，階層的なモデルのガイドライン（Becker, Beverungen, and Knackstedt, 2010; Henseler, Hubona, and Ray, 2016; Wetzels, Odekerken-Schröder, and Van Oppen, 2009）に従い測定モデルと構造モデルを推定した。まず，各

概念の測定項目の負荷量は，経営成果が市場成果の場合0.718～0.994，金融的成果の場合0.740～0.997であり，すべての負荷量が1％水準で有意であった。

次に第5章の調査1と同様に，リサーチモデルには反射的および形成的な構成概念が含まれるため，信頼性と妥当性についてそれぞれの評価基準を採用した。2つの市場志向を含めた反射的構成概念は，信頼性，収束妥当性，そして判別妥当性を確認した。第1に，信頼性はCRとαを算出し検討した。すべての構成概念について，CRは0.845～0.959，αは0.822～0.958であり，各構成概念のすべての値が経験的に採択可能な閾値0.70（Bagozzi and Yi, 1988）以上であった。また，測定指標の信頼性については構成概念から測定項目への負荷量が閾値0.70を超えているという基準を採用したが，すべての測定項目の負荷量がこの閾値を超えた。第2に，収束妥当性を評価するためにAVEを計算したところ，すべてのAVE値が下限値の0.50（Fornell and Larcker, 1981）を超えた。第3に，判別妥当性は2つの基準で評価した。最初にFornell and Larcker（1981）のガイドラインに基づき，ある構成概念のAVE値の平方根が，その構成概念と他の構成概念の因子間相関係数の中で最も大きい値よりも大きいことを確認した。すべての構成要素がこの基準を満たした。次に，各測定項目の負荷量が他の構成概念とのクロスローディングよりも大きいかどうかを計算し，判別妥当性の裏づけとした（本章のAppendix参照）。また，判別妥当性についてHTMT比を確認した。分析の結果，反応的市場志向と先行的市場志向のHTMT比が理想的閾値の0.90を超えているが1を下回っているため弁別されているとみなし構造モデルの推定に進む。

次に，形成的構成概念について，それぞれの構成概念と測定項目間，構成概念間の関係の重みと有意性を確認した。**表6－2**のとおり，いくつかの構成概念と測定項目間，および構成概念間の重みが有意ではなかった。本章は，Gupta and George（2016）やMikalef et al.（2020b），Ciampi et al.（2021），Elia et al.（2022）の測定項目を採用しており，Cenfetelli and Bassellier（2009）のガイドラインに従い，有意ではない測定項目も分析モデル内に残した。次に，形成的構成概念の測定項目の妥当性を評価するために，

表6－2　高次の構成概念の妥当性評価

構成概念	ラベル	重み	有意性	VIF	R^2_a
データ	D1	0.904	$p<0.001$	2.942	0.542
	D2	0.238	*n.s.*	2.395	
	D3	−0.115	*n.s.*	2.803	
基本的資源	BR1	−0.128	*n.s.*	2.630	0.619
	BR2	1.098	$p<0.001$	2.630	
技術	T1	0.134	*n.s.*	3.750	0.563
	T2	0.757	$p<0.001$	2.108	
	T3	0.182	*n.s.*	4.165	
有形資源	データ	0.528	$p<0.001$	2.594	0.778
	技術	−0.050	*n.s.*	3.167	
	基本的資源	0.600	$p<0.001$	2.531	
人的資源	技術的能力	0.375	*n.s.*	8.268	0.960
	管理能力	0.637	$p<0.01$	8.268	
無形資源	データドリブン文化	0.814	$p<0.001$	2.449	0.784
	組織学習	0.226	*n.s.*	2.449	
ビッグデータ分析能力	有形資源	0.323	$p<0.001$	2.274	0.737
	人的資源	0.488	$p<0.001$	2.579	
	無形資源	0.345	$p<0.001$	1.519	

Edwards（2001）の R^2_a を採用した。分析の結果，すべての R^2_a は推奨される閾値である0.5を超えていた。また，形成的構成概念との間に多重共線性が存在する可能性をVIFを計算することによって検討した。すべてのVIF値は10以下であり，多重共線性がないと判断する（Cenfetelli and Bassellier, 2009; Ciampi et al., 2021）。

◉── 4－3－3．構造モデル

構造モデルのPLS-SEM分析の結果は**図6－2**および**図6－3**に示すとおりである。内生変数の調整済み R^2 と標準化パス係数（β）を**図6－2**および**図6－3**にまとめた。構造モデルは調整済み R^2，予測妥当性（Stone-Geisser Q^2），パス係数によって評価する。t 値は5,000回のRandom Resamplingを用いたブートストラップ法により算出した。**図6－2**および**図6－3**に示すように6つの仮説のうち3つが支持された。また，市場成果の場合，反応的市場志向は経営成果を低めるという**仮説6－1a**とは逆の結果が支持された。分析結果

図６－２　成果指標を市場成果（新製品・サービスの市場投入スピード・成功率，市場シェア）とした場合の分析結果

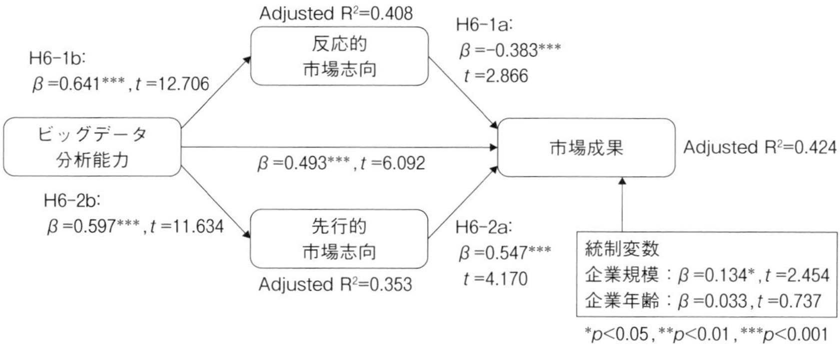

図６－３　経営成果を金融的成果（市場シェア・売上高・利益率）とした場合の分析結果

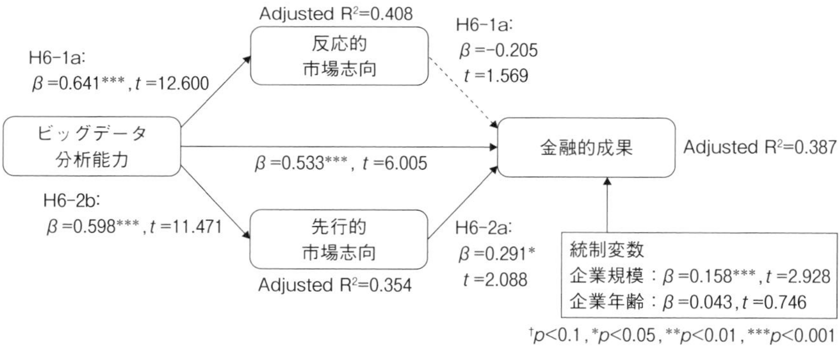

を要約すると次のとおりである。第１に，ビッグデータ分析能力は経営成果を高める。第２に，ビッグデータ分析能力は反応的市場志向を高める。しかし，反応的市場志向は市場成果を低めるまたは金融的成果には影響が無いという結果が得られた。第３に，ビッグデータ分析能力は先行的市場志向を高める。そして，先行的市場志向は経営成果を高めることが分かった。

構造モデルは，経営成果について１）新製品・サービスの開発や市場投入といった市場成果，２）売上高や利益率といった金融的成果それぞれの場合で，反応的市場志向の40.8%と40.8%，先行的市場志向の35.3%と35.4%，

表６－３　２つの市場志向の媒介効果

パス	市場成果			金融的成果		
	Effect	*t*-value	結論	Effect	*t*-value	結論
ビッグデータ分析能力 → 経営成果	0.643***	13.367	完全媒介（逆の結果）	0.642***	13.953	非有意
ビッグデータ分析能力 → 反応的市場志向 → 経営成果	-0.246**	2.596		-0.132	1.444	
ビッグデータ分析能力 → 経営成果	0.643***	13.367	部分的媒介	0.638***	12.960	部分的媒介
ビッグデータ分析能力 → 先行的市場志向 → 経営成果	0.326***	3.665		0.740 †	1.889	

*** $p < 0.001$, ** $p < 0.01$, † $p < 0.10$ (Two-tailed test)

そして経営成果の42.4％と38.7％の分散を説明し，中程度の予測力を示した（Hair et al., 2012）。調整済みR^2に加えて，Cross-Validation ホールドアウト手続きとして外生変数Q^2の予測関連性を計算し，モデルの予測妥当性を検証した。分析の結果，反応的市場志向（$Q^2=0.351$と0.349），先行的市場志向（$Q^2=0.293$と0.291），経営成果（$Q^2=0.301$と0.307）ともに0より大きい値であった。これは，予測妥当性が大（$Q^2=0.350$）または中（$Q^2=0.150$）のいずれかの閾値を上回っており，満足できる予測妥当性を持つことがわかった（Hair et al., 2014）。最後に，リサーチモデルの適合性を検討するために，SRMR 値を計算した。経営成果が市場成果と金融的成果の場合で，それぞれ0.067となった。SRMR の閾値は0.08とされるが，リサーチモデルの SRMR はこの閾値を下回っており，PLS パスモデル全体の適合性が確認できた。

◉── 4－3－4．媒介効果

ブートストラップ法を用いて，反応的市場志向と先行的市場志向がビッグデータ分析能力と経営成果の関係を媒介することを検証した。媒介効果を検証するために，5,000回の Resampling を行い，間接的パスの効果を分けて間接効果全体を推定することにより，媒介パスの t 値を算出した。Hair et al.（2014）のガイドラインに従い，最初に媒介パス（ビッグデータ分析能力→反応的市場志向または先行的市場志向→経営成果）が有意であることを確認した。

次に，直接パス（ビッグデータ分析能力→経営成果）を検証した。**表6－3**に示すように，市場成果に対しては2つの市場志向は部分的に媒介するという結果が得られた。特に，ビッグデータ分析能力が市場成果に与える影響を反応的市場志向は－に媒介することが分かった。一方，金融的成果に対して先行的市場志向はビッグデータ分析能力の効果を部分的に媒介することが分かった。

5　小括

学術研究でも実務的にも，ビッグデータと経営成果の関係には関心が高まっている。特に，ビッグデータ分析を導入した場合，どのような組織的メカニズムを通して経営成果を高めるのかということは中心的な研究関心である（Dremal et al., 2020; Gupta and George, 2016; Mikalef et al., 2020a, 2021）。多くの企業はビッグデータの収集・分析に膨大な投資を行っているにもかかわらず，それらの投資を業績に結びつけることができていない（Bean, 2017; New Vantage Partners, 2021; Ross et al., 2013）。本章は，ビッグデータの収集・分析・事業への活用に関する組織能力は，既存ニーズの充足や事業プロセス効率化を目指すのか，それとも潜在ニーズを発見し市場に新たな競争を仕掛けることを目指すのか，どちらの組織文化を通して経営成果に結びつくのかということを明らかにした。

5－1．理論的貢献

本章は，以下のとおり2つの点で理論的貢献を持っている。第1に，本章はビッグデータ分析能力が経営成果に結びつく過程で，2つの異なる市場志向のどちらを高めるのかによって経営成果に結びつかないことを発見した。ビッグデータ分析能力は持続可能な競争力を高めるが，特に市場の変化が激しい場合にはよりこのビッグデータ分析能力が経営成果を高める重要な原因であることが分かっている（Ashrafi et al., 2019; Johnson, Friend, and Lee, 2017;

Mikalef et al., 2019; Song et al., 2022)。ただし，ビッグデータ分析能力を経営成果に結びつけるためには，ビッグデータ分析で分かったことを基に資源再組織化や事業プロセスを柔軟に変更する機敏性を高める必要がある（Khan, Tao, and Li, 2022; Xie et al., 2022; Zheng et al., 2022）。この資源再組織化や事業プロセスの構築を行うためには，顕在ニーズと潜在ニーズのどちらのニーズを満たすのかという目標を設定し，ビッグデータ分析を通してより良い市場知識を生成する必要があることが提案されている（Lee and Trimi, 2021）。市場知識に関して言えば，ビッグデータ分析能力が高い企業は，ビッグデータ分析で得られた結果を市場知識と結びつけ既存知識を更新し，その知識を組織内で共有・拡散・再組織化することで，個別の機能部門のサイロ化を防ぎ組織学習サイクルを常に回す（Ferraris et al., 2019）。そして，得られた市場の知恵を基に意思決定を行うことで，彼らの意思決定の質を高めるが，この一連の知識創造と知識活用のプロセスが経営成果を高める（Awan et al., 2021）。本章の分析結果は，ビッグデータ分析は潜在ニーズの特定や充足のために使うべきだということを示す。大量かつ多様なデータを分析することは，これまで困難だった潜在ニーズの素早い把握や，そのニーズに関する知恵の創造を助ける。他社が市場を創る前に利用可能な資源を集め再組織化し，小さな実験を行うことで，短期的にも長期的にも経営成果を高める。

マーケティング論では，市場志向という概念を用いてニーズ理解と資源再組織化や事業プロセス構築が経営成果を規定することを説明してきた（Day and Wensley, 1983; Han, Kim, and Srivastava, 1998; Slater and Narver, 1993）。企業は，消費者のニーズを特定し，そのニーズに関連する市場の知恵を蓄積し，企業内に分散している資源を統合してこれらのニーズを満たすためのマーケティング行動を展開する必要がある。特に，反応的市場志向と先行的市場志向は，異なるニーズを満たすために適した資源再組織化や組織プロセスの構築を導く（Jaworski, Kohli, and Sahay, 2000; Narver and Slater, 1990; Narver, Slater, and MacLachlan, 2004）。本章は，ビッグデータ分析能力に関する先行研究で分かっていることに，ビッグデータ分析能力はどちらのニーズを満たすことを目指して資源の再組織化と活用をすれば経営成果を高めるのかということを明らかにした点が理論的貢献である。

第2に，本章は反応的市場志向と先行的市場志向についての知見を拡張した。反応的市場志向と先行的市場志向に関する先行研究は，これら2つの両方が経営成果を高める（Voola and O'Cass, 2010），先行的市場志向のみが経営成果を高める（Narver, Slater, and MacLachlan, 2004），反応的市場志向のみが経営成果を高める（Zhang and Duan, 2010）という結果を得ている。このように結果は混乱しているが，いくつかの研究では企業は経営成果を高めるために市場志向を経営行動や組織能力と組み合わせる必要があるということを主張している。例えば，ポジショニング戦略（Iyer et al., 2019），機能部門間統合（Lamore, Berkowitz, and Farrington, 2013），サプライチェーン・マネジメント（Lim et al., 2017）などである。本章でビッグデータ分析能力が経営成果に結びつく際に，反応的市場志向と先行的市場志向では異なる媒介効果があることを発見した点が理論的貢献である。

5-2．実務的貢献

実務的な観点から言うと，企業はビッグデータの収集や分析に関するインフラを整備し，ビッグデータ分析のために従業員を雇用・訓練し，潜在ニーズの発見や新しい事業アイディアの獲得を目指して分析を行い，分析結果に基づいて組織内の資源を統合し事業プロセスを調整し，事業を創るべきである。第1に，そもそもビッグデータ分析能力を高めなければならない。ビッグデータの収集や蓄積のためのインフラへの大規模な投資，ビッグデータ技術と事業課題を結びつける人事管理，ビッグデータドリブンの意思決定を実現するための権限移譲など，戦略や組織の変革が必要である。したがって，ビッグデータ分析能力の強化にはトップマネジャーのコミットメントが不可欠である（Ciampi et al., 2021; Lai et al., 2018）。加えて，企業はビッグデータ分析の結果を事業として具体化しなければならない（Mazzei and Noble, 2017; Mikalef et al., 2020b）。企業はビッグデータ分析を軸とした事業戦略や価値提案，組織文化の変更，人材開発と採用プログラム，技術投資戦略，データの蓄積について明確なステップとガイドラインを作成する必要がある（Bradlow et al., 2017; Vidgen et al., 2017）。加えて，今どこまでビッグデータ分析能力の構築が進んでいるのかということを測定し，その状態を可視化し，継続的な改善を行う必要がある。ビッグデータ分析能力の７つの構成概念に基づき，トップマネジャーやビッグデータ分析マネジャーが組織全体のビッグデータ分析能力を測定し監視するためのツールを開発する必要がある。

第２に，企業はビッグデータ分析を利用した事業開発を進める際に，ビッグデータ分析によって得られる様々な結果の中から，新しい発見，意外な発見，これまでの知識では理解が難しい発見などの分析結果に注目するべきである。いまや企業は多様なデータを扱うことができ，様々な発見を得ることができる（Mazzei and Noble, 2017）。Lycett（2013）が指摘するように，ビッグデータ分析を何のために行うのかという目的を明確に定義しなければ，どの分析結果に注目するべきなのかという方向性が定まらず，その結果意思決定の質は低下し，マーケティングミックスは混乱し，ビッグデータ分析は企業の経営成果に貢献しない。また，ビッグデータ分析に基づいて価値を生み出すためには，目的に則した資源の特定・統合や事業プロセスの調整が不可欠である（Aversa et al., 2021）。例えば，顕在化したニーズを満たすために既存事業や事業プロセスを改善することと，潜在ニーズが見つかったのでこれまでにないことをやろうとしたときの事業プロセス構築では，利用可能な資源の探索やコミュニケーションの仕方などが異なる。本章は，潜在ニーズを満たそうとする場合にビッグデータ分析能力は経営成果を高めることを発見した。これは，おおよその企業がデータ分析を経営に取り入れていることや，顕在的なニーズの把握や効率性を高めることに慣れている一方で，潜在ニーズの発見の重要性は理解しているけれども伝統的なデータ分析では簡単にはできない，つまりビッグデータ分析の出番だということを表している。ビッグデータ分析を導入する場合，少なくとも事業開発に関わるすべての機能部門や従業員は先行的市場志向持つように管理しなければならない。

5－3．研究の限界と今後の研究

本章はビッグデータ分析能力と２つの市場志向，経営成果の関係を明らかにしたが，今後の研究ではいくつか考慮すべき点がある。第１に，市場志向研究において，企業は2つの市場志向のどちらかを高めるのではなく，バランスよく高める方が経営成果を高めることができることが発見されている（Atuahene-Gima et al., 2005; El Manzani, El Idrissi, and Lissaneddine, 2023; Herhausen, 2016）。したがって，将来の研究では2つの市場志向の両利き（Ambidexterity）とビッグデータ分析能力の関係を調べることを勧める。また，データ分析は様々な結果を返してくれるが，これら結果から得られる解釈の多様性を減らし，不確実な経営環境においてマーケティング戦略を迅速に策定する必要性がある（Kalaignanam et al., 2021, Lu and Ramamurthy, 2011）。市場志向は解釈の多様性を減らすことに貢献するが，ビッグデータ分析によって分かったことを基に迅速にマーケティング戦略を構築または調整するという点は，ビッグデータ分析能力と市場機敏性や組織機敏性によって達成される（Khan, Tao, and Li, 2022; Li et al., 2021; Xie et al., 2022; Zheng et al., 2022）。今後の研究では両利きの市場志向や市場や組織の機敏性がビッグデータ分析能力と経営成果に与える影響ついて調べることが望ましい。

第2に，本章は，ビッグデータ分析能力は先行型市場志向を通って経営成果を高めることを発見した。潜在ニーズを事業として具体化する際に，組織内の資源では足りない場合が多い。資源が足りない場合は外部から新たに資源を獲得する必要がある。本章は，外部企業からの資源の移転や統合がビッグデータ分析能力および経営成果に与える影響については検証していない。外部にある資源の利用可能性を高めるためには，企業は企業間の事業プロセスを調整し，外部企業から学ぶ能力を高める必要がある（Escribano, Fosfuri, and Tribó, 2009; Bierly et al., 2009; Salonen and Jaakkola, 2015; Trantopoulos et al., 2017）。これらの要因がビッグデータ分析能力と経営成果に与える影響を検証することは，ビッグデータ分析能力研究にとって有益だろう。

Appendix：リサーチモデルに含まれる構成概念のクロスローディング①

ラベル	データ	技術	基本的資源	技術的能力	管理能力	データドリブン文化	組織学習	反応的市場志向	先行的市場志向	市場成果
D1	**0.982**	0.707	0.624	0.705	0.627	0.362	0.270	0.208	0.258	0.403
D2	**0.830**	0.720	0.548	0.638	0.606	0.299	0.259	0.148	0.194	0.418
D3	**0.744**	0.705	0.524	0.670	0.596	0.233	0.182	0.137	0.190	0.326
T1	0.604	**0.799**	0.587	0.557	0.456	0.229	0.183	0.067	0.133	0.359
T2	0.706	**0.976**	0.686	0.607	0.542	0.394	0.328	0.155	0.196	0.372
T3	0.636	**0.842**	0.609	0.565	0.458	0.278	0.199	0.076	0.138	0.384
BR1	0.637	0.705	**0.718**	0.591	0.513	0.311	0.345	0.102	0.187	0.456
BR2	0.658	0.735	**0.994**	0.618	0.585	0.516	0.443	0.271	0.321	0.497
TS1	0.637	0.524	0.492	**0.898**	0.740	0.368	0.295	0.216	0.236	0.391
TS2	0.615	0.663	0.517	**0.858**	0.678	0.315	0.270	0.161	0.207	0.418
TS3	0.620	0.511	0.557	**0.879**	0.876	0.482	0.400	0.328	0.315	0.358
MS1	0.605	0.515	0.503	0.847	**0.944**	0.481	0.394	0.317	0.298	0.389
MS2	0.589	0.551	0.541	0.787	**0.928**	0.492	0.422	0.310	0.290	0.377
MS3	0.624	0.502	0.573	0.853	**0.953**	0.539	0.478	0.370	0.358	0.412
DDC1	0.308	0.281	0.431	0.355	0.445	**0.892**	0.719	0.556	0.491	0.400
DDC2	0.350	0.360	0.471	0.346	0.436	**0.847**	0.653	0.514	0.459	0.426
DDC3	0.269	0.334	0.487	0.419	0.445	**0.816**	0.606	0.481	0.451	0.321
DDC4	0.320	0.351	0.463	0.440	0.520	**0.903**	0.674	0.573	0.489	0.479
DDC5	0.373	0.336	0.467	0.408	0.490	**0.905**	0.699	0.620	0.539	0.510
IOL1	0.253	0.245	0.381	0.341	0.403	0.674	**0.922**	0.464	0.459	0.475
IOL2	0.295	0.302	0.388	0.362	0.404	0.713	**0.917**	0.502	0.489	0.489
IOL3	0.219	0.232	0.384	0.278	0.394	0.684	**0.916**	0.480	0.477	0.429
IOL4	0.228	0.282	0.390	0.330	0.406	0.669	**0.918**	0.469	0.476	0.475
IOL5	0.309	0.339	0.461	0.383	0.478	0.754	**0.878**	0.473	0.448	0.492
RMO1	0.242	0.150	0.299	0.251	0.348	0.556	0.450	**0.881**	0.824	0.424
RMO2	0.204	0.167	0.285	0.292	0.335	0.573	0.468	**0.876**	0.736	0.379
RMO3	0.190	0.120	0.242	0.236	0.327	0.562	0.460	**0.882**	0.778	0.362
RMO4	0.054	0.029	0.153	0.163	0.192	0.482	0.437	**0.815**	0.699	0.287
PMO1	0.182	0.132	0.185	0.249	0.263	0.454	0.434	0.779	**0.822**	0.355
PMO2	0.262	0.190	0.310	0.286	0.303	0.526	0.473	0.761	**0.865**	0.469
PMO3	0.256	0.224	0.352	0.270	0.317	0.508	0.472	0.763	**0.874**	0.495
PMO4	0.229	0.162	0.304	0.216	0.240	0.427	0.385	0.686	**0.833**	0.441
PMO5	0.158	0.148	0.279	0.252	0.296	0.451	0.380	0.674	**0.816**	0.363
PMO6	0.176	0.079	0.194	0.181	0.247	0.401	0.420	0.734	**0.773**	0.405
MP1	0.325	0.364	0.392	0.356	0.386	0.368	0.346	0.304	0.371	**0.821**
MP2	0.334	0.353	0.447	0.343	0.332	0.471	0.496	0.397	0.498	**0.899**
MP3	0.400	0.311	0.415	0.405	0.386	0.492	0.526	0.463	0.527	**0.851**
MP4	0.396	0.331	0.366	0.382	0.299	0.287	0.336	0.216	0.271	**0.792**

Appendix：リサーチモデルに含まれる構成概念のクロスローディング②

ラベル	データ	技術	基本的資源	技術的能力	管理能力	データドリブン文化	組織学習	反応的市場志向	先行的市場志向	金融的成果
D1	**0.988**	0.707	0.632	0.705	0.627	0.362	0.270	0.209	0.258	0.456
D2	**0.815**	0.720	0.557	0.638	0.606	0.299	0.259	0.149	0.193	0.389
D3	**0.756**	0.705	0.536	0.671	0.596	0.233	0.182	0.138	0.190	0.381
T1	0.605	**0.801**	0.595	0.558	0.456	0.229	0.183	0.068	0.132	0.366
T2	0.705	**0.977**	0.694	0.607	0.542	0.394	0.328	0.156	0.196	0.396
T3	0.637	**0.837**	0.617	0.565	0.458	0.278	0.199	0.077	0.138	0.352
BR1	0.639	0.705	**0.740**	0.591	0.513	0.311	0.346	0.103	0.186	0.480
BR2	0.659	0.735	**0.997**	0.618	0.585	0.516	0.443	0.271	0.320	0.498
TS1	0.639	0.524	0.497	**0.898**	0.740	0.368	0.295	0.217	0.236	0.417
TS2	0.617	0.663	0.527	**0.859**	0.678	0.315	0.270	0.162	0.208	0.447
TS3	0.623	0.512	0.563	**0.878**	0.876	0.481	0.400	0.329	0.315	0.389
MS1	0.605	0.516	0.508	0.847	**0.944**	0.481	0.394	0.318	0.298	0.408
MS2	0.589	0.552	0.544	0.787	**0.928**	0.492	0.422	0.311	0.290	0.389
MS3	0.625	0.502	0.577	0.852	**0.953**	0.539	0.478	0.371	0.357	0.417
DDC1	0.305	0.282	0.428	0.355	0.445	**0.892**	0.719	0.557	0.491	0.401
DDC2	0.350	0.359	0.468	0.346	0.436	**0.847**	0.653	0.514	0.459	0.440
DDC3	0.271	0.333	0.483	0.419	0.445	**0.816**	0.606	0.482	0.451	0.345
DDC4	0.318	0.351	0.461	0.440	0.520	**0.903**	0.674	0.574	0.489	0.428
DDC5	0.370	0.335	0.465	0.408	0.490	**0.905**	0.699	0.620	0.540	0.511
OL1	0.251	0.246	0.383	0.341	0.403	0.674	**0.922**	0.464	0.459	0.500
OL2	0.293	0.303	0.390	0.362	0.404	0.713	**0.917**	0.502	0.488	0.478
OL3	0.215	0.233	0.385	0.277	0.394	0.684	**0.916**	0.479	0.476	0.452
OL4	0.224	0.283	0.390	0.330	0.406	0.669	**0.918**	0.469	0.475	0.429
OL5	0.310	0.339	0.460	0.383	0.478	0.754	**0.878**	0.473	0.448	0.489
RMO1	0.242	0.151	0.293	0.250	0.348	0.556	0.450	**0.880**	0.824	0.392
RMO2	0.206	0.168	0.282	0.292	0.335	0.573	0.468	**0.879**	0.736	0.404
RMO3	0.191	0.120	0.238	0.235	0.327	0.562	0.460	**0.881**	0.778	0.336
RMO4	0.053	0.029	0.149	0.162	0.192	0.482	0.437	**0.812**	0.699	0.239
PMO1	0.183	0.132	0.183	0.249	0.263	0.454	0.434	0.778	**0.825**	0.324
PMO2	0.262	0.190	0.309	0.286	0.303	0.526	0.473	0.761	**0.866**	0.408
PMO3	0.258	0.223	0.352	0.270	0.317	0.508	0.472	0.762	**0.873**	0.413
PMO4	0.228	0.162	0.300	0.216	0.240	0.427	0.385	0.685	**0.833**	0.387
PMO5	0.159	0.149	0.275	0.251	0.296	0.451	0.380	0.674	**0.817**	0.316
PMO6	0.177	0.079	0.193	0.180	0.247	0.401	0.420	0.733	**0.769**	0.317
FP1	0.416	0.335	0.424	0.453	0.420	0.433	0.420	0.346	0.357	**0.884**
FP2	0.451	0.434	0.499	0.463	0.413	0.461	0.445	0.363	0.412	**0.929**
FP3	0.310	0.284	0.312	0.285	0.259	0.362	0.484	0.334	0.361	**0.761**

第７章

Research on Big Data Analytics Capability and Business Development Decision-Making Processes

ビッグデータ分析能力と事業開発意思決定プロセスに関する研究

> 今の製品が良く売れていても，１年あるいは２年たつと，その製品に変えて新製品を出す。現在の営業体制がうまくいっていると考えられても，現在の営業体制が３年たっているならば新しい営業体制に変える。もっと身近な小さなことでいえば，事務所の机のならべ方も２年とか３年ごとに変えてみる。とにかく変えてみるのである。（中略）。「変えなければならない状態になれば，そのときに変えればよい。いつでも変えることができる」。このようにいう人は多い。ほんとうに，「必要になればいつでも変えられる」のであろうか。これは錯覚ではないか。人間は，変化をひんぱんに経験し，変化に慣れていなければ，なかなか変化を生み出したり，変化を受け入れたりしないのではないか（吉原，1988, pp.107-108）。

概要

本章では，事業開発を行う際に，ビッグデータ分析能力はどのようにして事業化意思決定プロセスおよび経営成果に貢献するのか，ということを明らかにする。ビッグデータ分析は意思決定者に様々な結果という情報を提供する。ビッグデータ分析の結果は，既存知識で理解できるものかもしれないし，それではまったく理解できないものかもしれない。言い換えると，計画したマーケティング行動の効果を検証しようというビッグデータ分析の使い方もあれば，理解するのは困難だが新たな機会の可能性を示す結果を得てそれを小さく事業化してみようというビッグデータ分析の使い方もある。事業開発と意思決定の先行研究を基にすると，このようなビッグデータ分析の異なる使い方は事業開発プロセスの中で「両方行うことが望ましい」と考えられる。本章では，ビッグデータ分析環境においてこれらを両方行うことが本当に経営成果に結びつくのかということを明らかにする。

1　ビッグデータ分析と事業開発

ビッグデータ分析で分かったことを基に事業を改善または創造するプロセスや要因は，価値創造メカニズムや事業モデル化の研究によって進められている。ビッグデータ分析の結果を用いて事業や事業プロセスを改善するためには，データや分析システムを誰でも利用できるようにすることや，分析結果を可視化し組織内で普及・共有させることが有効である。例えばダッシュボードなどを用いてこれらを行うと，何か事業アイディアを得たいときや小さな実験をしようと計画した際のビッグデータの利便性が高まる。それまでビッグデータ分析を活用していなかった事業・部門・タスクへの潜在的な拡張可能性（Scalability）が高まり，組織の意思決定のスピードやパフォーマンスが高まる（Elia et al., 2022; Ghasemaghaei, 2019a, 2020）。意思決定者は分析や分析結果の可視化などのタスクはシステムに行わせ，自らは結果について市場の状態や経営戦略を基に解釈し，事業開発に思考力を集中させることができる（Bharadwaj and Noble, 2017）。

ビッグデータ分析は様々な結果を提供する可能性があり，その結果は既存知識で解釈できるものと，既存知識では解釈できないものがある。特に解釈できないものを見つけたとき，その分析結果という情報が示す現実は何が起こっているのか，なぜそれが起こっているのか，ということを理解しようとする「より深く潜る（Deeper Dive）」ことが事業開発には不可欠である（Delen and Zolbanin, 2018; Elia et al., 2022; Grover et al., 2018）。分析結果について深く潜り，それを製品・サービスとして形にすることで人々の行動がどのように変容するかについて予想するという一連の思考は，ビッグデータ分析能力をイノベーションにつなげることに貢献する（Lehner et al., 2018）。ただし，事業開発を進める場合，深く潜りアイディアを得るだけでなく，そのアイディアが事業性を持つかどうかを評価しなければならない。実際，データ分析実務者のデータ分析時間は定義された事業問題を解決するためにデータからエビデンスを探すことなどに費やされるか，データの中の新しいパターンやクラスターなどを探すことや新しいツールを試すことなど実験と探索に費やされる（Vidgen, Shaw, and Grant, 2017）。つまり，ビッグデータ分析を用いた意思決定における情報処理努力には大きく2つの異なる方向性や配分の違いがある。

ビッグデータ分析能力は，効率性を高める事業の改善と新たなアイディアを得て新しい事業を創造する行動のどちらも促進することができる（Lozada, Arias-Pérez, and Henao-García, 2023; Mikalef and Krogstie, 2020; Mikalef et al., 2019b; Su et al., 2022）。そして第6章で議論したように，組織や事業全体の目的や資源の獲得と再組織化を方向づける組織文化を通してビッグデータ分析に基づく事業開発の方向性が定められる。ただし，どのような方向性での事業開発でも，配分の差はあるだろうが，上記の意思決定における情報処理努力のどちらも行う必要があるだろう。ビッグデータ分析能力に関する先行研究では，ビッグデータ分析能力はこれら異なる事業開発の意思決定プロセスのどちらを助ける，もしくはどちらも行うことを助けることによって経営成果を高めるのかということについて調べられていない。本章はこの関係を明らかにすることを目指す。

ビッグデータ分析能力と事業開発意思決定における情報処理努力の違いの関係を議論するために，主に製品開発論において議論が進む「事業開発の意思決定プロセス」に関する発見事項を本章に導入する。詳しくは以降で述べるが，事業開発の研究者たちは「新たな事業を創造できる人・組織はどのような情報処理を行い意思決定しているのか」という問いを持っており，意思決定プロセスには2グループがあると主張する。1つ目は因果律（Causation）プロセスであり，もう1つは有効化（Effectuation）プロセスである。前者の因果律プロセスは，「特定の効果を所与として，その効果を生み出す手段の選択に注目する」が，後者の有効化プロセスは「手段の組合せを所与とし，その手段の組合せで生み出されうる効果の選択に注目する」プロセスである（Sarasvathy, 2001, p.245）。これらのプロセスはどちらか一方が有効というわけではなく，意思決定者の経験の程度（Dew et al., 2009），事業の革新性の程度（Brettel et al., 2012）や事業開発プロセスの段階（Galkina and Lundgren-Henriksson, 2017; Sitoh, Pan, and Yu, 2014），市場ライフサイクルや環境不確実性（Peng et al., 2020; Zhang et al., 2023），保有する資源の量（Jiang and Rüling,

2019）によって使い分けることが事業開発に貢献する。ビッグデータ分析能力の研究が発見しているように，ビッグデータ分析を基にした事業開発は，ビッグデータ分析を使って分かったことを新たなアイディアとして事業開発をスタートさせ，小さく実験をし，事業性を評価しながら事業を形づくっていく（Autio et al., 2018; Day and Schoemaker, 2016; Mikalef, van de Wetering, and Krogstie, 2021; Pavlou and El Sawy, 2010; Warner and Wäger, 2019）。つまり，ビッグデータ分析能力に関する研究も，ビッグデータ分析を基に因果律プロセスや有効化プロセスを行うことを想定している。しかし，ビッグデータ分析能力はどちらとどのように関連し事業開発に貢献するのかについては明らかになっていない。そこで，本章はビッグデータ分析能力の知見に因果律プロセスと有効化プロセスを導入し，**「ビッグデータ分析能力は，事業開発の因果律と有効化という意思決定プロセスが経営成果に与える影響を調整するのか？」**という本書の3つ目のリサーチ・クエスチョンに答えようとする。

2　事業開発を進めるための2つの意思決定プロセス

因果律プロセスと有効化プロセスは，先に述べたように，効果を所与として手段を探索するのか，手段を所与として効果を探索するのかという意思決定プロセスにおける情報処理の違いを指す。因果律プロセスは「未来を予測できるなら，私たちはそれをコントロールできる」という思考の前提を置き，有効化プロセスは「未来をコントロールできるならそれを予測する必要は無い」という前提を置く（Sarasvathy, 2008, p.18）。前者の因果律プロセスは目的主導の事業開発であり，市場調査やある技術を特定することなど経営環境をモニターし，資源を活用して機会を獲得するために用いられる。言い換えると，事前計画的な事業開発である。一方，後者の有効化プロセスは「今利用可能な資源を用いるとどのようなことができるか」という非目的主導で創造的な事業開発プロセスである（Galkina and Lundgren-Henriksson, 2017; Ortega, García, and Santos, 2017）。つまり，事後創発的な事業開発であると言える。特に後者の有効化プロセスは，革新的な事業を創造する起業家の認知プロセスをより良く説明するものである（Dew et al., 2009）。このような探索的志向としての有効化プロセスは，事業モデルの革新性を高める（Chesbrough, 2010）。

因果律プロセスまたは有効化プロセスは資源の獲得の仕方も規定する。保有する資源が豊富な場合は，それら資源を用いて目的をどう達成するかという目的駆動型の因果律プロセスが動機づけられる。一方，保有資源が限定的な状況では，利用可能な資源で何ができるかという挑戦を行う有効化プロセスが動機づけられる（Jiang and Rüling, 2019）。有効化プロセスを採用する人は，最初に定義された目的を達成するために資源を探索し利用するのではなく，利用可能な資源があり，その資源を利用するとどのような目的を達成することができそうかということを考え，資源や事業プロセスを調整する（Sarasvathy, 2001）。有効化プロセスを採用し，利用可能な資源から目的を創造するには，３つの無形資源が必要とされる。それらは，１）「私が何であるか（Who I am）」という意思決定者のアイデンティティ，２）「私は何を知っているか（What I know）」という保有知識，３）「私は誰を知っているか（Who I know）」という散在する資源の特定や利用，である（Sarasvathy, 2001）。特徴的な点は，有効化プロセスでは同じ機会に興味を持ち資源を保有する人や組織とともに事業を共同創造することを志向することである。資源の模倣不可能性などを高めることで資源ポジション障壁を築こうとするのではなく，その資源を活用して市場を創っていこうとするこの行動は，事業開発に参加している人々が機会を予期せず得ることを促し，その機会を獲得するための資源探索や資源統合を促進する（Read et al., 2016; Sarasvathy and Dew, 2005）（**図７-１**）。興味深いことに，有効化プロセスでは事業の元となるアイディアを創造する段階とアイディアを具体化する段階で事業開発関係者の行動が異なる。アイディア創出段階ではある主体がアイディア創出を行うのだが，アイディアを事業として具体化する段階では，資源を保有する組織内外の様々なステークホルダーたちとの相互作用と彼らのコミットメントを前提として，彼らとともに事業化を進めることで革新的な事業を生み出すことを考える（Galkina and Lundgren-Henriksson, 2017; Read et al., 2009）。

データ分析に関して言うと，有効化プロセスでは最初にデータや分析結果

図7-1　有効化プロセスを進めるステップと市場創造および組織学習

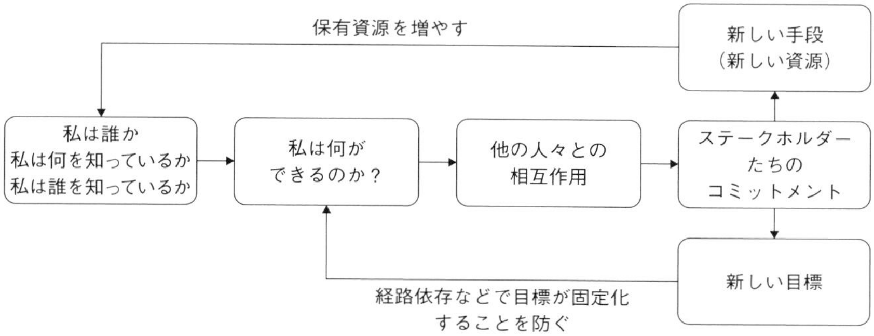

出所：Sarasvathy and Dew（2005），p.543を基に筆者修正。

があり，次にそこから何ができるのかという目的を創造する。また，有効化プロセスではある特定のパラメータやセグメントに注目し，そこに予期せぬ機会を見出すことを行う。ただし，有効化プロセスは目的に駆動されないというわけではなく，例えば「世の中を良くする」や「顧客を笑顔にする」など漠然として曖昧な高次の目的（理想や望ましい状態）によってこのプロセスが駆動される。一方，因果律プロセスでは目標に向けた手段の効果を測定するためにデータ分析が用いられる。不確実性が高い環境においては，環境を分析しどのような機会が存在する可能性があるかを理解するとともに，それら機会を素早く獲得するために保有資源を用いてどの機会を獲得できそうかということを考える必要がある。その意味で，因果律プロセスと有効化プロセスは互いに関わり合う（Interplay）プロセスである（Chen and Xu, 2022; Galkina and Lundgren-Henriksson, 2017; Ortega, García, and Santos, 2017; Reymen et al., 2017; Shirokova et al., 2021; Sitoh, Pan, and Yu, 2014; Yu et al., 2018）。

例えば，Sitoh, Pan, and Yu（2014）は，事例分析を通して事業開発プロセスの1）コンセプト化，2）プロトタイピング，3）製造，4）マーケティングという段階の中で因果律プロセスと有効化プロセスはダイナミックに切り替えて使われることを発見している（**表7-1**）。一例として次のように切り替わる。第1段階目では事業開発を開始する際に，保有する資源を確認するとともに，それら資源で何ができるのかという理想的目標を考える。次の

表7-1　事業モデルの段階と意思決定プロセスの切り替えの例

事業開発段階	フェーズ1	フェーズ2	フェーズ3	フェーズ4
	コンセプト化	プロトタイピング	生産	マーケティング
意思決定 プロセス	我々は何者か？ どんな資源を持っているのか？	我々は誰を知っているか？ 高い目標設定と，失っても良い損失。	コスト計算。	市場分析。
	有効化プロセス	有効化プロセス	因果律プロセス	因果律プロセス
事業モデル	野心駆動的	新規性駆動的	効率性駆動的	戦略駆動的
事業モデルの 手段	既存の資源を用いる。	最適なITを選択する。 効果的なチームとプロセスを創る。	ITアウトソースの契約確認，ITをモジュールとして事業プロセス組織システムに組織化する。	流通・プロモーション経路の構築。

出所：Sitoh, Pen, and Yu（2014），pp.219-220を基に筆者修正。

第2段階目では，外部のどのような資源を利用すれば理想に近づくことができるのかを探索し，小さく素早く実験を開始する。それゆえ，最初の2段階は有効化プロセスが採用される。第3段階目は生産プロセスを考える，そして最後の第4段階目は創り上げた事業を商業化するために市場分析を行い，マーケティング戦略を立てる。後半の2段階はデータを分析し目標を立て実行・評価するというフェーズであり，因果律プロセスが採用される。このSitoh, Pan, and Yu（2014）らの研究と同じように，事業開発の際に因果律プロセスまたは有効化プロセスのどちらかが採用されるのではなく，どちらも採用するとともに事業開発の段階によってこれらを切り替えて行うが，段階によって決まったパターンがあるわけではないということも発見されている（Reymen et al., 2017）。重要なことは，環境不確実性が高い場合，手段駆動と目標駆動を行ったり来たりしながら，互いの意思決定プロセスでは扱われない情報－例えば，因果律プロセスの場合は1つの目標を達成するための多数の手段に関する情報を扱い，有効化プロセスの場合は可能性のある多数の目標に関する情報を扱う－を補完し大きすぎるリスクを避けながら事業化を進めることである（Smolka et al., 2018; Yu et al., 2018）。

3 ビッグデータ分析能力と因果律・有効化プロセスに関する仮説

企業は目標や計画を設定することで，集めるべき市場情報を定義し，情報を収集し，資源獲得や再組織化を行うことができる（Atuahene-Gima and Ko, 2001; Cao, Gedajlovic, and Zhang, 2009）。そして，目標や計画が明確になっている場合，事業を具体化するために不足する資源を外部から獲得することができる。定義された目標や計画には事業や環境分析が含まれ，それらは資源を持つステークホルダーに必要な情報を提供し，その事業を評価し投資意思決定を行うことを助ける（Nummela et al., 2014; Smolka et al., 2018）。因果律プロセスは事業化の目標や計画に正当性を与えるため，次の仮説を提示する。

仮説7-1a：因果律プロセスは経営成果を高める。

現在の多くの製品・サービスカテゴリーでは，市場の不確実性や揮発性に直面している。有効化プロセスは予期せぬ事態や計画外の事態を受け入れ，不確実な環境で積極的に実験を行うことを促進する（Wu, Liu, and Su, 2020）。市場の状態が変化する中で，企業はその変化に対応しようとすると資源が不足する。有効化プロセスは結果的に外部ステークホルダーからの資源獲得を行うが，出発点として既存の資源で，許容可能なコストで効果的な実験を行い変化に対応することを考える（Sarasvathy, 2001）。また，市場の状態が変化したとき，製品やサービス，事業プロセスをその変化に対応させる必要がある。アイディア生成から製品・サービスの市場投入まではタイムラグがあるが，大きな変化に最初から完璧に対応しようとすると時間がかかり，その間に市場の状態が再度変化することがある。有効化プロセスは，断続的に起こる変化や，最初のアイディアと最終製品の乖離を受け入れ（Chandler et al., 2011），「実用最小限の製品（Minimum Viable Product）」を市場に投入することを助ける。実用最小限の製品とは，「ユーザーにもたらす価値を示すのに十分な製品」（Rancic Moogk, 2012, p.24）であり，消費者ニーズを最低限解決できる製品を市場に投入した後に消費者からのフィードバックを通じて最終版の製品を創りあげる（Stringham et al., 2015）。また，企業が利用可能な資源を用いて有効化プロセスを進める中で，ステークホルダーなどのネットワークから入手することができる市場情報や技術情報は創造性を生み出すことに役立ち（Füller, Hutter, and Faullant, 2011），実用最小限製品の素早い市場投入を助ける（Wu, Liu, and Su, 2020）。そこで，以下の仮説を提示する。

仮説 7 -1b：有効化プロセスは経営成果を高める。

因果律プロセスと有効化プロセスは，保有する資源を基に思考するのか，それとも機会や目標を基に思考するのかという違いであるが（Sarasvathy, 2001），どちらの思考も使われながら事業開発プロセスは進む（Reymen et al., 2017; Sitoh, Pan, and Yu, 2014）。因果律プロセスはリスクやリターンを考慮するが，有効化プロセスは長期的な目標を考慮する。これら 2 つは互いの欠点を補完し合う。有効化プロセスのみを行う場合，保有する資源で何ができるかというアイディア創出を優先するため，目標の一貫性が損なわれ事業戦略に混乱が生まれるリスクがある。因果律プロセスは目標や計画を定義するため，このような有効化のリスクを解決することができる（Brettel et al., 2012; Sarasvathy, 2001）。加えて，因果律プロセスにおいて有効化プロセスを行うことは，目標や計画に沿って機動的に小さな実験を行い，目標や計画の変更必要性を評価することや，それらの調整などを行うことを促し，環境に迅速に適応することに貢献する（Brettel et al., 2012）。これらの意思決定プロセスを組み合わせて使い分ける企業は，極端な意思決定を避け，長期的な目標や目標達成までの道筋設定と短期的な実験実施というバランスを採る（Smolka et al., 2018）。そして，このような企業は市場を捉える多様な視点を持ち（Yu et al., 2018），事業機会を創出することができる（Maine, Soh, and Dos Santos, 2015; Reyman et al., 2017）。それゆえ，次の仮説を提示する。

仮説 7 -1c：因果律プロセスと有効化プロセスのシナジーは経営成果を高

める。

ビッグデータ分析能力は，どちらのプロセスが進むことも助けると考えられる。ビッグデータは，異なる種類のデータだけでなく，タイムリーに集まるデータという性質を持つ。企業が何か行動をとったとき，その行動に対する反応のリアルタイムデータを集め，分析し，反応を検証することができる。また，どのようなセグメントでよりポジティブな反応が強いのか，どのような条件のときに，そのポジティブな反応が強いのかということも分析し可視化することができる（Akter and Wamba, 2016）。これは因果律プロセスに対応するビッグデータの使い方だが，有効化プロセスに対応する使い方もできる。ビッグデータ分析を通して，新たなセグメントを発見することなど新たな機会を獲得することができる（Elia et al., 2022）。また，機会を獲得するための小さな実験をすぐに検証することに適しているし，たとえ複数のアイディアを検証する場合でも，短時間で並行して効果検証をすることができる（Autio et al., 2018; Mikalef, van de Wetering, and Krogstie, 2021; Warner and Wäger, 2019）。小さな実験を素早く繰り返し行うことで，いくつもの事業アイディアを評価するとともに，質の高い事業アイディアが選択される。このアイディアの市場性を入手可能なデータから推定することもできるが，このことは，他の人々の賛同やコミットメントを得ることに貢献し，自社が保有する資源では不足していた資源を獲得することや，将来の新たな事業アイディアの獲得にもつながる（Galkina and Lundgren-Henriksson, 2017; Xu and Koivumäki, 2019）。ビッグデータ駆動型組織は意思決定の質を高めるためにビッグデータ分析と事業知識を融合させて洞察を得る（Awan et al., 2021; Shamim et al., 2020）が，小さな実験と即自的データ分析を繰り返すことで得られた洞察やそれに基づいた事業アイディアはステークホルダーたちを説得することを助ける（Alkhatib and Valeri, 2022; Wamba et al., 2015）。ステークホルダーのコミットメントを得ると，新たな資源や新たな目標がもたらされる（Sarasvathy and Dew, 2005）。ビッグデータ分析能力が高い組織は，個人でも組織でも，ビッグデータ分析が組織内外のどこに使うことができるかを考え，分析で分かったことを基に知識を更新するとともに，分かったことを事業に反映させるために必要な資源を特定し，その資源を保有する組織間の調整を行い，資源を利用する（Akter et al., 2016; Gupta and George, 2016; Wamba et al., 2017）。このような資源特定や資源調整を行うことができることは，機敏に事業を修正することや事業開発を進めることを助ける（Mikalef and Krogstie, 2020）。それゆえ，次の仮説を提示する。

仮説７-2a：ビッグデータ分析能力は，因果律プロセスが経営成果を高める関係を正に調整する。

仮説７-2b：ビッグデータ分析能力は，有効化プロセスが経営成果を高める関係を正に調整する。

ビッグデータ分析能力は，因果律プロセスと有効化プロセスの両方の意思決定プロセスを行うことをサポートする。Reymen et al.（2017）が発見したように，産業や状況によって事業開発プロセスの各段階で因果律プロセスと有効化プロセスのどちらが最適かということは変化し，これらをシナジー的に使うことで事業のパフォーマンスは高まる（Shirokova et al., 2021; Smolka et al., 2018; Yu et al., 2018）。例えば，因果律プロセスで策定した目標や計画の中で，有効化プロセスを用いて小さな実験を積み重ね，事業の有効性を高めていくが，意思決定プロセスを切り替える際に組織的調整が必要となる（Brettel et al., 2012; Smolka et al., 2018）。ビッグデータ分析能力は，様々なアイディアを得ることを助け，意外な発見を得た場合，小さな実験をすぐに始め市場に投入するために必要だが異なる専門知識や価値観などを持つ人やチーム，機能部門の調整を促す（Dubey et al., 2021; Upadhyay and Kumar, 2020）。そして，ビッグデータ分析能力が高い企業は，素早く事業性を評価し，事業性を他の機能部門に可視化し，資源再組織化や事業プロセスを機敏に調整することができる（Khan, Tao, and Li, 2022; Verhoef et al., 2021; Xie et al., 2022）。

また，因果律プロセスと有効化プロセス２つのプロセスを柔軟に切り替えるためには，組織的緩み（Organizational Slack）という緩衝材が必要となる。なぜなら，因果律プロセスと有効化プロセスは異なる情報処理や資源を要求するためである。余剰の資金，人員，設備などの組織的緩みを活かして因果

図7-2　リサーチモデル

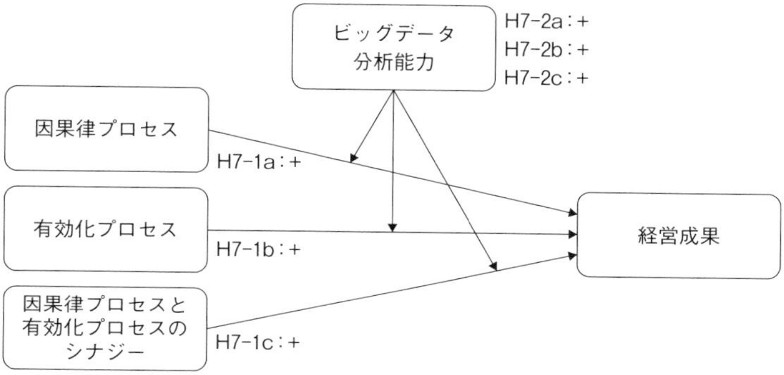

律プロセスの中で有効化プロセスを行うなどの調整を行う必要がある（Yu et al., 2018）。ビッグデータ分析能力の中でも，とりわけ管理能力が高い企業は，自分たちの保有資源状況を客観的に理解するとともに，必要な時に資源を利用し資源組織化の新たな方法を考える（Awan et al., 2021; Ferraris et al., 2019）。この管理能力は，組織内で過少評価され捨て置かれていた資源や組織外に存在する潜在的な資源に安定してアクセスし利用することを助ける（Dubey et al., 2019b）。結果として，組織内の余剰資源＝組織的緩みをうまく活用し，コストを抑えながら新たな機会を獲得することを促進する（Huang et al., 2022）。そこで，次の仮説を提示する。

仮説7-2c：ビッグデータ分析能力は，因果律プロセスと有効化プロセスのシナジーが経営成果を高める関係を正に調整する。

4 研究方法

4-1. データ収集

図7-2に示す概念間関係および仮説を検証するために，オンラインの質問票調査法を採用した。この方法を採用した理由は，第5章，第6章で述べたとおり，結果の汎用性を高めることと，再現を容易にすること，そして事業開発プロセスや意思決定，ITに関する多くの要因を同時に調査することを可能にするためである（Pinsonneault and Kraemer, 1993）。

仮説を検証するために，第5章の調査2と同じく2023年6月13日～17日にかけて株式会社インテージ（以下，インテージ）が保有する法人パネル・データベースを用いて，情報システム部門に紐づいた経営者・取締役・部門長対象にオンライン調査を行った。本章で検証したいことは，ビッグデータ分析能力と事業開発意思決定プロセスが経営成果を高めることである。近年では経営企画部内にビッグデータ分析チームが設置されることや，代表取締役直轄でスタッフ部門として分析チームが置かれることが増えてきた。しかし，ビッグデータ分析能力に含まれている下位概念が示すように，インフラや分析システムの技術的知識は情報システム部門が保有している。そして，他部門のニーズを基に分析のためのデータセットの整備や分析結果の可視化を行うことは，情報システム部門が中心になって行う。これらの理由から，情報システム部門に紐づいた経営者・取締役・部門長対象にオンライン調査を行った。

調査は2,172名に配信し，450名の回答を得た（回収率20.7%）。サンプルデモグラフィックは第5章の表5-4を参照されたい。

4-2. 測定項目

質問票調査に含める概念と概念の測定項目は，先行研究によって信頼性や妥当性が確認されているものを使用した。ビッグデータ分析能力と因果律・有効化プロセスの測定項目は7点のリカート尺度（1：非常に当てはまらない－7：非常に当てはまる），リサーチモデルに含まれる概念定義と測定項目は，**表7－2**のとおりである。

ビッグデータ分析能力は，第5章の調査2と同じく，ビッグデータ分析能力の核であるビッグデータ分析結果を事業として具体化し経営成果に結びつける資源として管理能力と技術的能力（Ferraris et al., 2019; Gupta et al., 2020; Song et al., 2022; Sun and Liu, 2020）について，Gupta et al.（2020）に従い計10の測定項目を用いた。

因果律プロセスと有効化プロセスは，Chandler et al.（2011）の測定項目を採用した。有効化プロセスは，許容できる損失（Affordable Loss），柔軟性（Flexibility），実験（Experimentation），事前のコミットメント（Pre-commitment）の4つの下位概念を持つ（Sarasvathy, 2001）。Chandler et al.（2011）はこれら4つの下位概念の測定項目を開発したが，彼らの測定項目は多くの研究で採用されており，信頼性や妥当性が認められている（Chen and Xu, 2022; Smolka et al., 2018; Yu et al., 2018）。

経営成果は，第5章と第6章と同じく市場成果と金融的成果を用いた。これにより，意思決定プロセスや組織能力について，短期的時間軸で小さくても良いのでアウトプットとしての事業の改善や新しい事業の開発との関係を調べることと，長期的時間軸の金融的成果との関係を調べることができる（Gupta et al., 2020）。なお，因果律プロセスや有効化プロセスの研究でも，金融成果（Shirokova et al., 2021; Smolka et al., 2018）と事業開発の速度や質（Wu, Liu, and Su, 2020）などが結果の変数として扱われている。検証結果の頑健性を高めるためにも，この2つを経営成果として扱う。

経営成果に関する統制変数として，第5章の調査2と同じく企業規模と企業年齢，産業の違い（BtoBかBtoCかの違い）を採用した。

表7-2　測定項目

構成概念	ラベル	測定項目	平均値	標準偏差
ビッグデータ分析能力	BDAC1	ビッグデータ分析を担当するマネジャーは，各部門のマネージャー，サプライヤー，顧客と協働することができる。	4.333	1.530
	BDAC2	ビッグデータ分析を担当するマネジャーは，ビッグデータ関連の活動を調整することができる。	4.320	1.538
	BDAC3	ビッグデータ分析を担当するマネジャーは，将来のビジネスニーズを予測することができる。	4.256	1.495
	BDAC4	ビッグデータ分析を担当するマネジャーは，ビッグデータの適用先について優れた感覚を持っている。	4.244	1.503
	BDAC5	ビッグデータ分析を担当するマネジャーは，ビッグデータから抽出したことがらを理解し評価することができる。	4.338	1.509
	BDAC6	私たちの企業は従業員にビッグデータ分析の訓練を提供している。	4.144	1.593
	BDAC7	私たちの企業はビッグデータ分析スキルをすでに持っている従業員を新たに採用している。	4.120	1.604
	BDAC8	ビッグデータ分析を担当するスタッフは，仕事を成功させるために適切な能力を備えている。	4.329	1.487
	BDAC9	ビッグデータ分析を担当するスタッフは，仕事を遂行するために適切な教育を受けている。	4.207	1.519
	BDAC10	ビッグデータ分析を担当するスタッフは，仕事を成功させるために適切な業務経験を積んでいる。	4.296	1.513
因果律プロセス	C1	長期的な機会を分析し，最高のリターンをもたらすと思われるものを選択した。	4.682	1.285
	C2	資源や能力を最大限利用する戦略を策定した。	4.767	1.219
	C3	事業戦略を設計し計画した。	4.847	1.255
	C4	目標を確実に達成するために，管理プロセスを組織し実施した。	4.778	1.261
	C5	ターゲット市場を調査し選定し，有意義な競合分析を行った。	4.680	1.348
	C6	最終的に目指すべき方向について，明確で一貫したビジョンを持っていた。	4.867	1.282
	C7	生産とマーケティングの活動を設計し計画した。	4.544	1.325
有効化プロセス（許容できる損失）	AL1	損失を許容できる以上の資源を投入しないように注意した。	4.709	1.216
	AL2	最初のアイデアで失ってもいいと思う以上の資金を危険にさらさないように注意した。	4.644	1.223
	AL3	ものごとがうまくいかなかった場合に会社が経済的に深刻な問題を抱えるほど多くの資金を危険にさらさないように注意した。	4.771	1.250
有効化プロセス（柔軟性）	FL1	機会が現れた際にはビジネスを進化させるようにした。	4.864	1.217
	FL2	自分たちがやっていることを保有する資源に適応させた。	4.696	1.227
	FL3	私たちは柔軟で，機会が現れた際にはそれを利用した。	4.802	1.225
	FL4	柔軟性と適応性を制限するような行動方針を避けた。	4.542	1.277

有効化プロセス（実験）	EX1	異なる製品・サービスや事業モデルを実験した。	4.516	1.342
	EX2	現在提供している製品・サービスは，基本的に当初構想したものと同じである。	4.636	1.276
	EX3	現在提供している製品・サービスは，最初に想像したものと大きく異なっている。	4.151	1.450
	EX4	うまくいく事業モデルを見つけるまで，多くの異なるアプローチを試した。	4.593	1.278
有効化プロセス（事前のコミットメント）	PC1	不確実性の量を減らすために，顧客，サプライヤー，その他の組織や人々との間にある相当数の合意を利用した。	4.607	1.252
	PC2	顧客やサプライヤーからの事前の約束（プリコミットメント）を可能な限り頻繁に利用した。	4.702	1.240
市場成果	MP1	競争相手よりも早く，新しい市場に参入した。	4.362	1.333
	MP2	競争相手よりも早く，市場に新しい製品あるいはサービスを投入した。	4.371	1.322
	MP3	我々の新しい製品あるいはサービスの成功率は，競争相手のものよりも高かった。	4.429	1.206
	MP4	我々の市場シェアは，競争相手を超えていた。	4.398	1.316
金融的成果	FP1	主要な競争相手と比較した市場シェア。	4.511	1.288
	FP2	主要な競争相手と比較した売上高。	4.489	1.248
	FP3	主要な競争相手と比較した利益率。	4.411	1.297

4－3．分析結果

◉── 4－3－1．データの質の検討

仮説検証のためのデータセットは，第5章や第6章と同じく，1つの質問紙調査の中で回答者の自己報告式回答データで作られた。そこで，本章のデータセットについてコモンメソッドバイアスの脅威が無いかを確認する（Podsakoff et al., 2003）。まず，測定項目の位置から測定項目間の関係などについての予想を持たれてしまうプライミング効果を防ぐためにすべての項目をランダムに並べて提示した。

Harmanの単一因子検定の結果，1つの因子で説明される最大変量は市場成果の場合54.316%，金融的成果の場合54.545%であった。これらはPodsakoff et al.（2003）が示す50%という閾値を超えている。そこで，各構成概念の測定項目についてVIFを確認したところ，1.814.～7.673となり受容可能なレベルであることが分かった（Peng and Lai, 2012; Podsakoff et al., 2003）。さらに，適合度テストでは，市場成果の場合0.638，金融的成果の場合0.643となり，Wetzels, Odekerken-Schröder, and van Oppen（2009）が推

表7－3　構成概念の妥当性評価

概念	1	2	3	4	5
1　ビッグデータ分析能力	0.922				
2　因果律プロセス	0.683	0.741			
3　有効化プロセス	0.687	0.984	0.828		
4　金融的成果	0.622	0.675	0.685	0.924	
5　市場成果	0.661	0.690	0.658	0.864	0.902
平均値	4.633	4.738	4.259	4.470	4.390
標準偏差	0.934	1.063	1.411	1.181	1.170
CR	0.981	0.936	0.925	0.914	0.925
α	0.980	0.931	0.924	0.914	0.924
AVE	0.850	0.549	0.686	0.853	0.814

AVEの2乗根は対角線上に示す。

奨する閾値0.36を超えている。これらの結果から，コモンメソッドバイアスは深刻な問題ではないと結論づけた。

非回答バイアスを確認するために，回答者が質問票に回答した順番に従って回答者を最初の4分位と最後の4分位に分け，それぞれのサブサンプル群間で，企業規模，企業年数および2つの経営成果について t 検定を行った。分析の結果，有意な差は無かった（p =0.070〜0.910）。したがって，非回答バイアスは仮説検証の脅威にはならないと考える。

◉── 4－3－2．確認的因子分析

ビッグデータ分析能力，因果律プロセス，有効化プロセス，そして2つの経営成果は反射的構成概念として取り扱われるため，これらの概念について測定項目の信頼性と収束・判別妥当性を検証する（**表7－3**）。まず，各概念の測定項目の負荷量は，経営成果が市場成果の場合0.601〜0.944，金融的成果の場合0.585〜0.943であり，すべての負荷量が1％水準で有意であった。また，モデル適合について，Comparative Fit Index（CFI）と Root Mean Square Error of Approximation（RMSEA）を算出した。経営成果が市場成果の場合，χ^2［521］＝1989.581, CFI＝0.906, RMSEA＝0.079，金融的成果の場合，χ^2［489］＝1875.870, CFI＝0.908, RMSEA＝0.079であり，受容可能な適合度であった（Bentler, 1990；Fabrigar et al., 1999）。次に，信頼性

はCRとαを算出し検討した。各概念のCRは0.914-0.981，αは0.914-0.980であった。これらは経験的な閾値の0.70（Bagozzi and Yi, 1988）を超えている。収束妥当性を評価するために各構成概念のAVEを算出し評価した。各概念のAVEは0.549-0.853であった。判別妥当性はFornell and Larcker（1981）のガイドラインに基づき，ある構成概念のAVE値の平方根が，その構成概念と他の構成概念の因子間相関係数の中で最も大きい値よりも大きいことを確認した。その結果，因果律プロセスと有効化プロセスの因子間相関係数がAVEの平方根をとった値を上回った。これを受けて，Fornell and Larcker（1981）基準よりも精度の高いHTMT比基準を確認した。分析の結果，因果律プロセスと有効化プロセスの間のHTMT比は0.984となった。その他の概念間関係のHTMT比は最大で0.691であった。因果律プロセスと有効化プロセスについては理想閾値0.85または0.90を超えているものの，閾値の1（Henseler, Ringle, and Sarstedt, 2015）を下回っていたため，受容可能な弁別妥当性は確保されていると評価する。また，各測定項目の負荷量が他の構成概念とのクロスローディングよりも大きいかどうかを算出し，これも判別妥当性の裏づけとした（本章のAppendix 1参照）。

◉── 4-3-3．回帰分析

仮説を検証するために，Ordinary Least Squares（OLS）回帰分析を行った。ビッグデータ分析能力，因果律プロセス，有効化プロセス，2つの経営成果は複数の質問項目で測定しているため，因子得点（平均値0，分散1）を算出し合成変数を創った。また，因果律プロセスと有効化プロセスのシナジーは，それぞれの概念の因子得点を掛け合わせて変数を作成した。ビッグデータ分析能力と因果律プロセス，有効化プロセス，因果律プロセスと有効化プロセスのシナジーの交互作用項も，それぞれの因子得点を掛け合わせて作成した。誤差項のP-Pプロットは本章のAppendix 2に示す。回帰分析の結果は，**表7-4**および**表7-5**に示す。

回帰分析の結果，市場成果と金融的成果のそれぞれで，説明変数の影響が0であるという帰無仮説は棄却された。次に，被説明変数を市場成果とした場合，ビッグデータ分析能力と因果律プロセス，有効化プロセス，そして因

表7-4　説明変数が市場成果の場合の回帰分析結果

	モデル1			モデル2			モデル3		
	β	t 値	VIF	β	t 値	VIF	β	t 値	VIF
説明変数									
ビッグデータ分析能力	0.350***	7.456	1.962	0.346***	7.232	2.039	0.309***	6.009	2.365
因果律プロセス	-0.020	-0.227	6.563	-0.013	-0.154	6.783	-0.012	-0.141	6.874
有効化プロセス	0.422***	4.897	6.613	0.416***	4.757	6.808	0.376***	4.061	7.667
因果律プロセスと有効化プロセスのシナジー				0.014	0.384	1.103	0.061	0.993	3.330
因果律プロセス×ビッグデータ分析能力							-0.079	-0.836	7.948
有効化プロセス×ビッグデータ分析能力							0.028	0.268	9.913
シナジー×ビッグデータ分析能力							0.097 †	1.901	2.335
統制変数									
企業規模	0.078*	2.007	1.334	0.078*	2.005	1.334	0.082*	2.117	1.344
事業年齢	-0.031	-0.845	1.237	-0.032	-0.850	1.237	-0.037	-0.984	1.250
産業の違い(BtoB)	-0.080*	-2.316	1.054	-0.080*	-2.312	1.054	-0.080*	-2.314	1.059
F 値	74.718***			63.942***			45.654***		
F 値の変化				0.148			1.985		
調整済み R^2	0.496			0.495			0.499		

*** $p < 0.001$, ** $p < 0.01$, * $p < 0.05$, † $p < 0.1$

果律プロセスと有効化プロセスのシナジーとの交互作用項を含めた場合のモデル３のＦ値変化量が有意とはならなかった。一方，被説明変数を金融的成果とした場合，交互作用項を含めた場合のモデル３のＦ値変化量が有意となった。

製品やサービスの市場投入スピードや成功率などの相対的に短期的成果への貢献を考える場合，**表7-5**のモデル１が示すように，ビッグデータ分析能力（β =0.350, p <0.001）や有効化プロセス（β =0.422, p <0.001）に注目すれば良い。これは，ビッグデータ分析で分かったことを基に，もしくはいま持っている資源でできることを考えることで，他社に先駆けて新製品・サービスを市場に投入することを意味する。一方，利益率などの相対的に長期的成果への貢献を考える場合，**表7-4**のモデル３が示すように，ビッグデ

表7-5　説明変数が金融的成果の場合の回帰分析結果

	モデル1			モデル2			モデル3		
	β	t 値	VIF	β	t 値	VIF	β	t 値	VIF
説明変数									
ビッグデータ分析能力	0.246***	5.100	1.962	0.241***	4.913	2.039	0.183***	3.502	2.365
因果律プロセス	0.224*	2.538	6.563	0.231**	2.573	6.783	0.235**	2.626	6.874
有効化プロセス	0.237**	2.678	6.613	0.230*	2.563	6.808	0.169 †	1.794	7.667
因果律プロセスと有効化プロセスのシナジー				0.016	0.436	1.103	0.089	1.437	3.330
因果律プロセス×ビッグデータ分析能力							-0.078	-0.813	7.948
有効化プロセス×ビッグデータ分析能力							0.000	0.003	9.913
シナジー×ビッグデータ分析能力							0.148**	2.844	2.335
統制変数									
企業規模	0.147***	3.690	1.334	0.147***	3.686	1.334	0.154***	3.896	1.344
事業年齢	-0.058	-1.520	1.237	-0.058	-1.526	1.237	-0.066 †	-1.745	1.250
産業の違い（BtoB）	-0.029	-0.812	1.054	-0.029	-0.809	1.054	-0.029	-0.837	1.059
F 値	67.114***			57.448***			42.233***		
F 値の変化				0.190			4.000**		
調整済み R^2	0.469			0.468			0.479		

*** $p < 0.001$, ** $p < 0.01$, * $p < 0.05$, † $p < 0.1$

ータ分析能力と意思決定プロセスの相互作用に注目する必要がある。以下，被説明変数を金融的成果とした場合の分析結果詳細を確認する。

因果律プロセスは金融的成果を高める（β =0.235, p <0.01）ことが分かった。それゆえ，**仮説7-1a**は支持された。有効化プロセスは金融的成果を高める傾向がある（β =0.169, p <0.1）が，帰無仮説は棄却できず**仮説7-1b**は支持されなかった。因果律プロセスと有効化プロセスのシナジーは金融的成果に影響が無い（β =0.089, p=0.151）ことが分かった。それゆえ，**仮説7-1c**は支持されなかった。次に，意思決定プロセスとビッグデータ分析能力の交互作用については，因果律プロセスとビッグデータ分析能力の交互作用項（β =-0.078, p=0.417）と有効化プロセスとビッグデータ分析能力の交互作用項（β =0.000, p=0.998）はどちらも金融的成果を高めないことが分か

図7-3　単純傾斜分析の結果

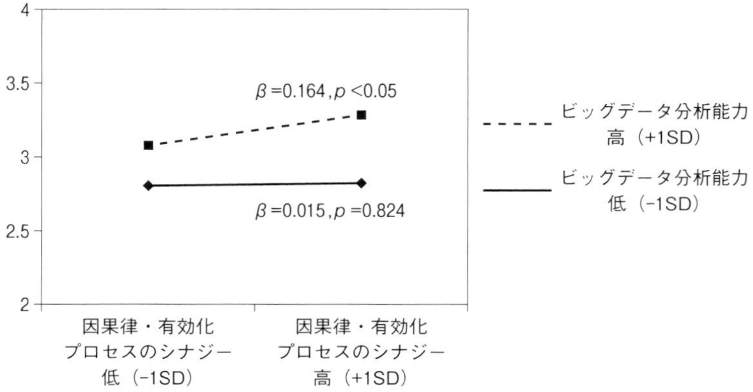

った。それゆえ，**仮説7-2a**と**仮説7-2b**は支持されなかった。一方，因果律プロセスと有効化プロセスのシナジーとビッグデータ分析能力の交互作用項は金融的成果を高めることが分かった（$\beta=0.148$, $p<0.01$）。それゆえ，**仮説7-2c**は支持された。

因果律プロセスと有効化プロセスのシナジーとビッグデータ分析能力の交互作用について，Aiken and West（1991）のガイドラインに従い，単純傾斜分析を行った（**図7-3**）。ビッグデータ分析能力が+1SDの場合は$\beta=0.164$, $p<0.05$，-1SDの場合は$\beta=0.015$, $p=0.824$となった。ビッグデータ分析能力が高い場合，因果律プロセスと有効化プロセスのシナジーは金融的成果を高めることが分かった。

5　小括

本章の分析の結果，ビッグデータ分析能力が高い場合，因果律プロセスと有効化プロセスのシナジーは経営成果を高めることが分かった。本章で知りたいことは，ビッグデータ分析やビッグデータ分析能力に含まれる資源調整能力はどのように使えば経営成果につながるのかということである。これを明らかにするために事業開発における異なる意思決定プロセスに注目した。因果律プロセスは目標を達成するためにどの資源を用いるのかということを考える。一方，有効化プロセスは今ある資源を用いると何ができるのかを考える。(Sarasvathy, 2001)。ビッグデータ分析は，既存知識で理解できることと理解できないことなど様々な結果を意思決定者に返す。この性質を利用すると，目標や検証したいことを所与としてデータ分析を確証的に利用する因果律プロセスと，データ分析の結果を所与としてその中から何ができるかを考える有効化プロセスのどちらも行うことができる。Sitoh, Pan, and Yu (2014) や Reymen et al. (2017) が発見したように，そして Smolka et al. (2018) や Yu et al. (2018) が実証しているように，事業パフォーマンスを高めるためにはこれら２つの意思決定プロセスを切り替えながら使用する必要があるということである。

本章は１）因果律プロセスと有効化プロセスのシナジーは経営成果を高めないこと，２）ビッグデータ分析能力が高い場合これら２つの異なる意思決定プロセスのシナジーは経営成果を高めること，を発見した。因果律プロセスと有効化プロセスを切り替えるためには，情報処理能力や組織内外に散在する資源のアクセスや組織化の能力を必要とする (Brettel et al., 2012; Smolka et al., 2018)。ビッグデータ分析能力は，これら意思決定プロセスの切り替えを助ける能力だということが明らかになった。意思決定プロセスを切り替えるということは，事業開発プロセスの段階ごとに組織が何をすべきかという目標や行動が変わるし，データ分析の目的も変わる。データ分析を例に考えると，ある段階では機会を探すため探索的にデータ分析をするが，ある段階では固まってきた案の効果を検証するためにデータ分析を行う。またある段階では市場セグメントを理解するために探索的に分析をする，そしてある段階ではマーケティング効果を検証するために分析を行う。つまり，事業をより良いものにするために，何かの思考の出発点としての手段と目的を柔軟に切り替える (Sarasvathy and Dew, 2005; Sitoh, Pan, and Yu, 2014)。ビッグデータ分析能力が高い組織は，常に組織全体または事業の課題を認識し，どの問題にビッグデータ分析を使うと効果的に解決できるのか，そして新たな価値を創造できるのかということを柔軟に考え，ビッグデータと課題の結びつけを自律的に実行していく（Gupta and George, 2016; Wamba et al., 2017; Wang, Lin, and Sheng, 2022）。組織や事業の問題は様々あるが，即時的に分析が可能なことと問題特定および資源調整能力が高いことは，組織や事業プロセスの効率性を高めることも，市場にとってまったく新しい競争軸を発見することや小さく実験することのどちらの行動も助ける（Lee and Trimi, 2021; Lozada, Arias-Pérez, and Henao-Garcia, 2023; Mikalef and Krogstie, 2020; Mikalef, van de Wetering, and Krogstie, 2021）。このようなビッグデータ分析能力の性質から，ビッグデータ分析能力は因果律プロセスと有効化プロセスのシナジーを支える能力であると結論づける。

5－1．理論的貢献

本章は２つの理論的貢献を持つ。第１に，ビッグデータ分析能力に関する研究を前進させた。ビッグデータ分析能力に関する既存研究は，組織学習との関係については明らかにしてきた。例えば，Aljumah, Nuseir, and Alam（2021）や Rialti et al.（2019）は，ビッグデータ分析能力が業務プロセスの再設計や生産性向上などを目的とする活用（Exploitation）と新たなアイディアや機会を探す探索（Exploration）の両方を行う両手ききの学習（Ambidexterity）を高めることを実証している。これらは組織学習（Organizational Learning）であり，資源を獲得し更新し活用することを捉えている。一方，本章が採用した因果律プロセスや有効化プロセスは事業開発意思決定プロセスである。これは，組織学習が対象とする資源の獲得・更新・活用を含めて，１）環境変化が起こっているが，それに対していま手元にある資源でできることを思考し，資源が足りなければ後に外部から獲得する，２）最も成果が得られる（目標が達成できる）資源はどれかを思考することであり，資源活用と事業開発を説明する（Ortega, García, and Santos, 2017; Sarasvathy and Dew, 2005）。これら意思決定プロセスは，組織学習を内包し，さらに，短期的か長期的という時間軸，損失回避か成果最大化かという成果軸，事前計画性か事後創発性かという計画軸が含まれる。それゆえ，事業開発を考えたとき，より良い現象理解を提供してくれる（Ortega, García, and Santos, 2017; Xu and

Koivumäki, 2019)。ビッグデータ分析能力が高い場合，この意思決定プロセスのシナジーが経営成果を高めることを発見したことは，ビッグデータ分析能力研究の知識を拡張することに貢献する。

2つ目の理論的貢献は，因果律プロセスと有効化プロセスの研究を前進させたことである。本章で行った研究は，ビッグデータ分析能力は因果律プロセスと有効化プロセスのシナジーが経営成果に与える影響を正に調整することを発見した最初の研究である。意思決定プロセスの研究でも，市場分析を含めたデータ分析と意思決定の関係が明らかにされている。有効化プロセスが阻害されるのは，短期的な成果を求めて市場分析を行いすぎるからであり，長期的視点でニーズや競争構造，文化的背景のダイナミズムを理解することが有効である（Read et al., 2009)。有効化プロセスを進めるためには，環境偶発的な視点を持ち機会を得るためにデータを分析することが有効であり，因果律プロセスは市場分析を行い，最も利益が見込める市場・セグメントなどを理解し，資源や行動の有効性を確認することで促進される（Cai et al., 2017; Reymen et al., 2015)。近年のビッグデータに関連するデータベース技術や分析技術の発展で，様々な種類や分析単位のデータを統合して扱うことができるようになり，即座に分析し分析結果をダッシュボード上で可視化することができるようになった（Chen, Chiang, and Storey, 2012)。あるマーケティング行動の成果や目標の達成度も，このダッシュボードを通じて即座に診断することができる（Mikalef, van de Wetering, and Krogstie, 2021)。同じネットワークに所属する企業にこれらの結果を可視化し提供できるため，それら企業の自社活動へのコミットメントを得ることができるし，協働による成果を高めることに貢献する（Dubey et al., 2019)。ビッグデータ分析は因果律プロセスと有効化プロセスの両方の情報処理や行動をサポートすることができるが，現在どちらの意思決定プロセスが実行中なのかを共有することや，どの人・チーム・組織がどちらの意思決定プロセスを実行し，何を得たのかということも可視化し共有することができる。事業開発プロセスにおいては，手段駆動と目的駆動が切り替わりながら事業開発が進むが，ビッグデータ分析能力が高い場合，それぞれのプロセスで必要なデータ分析の選択や分析結果の可視化，資源利用を柔軟に実行することができる。

5-2．実務的貢献

本章で分かったことは，何のためにビッグデータ分析能力を高めるのかというビッグデータ分析能力への投資目的を明らかにし，組織づくりをサポートする。事業を改善することを始める場合も，何か新しい事業を創造することを始める場合も，データ分析は有効である。ビッグデータは集めているがそれを「どのように使えばよいのか分からない」という企業は多い。ビッグデータを使う方向性は2つに大別できる。第1は事業の機会を探索するための分析である。組織内の人事データでも，消費者データでも，様々なパラメータ間の相関などを分析すると，なぜそこに相関があるのかよく分からない結果を得ることがある。それら結果は疑似相関の場合もあるが，そうではない場合，その相関は新しい現実を表している可能性がある。それは，これまでの経営行動では解決できていない問題だと言える。そのような現実や問題を発見したとき，それを解決することは新たな仕組みを創ることや事業を創造することにつながる可能性があり，今ある資源で何ができるかを考えることから始める。このことをスピーディに行うことで，他社に先駆けた革新的な取り組みを始めることや，新たな競争軸をいち早く市場に投入し先発者優位性を築くきっかけになるだろう。これらを実行する場合，資源が足りないために外部から資源を獲得する必要があるだろうが，小さな実験を重ね新たな取り組みの効果検証をすると，資源保有者を説得し彼らのコミットメントや協力を得られ，彼らの資源を得て仕組みや提供物の精緻化・実装を進めることができる。最終的に生産，業務プロセス，マーケティングプログラムなどを整備するためには，コスト分析や市場分析を行い，何をどれぐらい行うとどれぐらいの成果が得られるのかということを可視化するとともに，これらの効率性を高めることを考える。ビッグデータ分析の使い方の第1の方向性として，有効化プロセスから始め，良い案が得られたら因果律プロセスに切り替えるということを提案する。

ビッグデータ分析を使う第2の方向性は，ある程度形にした行動の効果を測定・評価するための分析から始めることである。例えば消費者たちは，既存の製品・サービスが改善され変更されたものだとその製品・サービスからどのような利益が得られるのかについて理解することができ，受け入れやすい。それゆえ，企業は事業改善から短期的に利益を得やすい。事業改善を目指す場合，企業は自社の事業プロセスのどこに問題があるのかを理解することや，市場分析を通じて自社事業の弱みや強み（例えば，製品・サービスの属性について，満足と不満足を決めている属性，競合他社に負けている属性など），そしてセグメント構造や競争構造を理解することを行う。ここでもしこれまでに対応したことが無いセグメントや利用していない技術などがあれば，それらに注目し，それらを利用するとこの事業は何ができそうかということを思考することができる。そして，その思考を基に小さな実験を始め，事業を改善するための思考と効果測定を繰り返す。このように，因果律プロセスから始め，利用していない案や資源があれば有効化プロセスに切り替えるという方向性でビッグデータ分析を使うことを提案する。

いずれにしても，ビッグデータ分析を活用して小さな実験を素早く行う必要がある。日本文化の良いところは「何かにひたむきに取り組み突き詰める」ことや「妥協しない」という姿勢だろう。ところが，この良い点は「作りこんでから市場に投入しよう」という姿勢を高めてしまうリスクがある。作りこんだ製品・サービスを市場に投入する頃にはより良い製品・サービスが市場に存在していることや，求められる仕様が変わっていることがある。ビッグデータ分析を活用しながら，実験的に実用最小限の製品を創り，素早く市場に投入し，市場からのフィードバックを得ながら創りこみを行うことが有効だろう。

5－3．研究の限界と今後の研究

本章はビッグデータ分析能力と意思決定プロセス，経営成果の関係を明らかにしたが，今後の研究ではいくつか考慮すべき点がある。第1に，本章は各企業が直面する環境不確実性は考慮していない。環境不確実性が高い場合，環境情報の観察可能性を高めるとともに，情報処理能力を高める必要がある（Aoki, 2001）。環境不確実性が低い場合は，どのような行動を採るとどれぐらいの成果が得られるのかということを予測しやすい。このような状況では，組織は高い情報処理能力を必要としない。予測に従って事前計画的に資源を投入していくような因果律プロセスが方向づけられる。または，達成可能な目標を定めることができ，その目標達成に向けて資源活用や資源調達を行うことが方向づけられる。予測が可能なため，予測が外れた際の即座の修正や小さな実験を行うことの効果は薄く，仮に有効化プロセスを始めてしまうと，不必要で無駄な資源利用が発生し，効率性の低下が起こる。それゆえ，環境不確実性が低い場合は因果律プロセスで良いことが分かっている（Yu et al., 2018）。逆に環境不確実性が高い場合，因果律プロセスと有効化プロセスを切り替えて使いながら，素早く柔軟に環境変化に対応し，不確実性を下げる努力をしなければならない（Sitoh, Pan, and Yu, 2014; Reymen et al., 2017; Yu et al., 2018）。因果律プロセスと有効化プロセスの両方を行うことは，異なる市場情報を多角的に分析することや異なる資源を利用することにつながる（Read et al., 2009）。因果律プロセスと有効化プロセスを切り替えて使うことは組織柔軟性を必要とするが，ビッグデータの収集・分析技術を含めたITを利用すると環境観察可能性が高まるとともに，組織の柔軟性が高まる（Cai et al., 2019; Newey and Zahra, 2009; Tallon and Pinsonneault, 2011; Xie et al., 2022）。ビッグデータ分析能力は，組織の情報処理能力を飛躍的に高め，即時的に分析結果を可視化し，環境不確実性が高い中で経営成果をより高める（Cai, Lu, and Chen, 2022; Song et al., 2022）。今後の研究では，環境不確実性の程度がビッグデータ分析能力および意思決定プロセスの関係に与える影響を調べることが望ましい。

次に，本章は事業開発のスピードや質を考慮していない。ビッグデータ分析能力（Akter et al., 2016; Ashrafi et al., 2019; Khan, Tao, and Li, 2022; Wamba et al., 2017; Wang et al., 2018）でも，意思決定プロセスの研究（Peng et al., 2020; Wu, Liu, and Su, 2020; Xu and Koivumäki, 2019）でも，事業を開発し市場に投入するまでのスピードや事業の競争力に関わる意思決定の質を事業開発の成功を評価する要素としている。優れた業績を上げる企業は意思決定スピードが速く（Eisenhardt, 1989），問題とその問題に対応したデータに関する知識を持っており質の高い意思決定を行うことができる（Raghunathan, 1999）。つまり，意思決定スピードや質は経営成果を説明する重要な説明変数である。将来の研究では，多様なデータを分析しその分析結果を保有する知識と結びつけることや，意思決定プロセスを切り替えることは，意思決定スピードや意思決定の質とどのような関係があるのかについて調べることが望ましい。

Appendix 1 ：各概念のクロスローディング①

ラベル	ビッグデータ分析能力	因果律プロセス	有効化プロセス	市場成果
BDAC1	**0.923**	0.606	0.601	0.570
BDAC2	**0.928**	0.622	0.619	0.602
BDAC3	**0.927**	0.601	0.612	0.584
BDAC4	**0.944**	0.634	0.631	0.591
BDAC5	**0.932**	0.627	0.624	0.598
BDAC6	**0.904**	0.552	0.576	0.588
BDAC7	**0.887**	0.572	0.568	0.547
BDAC8	**0.925**	0.592	0.593	0.554
BDAC9	**0.933**	0.604	0.607	0.593
BDAC10	**0.918**	0.637	0.627	0.580
C1	0.557	**0.822**	0.783	0.488
C2	0.569	**0.866**	0.792	0.536
C3	0.450	**0.789**	0.724	0.465
C4	0.539	**0.842**	0.752	0.513
C5	0.606	**0.829**	0.780	0.501
C6	0.448	**0.823**	0.741	0.493
C7	0.622	**0.824**	0.734	0.534
AL1	0.388	0.596	**0.676**	0.346
AL2	0.420	0.636	**0.747**	0.458
AL3	0.401	0.609	**0.692**	0.363
EX1	0.601	0.666	**0.749**	0.517
EX2	0.348	0.589	**0.622**	0.419
EX3	0.506	0.480	**0.601**	0.432
EX4	0.548	0.700	**0.760**	0.485
FL1	0.494	0.763	**0.803**	0.548
FL2	0.597	0.777	**0.809**	0.573
FL3	0.471	0.762	**0.787**	0.494
FL4	0.519	0.693	**0.780**	0.519
PC1	0.504	0.738	**0.784**	0.503
PC2	0.465	0.738	**0.781**	0.491
MP1	0.547	0.510	0.566	**0.898**
MP2	0.582	0.559	0.584	**0.911**
MP3	0.574	0.590	0.628	**0.898**
MP4	0.570	0.538	0.554	**0.902**

Appendix 1：各概念のクロスローディング②

ラベル	ビッグデータ分析能力	因果律プロセス	有効化プロセス	金融的成果
BDAC1	**0.923**	0.605	0.598	0.533
BDAC2	**0.927**	0.621	0.615	0.545
BDAC3	**0.927**	0.600	0.607	0.555
BDAC4	**0.943**	0.633	0.628	0.548
BDAC5	**0.931**	0.625	0.621	0.551
BDAC6	**0.904**	0.550	0.570	0.541
BDAC7	**0.888**	0.571	0.563	0.529
BDAC8	**0.926**	0.591	0.590	0.539
BDAC9	**0.934**	0.603	0.603	0.571
BDAC10	**0.917**	0.635	0.622	0.521
C1	0.556	**0.817**	0.780	0.474
C2	0.569	**0.868**	0.791	0.566
C3	0.450	**0.790**	0.729	0.477
C4	0.539	**0.849**	0.755	0.584
C5	0.606	**0.830**	0.782	0.538
C6	0.448	**0.824**	0.745	0.511
C7	0.621	**0.817**	0.730	0.499
AL1	0.388	0.599	**0.688**	0.386
AL2	0.420	0.637	**0.756**	0.466
AL3	0.401	0.611	**0.704**	0.388
EX1	0.601	0.664	**0.736**	0.457
EX2	0.348	0.590	**0.631**	0.433
EX3	0.507	0.476	**0.585**	0.357
EX4	0.548	0.698	**0.752**	0.458
FL1	0.493	0.763	**0.803**	0.534
FL2	0.597	0.778	**0.813**	0.589
FL3	0.471	0.762	**0.786**	0.474
FL4	0.519	0.692	**0.775**	0.463
PC1	0.503	0.739	**0.784**	0.482
PC2	0.464	0.737	**0.782**	0.490
FP1	0.558	0.601	0.578	**0.926**
FP2	0.512	0.569	0.572	**0.933**
FP3	0.562	0.580	0.588	**0.912**

Appendix 2 ：誤差項の P-P プロット

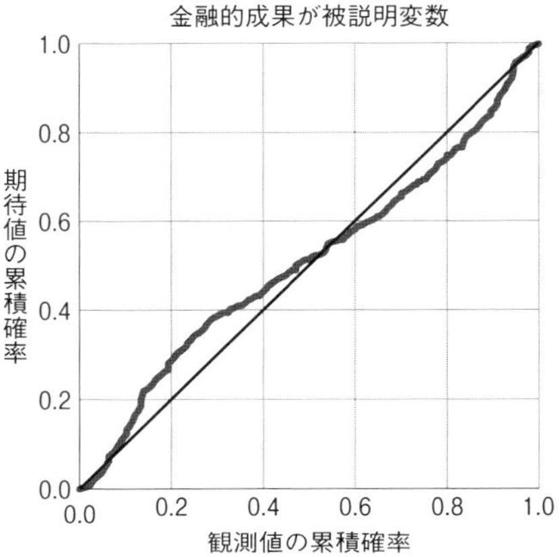

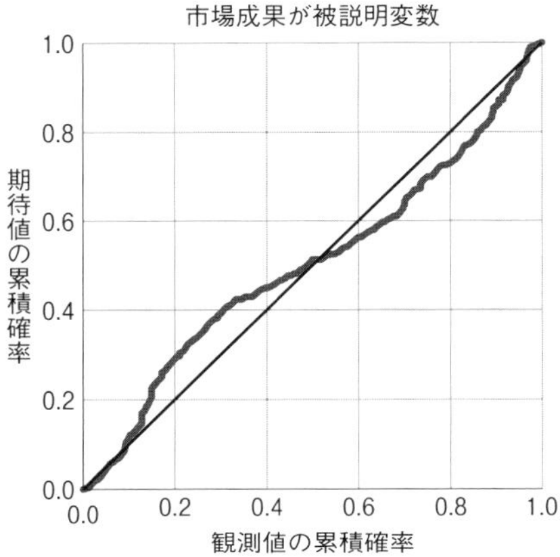

補論1

トップマネジャーの情報システム部門職務経験はビッグデータ分析能力と経営成果の関係を調整するのか？

補論1では，トップマネジャーの情報システム部門での職務経験がビッグデータ分析能力と経営成果の関係を調整することについて補足的に議論したい。

IT投資の額は巨大であり，IT投資を経営成果に結びつけるためにはトップマネジメントのサポートが必要不可欠である。IT導入やIT利用の文脈におけるトップマネジメント・サポートは，イノベーションを起こすための望ましい環境を創るためのトップマネジャーたちの長期的な戦略的視点，イニシアチブ，サポート，そしてコミットメントを指す（Grover, Cheon, and Teng, 1994; Lee and Kim, 2007）。このトップマネジメント・サポートは第2章で言及したIT生産性パラドックスを回避するための重要な要素である（例えば，Maduku et al., 2016; Schlosser et al., 2015; Upadhyay and Kumar, 2020; Zhu, Kraemer, and Xu, 2006）。トップマネジャーは新しい技術を導入することが組織にとってどのようなメリットをもたらすのかということを理解し，そのことを組織内外に明確に示す役割を担う（Hsu et al., 2019）。トップマネジャーがITの導入と組織システムとの調整に関与しサポートすることで，新たに導入されたITが友好的に使われる環境が整えられる。このことは，ITと他の資源が統合され再組織化することを促進し（Low et al., 2011; Quinn, 1985），ITと事業プロセスの統合に貢献し，結果として事業プロセスの柔軟性が高まる（Bi, Davison, and Smyrnios, 2019）。ビッグデータ分析に関しても同様で，トップマネジメントのコミットメントやサポートが高いならば，ビッグデータから利益を得ることを目指すビッグデータの戦略的利用を促進するような組織文化が醸成され，ビッグデータ分析が経営成果につながる（Braganza et al., 2017; Dubey et al., 2019a; Upadhyay and Kumar, 2020）。

第3章でも述べたように，ビッグデータの収集・分析・可視化の技術や知識を導入し，ビッグデータ分析能力を高めビッグデータから事業を開発するためには，ビッグデータ分析と事業開発に関わる異なる機能部門の従業員たちが共通言語を持ち，ビッグデータ分析の目的を理解していなければならない。これを実現するために，トップマネジャーは社内に向けてビッグデータ分析の利益や目的を明確にし，共通言語を獲得する教育を整備し，自律的にビッグデータ分析が利用されるように動機づける（Gupta and George, 2016; Mikalef, ven de Wetering, and Krogstie, 2021）。つまり，前提としてトップマネジャーはビッグデータ分析の利益や目的を理解している必要があるし，理解していなければビッグデータ分析や事業開発に関わる従業員たちの懐疑を取り除き事業創造を牽引することはできない。

ビッグデータ分析の利益や目的を理解し，それを他人に伝えることができる共通言語を持つには，そのための職務経験が必要だろう。具体的には，情報システム部門の職務経験を持っている必要があると考える。各機能部門は独自の思考世界を持つ（Doughertym, 1992）。思考だけでなく，職務で用いる知識が異なる（Daft and Weick, 1984）。それゆえに会話で用いられる記号としての言語も異なる。これは，組織が基本的に価値創造のためのサブシステムや活動に基づいて専門分化していることと，組織の各機能部門が立脚する科学観の違いに由来することが理由として挙げられる。組織は基本的に各機能部門のビジネス活動に必要な機能を専門分化させることで，組織効率性を高めることができる（March and Simon, 1958）。環境不確実性が高い状況では，各機能部門が観察し蓄積する情報を共有し，戦略や行動を調整しながら環境に適応する必要がある（Aoki, 2001）。各機能部門が保有する情報が共有されるためには，各機能部門が互いのタスク領域に踏みこんでビジネス活動を行っているか，キャリアパスの中で職務経験を相互に持っている必要がある（川上，2005）。互いのタスクの一部がオーバーラップしていることは，コミュニケーションの主体たちに共通言語を提供し，コミュニケーションを行うことを可能にする。

日本だけでなくグローバルで見ても，「人文社会科学」と「自然科学」という異なる社会的有用性を持つ科学観が存在する（Snow, 1959）。科学観の違いは思考の方向性の違いを生む。例えば，人文社会科学は研究対象の文脈に注目し解釈する。一方，自然科学では研究者は観察者に徹し文脈に入り込まない（安藤ら , 2023）。これら２つの科学観には「壁」が存在し，日本の場合その壁は高等学校教育から形成され，成長し時間が経つにつれてもう片方の科学観に基づいた知識を理解することが容易ではなくなる。なぜなら，思考の方向性（問うのか，解くのか）や使用言語が固定化されるとともに，その固定化が進むような閉鎖的制度に身を置くためである（櫻井ら，2022）。ビッグデータやビッグデータ分析の技術や知識は自然科学分野における例えば数学，統計学，計算科学，知能情報学などの分野で発展を遂げてきた。ビッグデータ分析に関する技術や知識はこれら学問分野の言語で蓄積・更新が進んでいるが，これら学問分野における言語を理解できなければ，内容を正確に理解することはできないし，他の人に正確に伝えることは難しい。コミュニケーションによって他の人に何かを伝えるためには，「相手が理解できる言語で伝達内容をコード化」する必要がある。情報伝達者がこの作業を行うためには，１）伝えたい内容を正確に理解し，２）その内容を情報受信者が普段用いている言語でコード化する必要がある。このプロセスの結果，受信者は発信者の情報とその内容を脳内に再構築することができる（Shannon and Weaver, 1949）。トップマネジャーがビッグデータ分析の利益や目的を組織内に明示する際，前提としてトップマネジャーは自組織の文脈でのビッグデータ分析の利益や目的を理解している必要がある。そして，それらを様々な機能部門の従業員たちの言語でコード化し説明しなければならない。情報システム部門での職務経験があり，情報システム部門と他の部門のタスクにオーバーラップがあるならば，情報システム部門の言語と他の機能部門の言語を使うことができ，上記のコミュニケーションプロセスを成立させることができる。つまり，トップマネジャーが情報システム部門の職務経験があることで，ビッグデータ分析能力が経営成果に与える影響は正に調整されると予想できる。

図補1-1　リサーチモデル

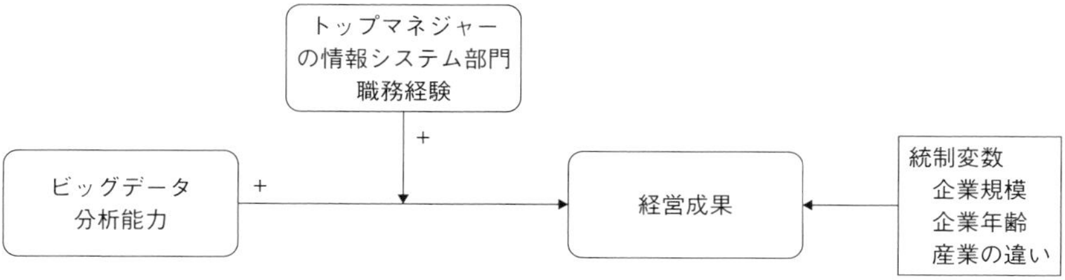

本補論1では，**図補1-1**に示すように，トップマネジャーの情報システム部門職務経験があるかどうかによってビッグデータ分析能力が経営成果に与える影響が変わるかどうかについて明らかにする。第5章の調査2で収集・分析したデータは，すべてのサンプルは情報システム部門に紐づいた（つまり，情報システム部門を経験した）経営者・取締役・部長450名のデータである。そこで，2023年6月19日～23日にかけて，第5章・調査2と同じ質問票を用いて，情報システム部門を経験していない経営者・取締役・部長のデータを追加収集した。追加調査は2,079名に配布し，176名の回答を得た（回収率8.4%）。合計626サンプルを本補論の分析に使用した。質問項目は第5章の調査2を参照されたい。

OLS回帰分析によってトップマネジャーの情報システム部門職務経験がビッグデータ分析能力と経営成果を調整することを推定した。データの質について，各構成概念の信頼性（α = 0.914-0.980, CR=0.914-0.981, AVE=0.549-0.853）と，弁別妥当性（AVEの2乗根と因子間相関係数の比較，HTMT比）を確認した。AVEの2乗根はすべての因子間相関係数を上回った。HTMT比についても理想的閾値0.90を上回った。ビッグデータ分析能力，経営成果（市場成果，金融的成果）は因子得点を算出し回帰分析に投入した。ビッグデータ分析能力とトップマネジャーの情報システム部門職務経験の交互作用項は，因子得点と職務経験ダミー変数（経験あり=1，経験なし=0）を掛け合わせて作成した。推定結果は，被説明変数が市場成果の場合は**表補1-1**と**図補1-2**，金融的成果の場合は**表補1-2**と**図補1-3**に示すとおりである。

表補１－１　被説明変数が市場成果の場合の回帰分析結果

	モデル１			モデル２		
	β	t 値	VIF	β	t 値	VIF
説明変数						
ビッグデータ分析能力	0.623***	19.000	1.114	0.809***	10.581	6.115
トップマネジャーの情報システム部門職務経験	0.019	0.540	1.262	0.039	1.098	1.321
ビッグデータ分析能力×トップマネジャーの情報システム部門職務経験				0.202**	2.688	5.900
統制変数						
企業規模	0.064 †	1.691	1.474	0.063 †	1.689	1.474
事業年齢	-0.051	-1.488	1.195	-0.052	-1.546	1.196
産業の違い（BtoB）	-0.084**	-2.626	1.068	-0.081*	-2.524	1.070
F 値	85.003***			72.761***		
F 値の変化				7.223**		
調整済み R^2	0.405			0.411		

*** $p < 0.001$, ** $p < 0.01$, * $p < 0.05$, † $p < 0.1$

図補１－２　被説明変数が市場成果の場合の調整効果

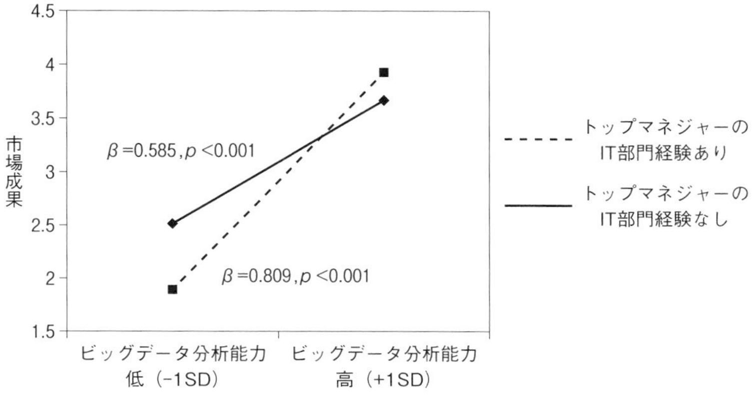

分析の結果，トップマネジャーが情報システム部門の職務経験を持っている場合，持っていない場合に比べて，ビッグデータ分析能力はより市場成果を高めることと，金融的成果を高める傾向があることが分かった。従業員やチームなどが能動的にビッグデータ分析と事業を結びつける行動をするため

表補1-2　被説明変数が金融的成果の場合の回帰分析結果

	モデル1			モデル2		
	β	t 値	VIF	β	t 値	VIF
説明変数						
ビッグデータ分析能力	0.567***	16.570	1.114	0.693***	8.657	6.115
トップマネジャーの情報システム部門職務経験	0.017	0.475	1.262	0.031	0.833	1.321
ビッグデータ分析能力×トップマネジャーの情報システム部門職務経験				0.137 †	1.740	5.900
統制変数						
企業規模	0.111**	2.808	1.474	0.110**	2.806	1.474
事業年齢	-0.028	-0.777	1.195	-0.029	-0.811	1.196
産業の違い（BtoB）	-0.073*	-2.165	1.068	-0.070*	-2.094	1.070
F 値	67.922***			57.295***		
F 値の変化				3.029 †		
調整済み R^2	0.352			0.354		

*** $p < 0.001$, ** $p < 0.01$, * $p < 0.05$, † $p < 0.1$

図補1-3　被説明変数が金融的成果の場合の調整効果

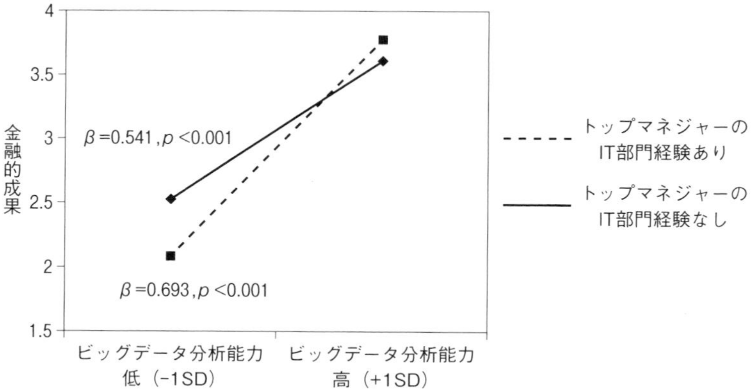

には，ビッグデータがどういうもので，ビッグデータ分析は何をすることか，ビッグデータ分析で分かることは何かという技術的知識だけでなく，どのようなプロセスを経て事業が創られるのかという事業開発に必要な知識を持っている必要がある。事業開発には情報システムやデータ分析，マーケティン

グ，ファイナンス，戦略など，様々な知識が必要である。したがって，ビッグデータを基に事業開発を行うチームや部門には，必要な知識を専門的に持つ機能部門での職務経験がある従業員が集まることが理想である。さらに，第7章で分かったように，事業開発を進めるためには因果律プロセスと有効化プロセスという異なる思考を柔軟に使い分けなければならない。ここから考えると，例えば新しいことをやろうとする事業と，すでに行っている取り組みを精緻化する事業の両方を経験することが理想的である。ただし，そのような豊富な経験を持つ従業員の存在は稀有である。また，事業部制を採用する組織であれば，ある事業部に豊富な経験や知識を持つ従業員がいた場合，その従業員を事業部の外に出すことで事業部の成果が低くなる恐れがあるため，外に出すことに反対するだろう。現実的には，限定的だが専門的な経験・知識を持つ人的資源を集めて事業開発を進めることになる。専門化された従業員が集まり，共通言語を持って意思疎通を図りながら事業開発を進めるためには，これらのことを理解し，そのような環境を整えることができるトップマネジャーが不可欠である。それだけでなく，事業開発に携わる従業員たちは，自分は持っていないが他の従業員が持っている専門的な知識を獲得する必要がある。これは容易ではなく，高い意欲や動機が求められるため，知識獲得が自発的に進むような組織文化を整える必要である。そのような組織文化を醸成するためにも，トップマネジメントのコミットメントやサポートは欠かすことができない。トップマネジャーがビッグデータ分析と事業開発に携わる従業員たちに必要な言語や知識を率先して学習することで，組織や事業の文脈でのビッグデータ分析能力の開発と定着が進む。「ちょっとビッグデータ分析導入しといて」と担当者に丸投げするトップマネジャーではビッグデータ分析ベースの事業開発は定着しない。

本補論1の分析結果は，トップマネジャーに情報システム部門経験者を据えることが望ましいということを示す。ただしこの結果を基に筆者が主張したいことは，トップマネジャーを起点としてビッグデータ分析に携わる従業員たちの独自の思考世界の壁を壊すべきだということである。ある機能部門での職務経験はその機能の遂行に必要不可欠な知識や思考の生成と固定化を進めるが，従業員に異なる機能部門の職務を経験させるジョブローテーションによって，新たな知識を獲得するメカニズムを提供することができる(Ortega, 2001)。ジョブローテーションを通して異なる機能部門の知識を得ることができるため，機能部門間の情報共有や信頼の構築に貢献する。そのため，新たな技術を導入し組織的に利用することに対して，多様な知識を獲得することができるジョブローテーションは有効である（Gittleman et al., 1998; Mithas, Ramasubbu, and Sambamurthy, 2011）。現実的にはある程度言語や思考世界が共通している機能部門間にジョブローテーションの範囲は限定されているだろう。例えば，情報システム部門であれば情報システム部門またはその周辺の機能部門をローテーションする，といったように，ローテーションのルートがある程度決まっている場合が多い。すでに述べたように，ビッグデータ分析と事業開発に携わる従業員が各機能部門の知識やタスクを完全に獲得することを目指すわけではなく，自らの専門性に加えて，他の機能部門の従業員たちの思考や言っていることを理解し意思疎通を図るために必要不可欠な共通言語としての基本的な専門知識を得ることを目指す。例えば，専門はマーケティングだが，統計学や情報技術に関して研修や検定を受ける，分析チームに一時的に在籍する，といったことである。トップマネジャーの職務経験を手がかりとして，ビッグデータ分析能力と事業開発に求められる人物像を明確にしながら，共通言語や知識を獲得するための教育システムや職務システムを整えることが望ましいと考える。

補論2

2つの市場志向は事業開発意思決定プロセスにどのような影響を与えるのか？

補論2では，反応的市場志向と先行的市場志向という2つの市場志向と，因果律プロセス，有効化プロセス，そしてそれらのシナジーという事業開発意思決定プロセスの関係について補足的に議論したい。

本書の第6章では，ビッグデータ分析能力は1）反応的市場志向を経由すると市場成果を低める，または金融的成果につながらない，2）先行的市場志向を経由すると市場成果と金融的成果を高める，ということが分かった。続く第7章では，ビッグデータ分析能力が高い場合，因果律プロセスと有効化プロセスのシナジーは金融的成果を高めることが分かった。ここで，1つ疑問が浮かぶ。それは2つの市場志向と因果律プロセスと有効化プロセス，またはそれらのシナジーはどのような関係にあるのか，という問いである（**図補2－1**）。

組織文化は組織の情報処理を規定し，資源の獲得，再組織化，そして活用を方向づける（Alavi and Leidner, 2001; Zheng et al., 2010）。市場志向は，市場の知識を生成し，組織内外の資源を再組織化することで消費者のニーズをより良く満たすことを目指す組織文化である（Day, 1994）。反応的市場志向は顕在ニーズをより良く満たすことを目指し，先行的市場志向は潜在ニーズを特定し実験的試行錯誤を経てそれを満たすことを目指す（Narver, Slater, and MacLachlan, 2004）。資源活用と事業化のための意思決定プロセスは，因果律プロセスと有効化プロセスに分けられる。因果律プロセスは目的主導の事業開発であり，事前計画を達成するために市場や技術など経営環境をモニター

図補2-1　リサーチモデル

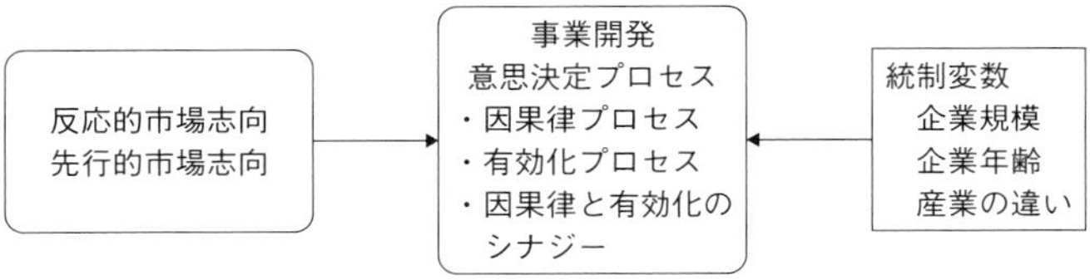

し，資源を活用することを考える。一方，有効化プロセスは非目的主導で創造的な事業開発プロセスであり，今保有する資源を基にすると何ができるかを考える（Ortega, García, and Santos, 2017; Sarasvathy, 2008）。

市場志向と事業開発意思決定プロセスの概念的性質を基にすると，次の関係を予想することができる。第1に，反応的市場志向は顕在ニーズや現在の製品・サービスを満たすことを追求するが，これは事前に定義することができる目標が存在することを意味する。それゆえ，反応的市場志向は顕在ニーズという定義可能な目標をより良く達成するための手段を事前計画し，その効果を測定する因果律プロセスを駆動すると考えられる。第2に，先行的市場志向は「消費者が表現することができない」ニーズを特定することを目指す。この市場志向は特定の文脈で発見する偶然性や保有する技術などで市場にブレイクスルーを起こすことを目指し，「創造的学習（Generative Learning）」を促進する組織文化である（Slater and Narver, 1999）。有効化プロセスは偶発的視点のもとで保有資源を前提に何ができるかということを模索し，その過程で組織学習を行う意思決定プロセスである。それゆえ，先行的市場志向は有効化プロセスを駆動すると考えられる。

反応的市場志向が強い企業は，消費者の現在のニーズについて集中的に情報処理し，これから顕在化するかもしれないニーズについての洞察を犠牲にする（Herhausen, 2016）。そして，短期的で計測可能な成果に注目し，新たな技術などの学習は抑制され，自らイノベーションが起こることを制約する（Slater and Narver, 1998）。一方，先行的市場志向が強い企業は，現在の市場を失うリスクはあるが，これから顕在化するかもしれないニーズに注目し，それを可視化し，小さな実験を経て市場に投入することを目指す（Jaworski, Kohli, and Sahay, 2000; Narver, Slater, MacLachlan, 2004）。先行的市場志向が高い企業は他社に先駆けて潜在ニーズの顕在化に挑戦するが，潜在ニーズを満たすための製品・サービスを市場に投入する前に，市場分析や市場投入後の成果の分析を行う。そして，製品・サービスの修正を行うことを目指す（Elg, 2003; Storbacka and Nenonen, 2015）。事業開発プロセスの中で因果律プロセスと有効化プロセスを切り替えながら実施することは，アイディア創造と小さな実験，目標設定や効果測定・目標修正を行い，長期的目標（主目標）の達成のための連続した短期的目標（副目標）の達成を行うことを助ける（Smolka et al., 2018; Reymen et al., 2017）。つまり，因果律プロセスと有効化プロセスのシナジーは，先行的市場志向のもとで起こると考えられる。

上記の予想を確かめるために，補論１で使用したデータを用いた。質問項目は，２つの市場志向は第６章，因果律と有効化プロセスは第７章を参照されたい。データの質について，各構成概念の信頼性（α = 0.870-0.928, CR=0.871-0.932，AVE=0.535-0.834）と，弁別妥当性（AVE の２乗根と因子間相関係数の比較，HTMT 比）を確認した。AVE の２乗根はすべての因子間相関係数を上回った。HTMT 比について，反応的市場志向と先行的市場志向は0.919，因果律プロセスと有効化プロセスは0.979となり，それぞれ理想的閾値0.90を上回っているが閾値１は下回った。これらから，信頼性と妥当性は確保されていると評価した。

各概念の因子得点を算出し，OLS 回帰分析に投入した。因果律プロセスと有効化プロセスのシナジーは，それぞれの概念の因子得点を掛け合わせて作成した。統制変数に補論１で影響を確認したトップマネジャーの情報システム部門職務経験も加えた。**表補２-１**は回帰分析の結果である。

分析の結果，反応的市場志向も先行的市場志向も，因果律プロセス，有効化プロセス，因果律と有効化プロセスのシナジーを高めることが分かった。反応的市場志向と先行的市場志向はそれぞれ充足を目指すニーズは異なるが，どちらの市場志向も充足のためのアイディアを生成すること，生成したアイディアをテストすること，そしてアイディアを具体化した製品やサービスを市場に投入した後にそれらを修正することを促進する。顕在ニーズであっても潜在ニーズであっても，ニーズの充足のために事業改善・事業創造を行う場合，アイディアを生成し，そのアイディアを基に製品・サービスを改善ま

表補2－1　回帰分析の結果

	因果律プロセス			有効化プロセス			因果律・有効化プロセスのシナジー		
	β	t 値	VIF	β	t 値	VIF	β	t 値	VIF
説明変数									
反応的市場志向	0.275***	5.204	3.161	0.202***	3.937	3.161	0.229***	4.471	3.161
先行的市場志向	0.534***	10.116	3.153	0.618***	12.089	3.153	0.593***	11.611	3.153
統制変数									
企業規模	-0.065†	-1.820	1.428	-0.027	-0.777	1.428	-0.038	-1.109	1.428
事業年齢	0.041	1.236	1.228	0.026	0.805	1.228	0.030	0.954	1.228
産業の違い(BtoB)	-0.052†	-1.701	1.074	-0.038	-1.281	1.074	-0.044	-1.478	1.074
トップマネジャーの情報システム部門職務経験	0.031	0.94	1.235	0.000	-0.001	1.235	0.010	0.315	1.235
F 値	115.042***			127.013***			127.384***		
調整済み R^2	0.604			0.632			0.633		

*** $p < 0.001$, † $p < 0.1$

表補2－2　説明変数の標準偏回帰係数の95% 信頼区間

	因果律プロセス		有効化プロセス		因果律プロセスと有効化プロセスのシナジー	
	βの 95% 信頼区間		βの 95% 信頼区間		βの 95% 信頼区間	
	下限	上限	下限	上限	下限	上限
反応的市場志向	0.430	0.637	0.518	0.719	0.493	0.694
先行的市場志向	0.171	0.379	0.101	0.302	0.128	0.329

たは創造し，成果を評価する。反応的市場志向と先行的市場志向の本質的な違いは，ニーズを理解するための与件（例えば，準拠点とする既存製品・サービスなど）があるかどうかということである（Jaworski, Kohli, and Sahay, 2000）。事業のアイディア生成，評価，そして改善はどちらのニーズ充足でも必要なことであり，それゆえ，反応的市場志向も先行的市場志向もすべての事業開発意思決定プロセスを高める結果になったと考えられる。

ただし，β（標準化偏回帰係数）を見ると，先行的市場志向は反応的市場志向に比べてより各意思決定プロセスを高めることが分かった。因果律プロセス・有効化プロセス・因果律プロセスと有効化プロセスのシナジーそれぞれの被説明変数に対する反応的市場志向と先行的市場志向のβの95%信頼区間を見ると，βが小さい反応的市場志向の上限と，βが大きい先行的市場志向の下限は重ならない（**表補2-2**）。それゆえ，それぞれの意思決定プロセスへの反応的市場志向と先行的市場志向の影響に差があると結論付けた。

本補論2では，事業開発プロセスを進める際に，因果律プロセスと有効化プロセスのシナジーを高めるために先行的市場志向を高める必要があると結論づける。先行的市場志向は新たなアイディアを生成・採用し，リスクを取り，事業化することを目指すが，事業化の際の生産コスト分析や市場分析，製品やサービスを市場に投入した後の成果分析も当然のことながら行う（Storbacka and Nenonen, 2015）。与件としての市場や製品・サービスがあり明確な目標を設定することができる反応的市場志向に比べて，先行的市場志向はそれらが無く，潜在ニーズを顕在化することに加えて，顕在化の手段としての製品・サービスが新たなカテゴリーを生成し，市場が創造されるように戦略的に行動しなければならない（Jaworski, Kohli, and Sahay, 2000）。そのために，より注意深く事業開発プロセスの各段階で意思決定プロセスを切り替えながら進めなければならない（Sitoh, Pan, and Yu, 2014）。

終章

What We Have Learned in This Book

本書でわかったこと

概要

本書は，組織能力としてのビッグデータ分析能力を理解することと，ビッグデータ分析能力を高める要因を明らかにすること，そしてビッグデータ分析能力が経営成果につながるメカニズムを明らかにすることを目的とした。終章では，本書で分かったことを，1）ビッグデータ分析能力を高めること，2）ビッグデータ分析能力を経営成果につなげる組織的基礎を創ること，3）ビッグデータ分析から事業を開発すること，に分けて再整理したい。**図終-1**に，本書で分かったことを1），2），3）に沿って示した。

図終-1　本書で分かったことのまとめ

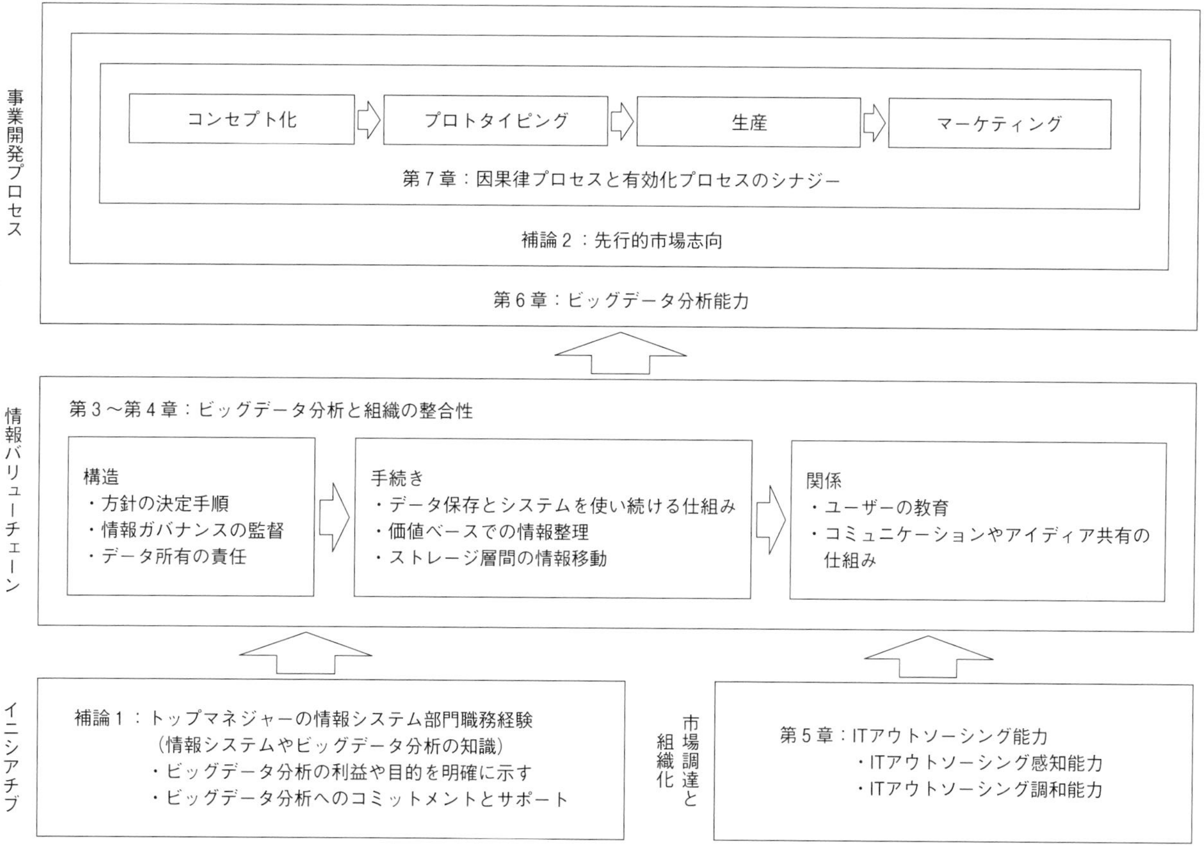

1　IT アウトソーシングを通してビッグデータ分析能力を高める

第1に，ビッグデータ分析能力は，IT アウトソーシング感知能力と調和能力によって高まる。気がつけば新しいデータ収集技術や分析・可視化技術が登場し，それらは「こんなことができれば面白い製品を創ることができるかもしれない」,「こんなことができれば異なる機能部門間でも会話が活性化し，良いコンフリクトが起こるかもしれない」といったように，既存事業をより良いものにすることや新事業創造を助けてくれる可能性がある。目まぐるしく新しいパッケージドサービスが登場する中で，それらを察知するだけでなく，それらは何で，組織や事業にどのようなメリットをもたらしてくれるのか，本当に機会の創出と獲得に貢献するのかということを理解するために知識を更新し続けなければならない。加えて，市場調達したビッグデータ分析関連資源は，何もしなくても自動的に組織能力になっていくわけではない。第2章の資源ベース理論や IT 能力でも述べたように，ビッグデータ関連資源は保有資源や組織システムに組み込まれ，企業や事業の文脈に沿った形で再組織化されて初めて組織能力となる。獲得したビッグデータ分析関連資源が再組織化されないというのは，例えば，データの収集・分析・可視化のパッケージドサービスを導入したが大部分の従業員は今までのやり方をしていることや，IT ベンダーに提案されたまま使っていることなどが代表的で分かりやすい現象だろう。導入したビッグデータ分析のパッケージドサービスについて，自社の組織や事業で収集・生成できるデータがどのようなものなのかを考え，集め，分析し，分析結果とその結果が起こっている空間的場所（現場）を関連づけなければ,「どの企業も模倣可能な使い方」に留まり,せっかく導入したビッグデータ分析関連資源は競争優位性の獲得に貢献しないだろう。興味深いことに，ビッグデータ分析能力が低いうちはアウトソーシングが有効だが，ビッグデータ分析能力が高まってくると自社運用（インハウス）に切り替えた方が経営成果は高まる。ビッグデータ分析を導入した初期はITベンダーの提案から学習する段階で，ITベンダーの提案に従ってビッグデータ分析を行うことでも良いだろう。しかし，これを続けるとビッグデータ分析能力の開発・強化をITベンダーに依存することになり，自社が自力でビッグデータ分析能力を高めることができなくなる。この意味でも，ビッグデータ分析能力を高め始める段階から，ビッグデータの収集・分析・可視化を能動的に行い，自分たちで組織能力を高めることができる組織を整えておくことが不可欠である。

2 トップマネジメントが関与しビッグデータ分析能力を高める

第2に，組織能力を高めることができる組織を整えることについて，補論1では，トップマネジャーに情報システム部門職務経験がある場合，ビッグデータ分析能力は経営成果をより高めることを明らかにした。新たなITを導入したとき，たとえそれが素晴らしいものでも，従業員はそれをスムーズに採用し業務の中で使うとは考えられない。なぜなら，人は「従来のやり方」を変えることや学習コストをかけることに抵抗するからである。また，ITを中心に各機能部門の従業員がコミュニケーションを行うためには，共通言語を持っていなければならない。共通言語を獲得することには，従来のやり方を変えることや，新たな学習コストを投じることが含まれる。したがって，新たなITを組織に導入する場合，トップマネジャーの率先した行動やコミットメント，組織内へのコミュニケーションを通して，ITの利益や役割，共通言語の必要性を組織内に明確に示し説得しなければならない。ITの基本的知識が無いとITの利益や役割などが正確に伝わらない可能性がある。トップマネジャーの情報システム部門職務経験（または，経験は無くてもITについて知識を獲得している）はビッグデータ分析能力を高める組織的条件である。

3 ビッグデータ分析能力を経営成果につなげる組織文化と意思決定プロセスを整える

第3に，ビッグデータ分析能力は先行的市場志向を経由し因果律プロセスと有効化プロセスのシナジーと相まって経営成果を高めることが分かった。ビッグデータ分析能力は反応的市場志向も高めるが，それでは経営成果につながらないことも分かった。日本企業は伝統的に「改善（カイゼン）」が得意な企業が多いだろう。そのため，多くの企業においてすでに「改善能力」は高く，ビッグデータ分析によって製品・サービス，または事業プロセスを改善し効率性を高める取り組みは経営成果につながらない。逆に，「潜在ニーズを見つけること」や「革新的イノベーションの創造」に課題を持つ企業は多い。ビッグデータ分析は，例えばスター社員の豊富な職務経験と勘に依存することなく，多くの従業員が潜在ニーズを発見することやイノベーションの種となるアイディアを創出し共有することを助ける。そのため，ビッグデータ分析能力は先行的市場志向を通って経営成果を高める。また，具体的に事業を創るとき，アイディアや仮説の創造とアイディアや仮説の検証を繰り返さなければならない。これら2つの因果律プロセスと有効化プロセスという意思決定プロセスは事業開発プロセスの中で適切に切り替える必要がある。新たなアイディア創造は先行的市場志向によって駆動されやすく，それゆえ因果律プロセスと有効化プロセスという意思決定プロセスのシナジーは先行的市場志向によってより良く駆動される。加えて，これら2つの意思決定プロセスを実行するためには，従業員の高い情報処理能力と，機能部門間の協働が必要である。ビッグデータ分析と分析結果可視化を活用しながら，従業員の情報処理能力の底上げと，機能部門間のコミュニケーションの活性化を図らなければならない。結論として，ビッグデータ分析能力は，先行的市場志向，そして因果律プロセスと有効化プロセスの切り替えを通して，経営成果を高めるということが分かった。

あとがき

本書は，企業がビッグデータを収集・分析し経営成果に結びつけるための組織能力としてのビッグデータ分析能力を主役とし，どうやってこの組織能力を高めるのか，この組織能力はどのような組織的特徴・取り組みを経て経営成果につながるのかということを解明することを目指した。本書で得られた知見が，「これから本格的にビッグデータ分析を経営に導入する」，「ビッグデータは収集しているので，これからそれらを事業改善や事業創造に活かす」という企業の資源配分の仕方や事業開発プロセスの設計などを少しでもサポートすることができれば，それ以上に嬉しいことはない。また，本書をきっかけにビッグデータ分析とマネジメントに関する，さらに深く広い議論が始まるならば，研究者として幸せである。

筆者自身，「企業は様々なデータを集めている，または集めることができるので，それらを活かすことができると様々な面白いことができるのではないか」，「データをビジネスに活かしている組織には何か特徴があるのではないか」という問題意識のもと，ビッグデータ分析とマーケティング行動に関する研究をスタートさせ，本書の執筆に取り組んできた。本書の一部は，これまでに発表してきた研究や現在進行中の共同研究プロジェクトの成果を基にしている。第５章は坂川裕司先生（北海道大学教授）との共同研究を基にした。第６章は*Journal of Retailing and Consumer Services*に掲載されたMorimura and Sakagawa（2023）の議論を再考し，大幅修正をした。第７章は坂川裕司先生，吉田満梨先生（神戸大学准教授），佐久間智広先生（神戸大学准教授）との共同研究を基にした。また，第５章と第７章の研究は科学研究費補助金（19K01935），第６章の研究は神戸大学社会システムイノベーションセンターのプロジェクト研究助成から支援を受けて行われたものである。そして本書を出版するにあたり，公益財団法人日本証券奨学財団（Japan Securities Scholarship Foundation）の研究出版助成を受けた。

研究を進め本書を執筆するにあたり，非常に多くの方々にご指導とご支援いただいた。

博士課程前期課程に入学して以来，現在に至るまで，指導教員である南知惠子先生（神戸大学教授）には常に厳しくも暖かいご指導をいただいている。南先生には，筆者の研究者としての姿勢や考え方を0から創っていただいた。筆者は研究する概念と周辺概念について，まずはたくさん論文を読み，ある改訂版の書籍があるならばすべての版（第1版，第2版…）を読むようにしている。関連論文はすべて読むと理論的に解かれていない（そして，解けそうな）問題が何か分かるだけでなく，研究者たちが何に関心を持つようになるのかという研究の広がりを知ることができる。また，書籍の改訂は現象の進行に合わせてどのような修正が必要だったのかを理解することができる。この研究の基本姿勢は大学院生のときの南先生のご指導によって得たのだが，今でも覚えているのは博士課程前期課程1年のときに「Engel, Kollat, Blackwell（EKB）と，Solomon の Consumer Behavior は，現在までに出版されているすべての版を読み，何が知識として更新されているか明らかにしてください」というご指導である。例えばEKBだと当時は確か9版まで出版されており，神戸大学六甲第1キャンパス・フロンティア館の前で絶望感とともにコーヒーを飲んだ記憶が鮮明に残っている。あの経験が無かったならば知識更新の面白さと奥深さ，難しさを知らないままであったし，今の筆者は無いと確信している。また本書の執筆に先立ち，この10年ほど様々な文脈・分野の研究に興味が湧くままに手を出していた筆者に「森村君の研究者としてのアイデンティティを固めるためにも，書籍を執筆することを勧めます」とアドバイスをくださったのも南先生である（奇遇にも，これもフロンティア館の前だった）。

髙嶋克義先生（神戸大学名誉教授，追手門学院大学教授）にも博士課程前期課程1年のときから現在までご指導いただいてる。髙嶋先生は常に「なぜそう考えたのか」，「議論に矛盾は無いか」という視点から筆者の研究にご助言をくださる。博士課程在籍時に髙嶋ゼミで研究発表をすると，その研究に対して髙嶋先生が多くのことをコメントしてくださるのだが，筆者の知識の量と質がまったく追いついていないこともあり，そのコメントを理解するまでに１〜２カ月を要することもあった。たくさんの論文や書籍，業界専門雑誌を読み１〜２カ月経ったある日突然「あのコメントはこのことだったのか」と理解を得る。この経験を繰り返すうちに，「研究者は何を大切にして物事を思考すべきか」ということを考えるようになった。私が得た結論は，依拠する理論を深く理解し，それを大切にするとうことである（そんなの当たり前のことだ，と諸先輩方に起こられるかもしれないが，これを理解するのに10年以上かかってしまった）。本書で資源ベース理論を丁寧に確認し本書の思考の基盤を明確にしたのは，この経験に基づくものである。現在も研究者として何とか存在し続けられるのは南先生と髙嶋先生のおかげであり，学恩はこの限られたスペースで言い尽くすことができない。南先生と髙嶋先生に，心より感謝申し上げる。

私とともに長く共同研究をしていただいている坂川裕司先生にもお礼を申し上げたい。坂川先生と共同研究をスタートさせたのは2015年なのだが，当時は筆者の研究能力・論文執筆能力がまったく足りず，たくさんレビューし議論し分析したことがらもなかなか論文として形にならなかった。それにもかかわらず，常に冷静かつ前向きに議論に付き合ってくださった。最初の共著論文が２年の査読期間を経て2018年に海外学術雑誌に採択されたときのことは今でも鮮明に覚えている。坂川先生との共同研究を通して「我々の研究はいかに面白いか」を我々自身が理解しなければならないし，そうしなければ他人に面白さは伝わらないという学びを得た（これも，研究者として当たり前かもしれないのだが…）。筆者は気を抜くと怠けてしまうのだが，坂川先生は絶妙なタイミングで関連データや関連論文を送ってくださった。そのおかげで何度も研究スイッチが入り，大変有難いことであった。

神戸大学経営学研究科の同僚である結城祥先生（神戸大学准教授）と吉田満梨先生には，共同研究だけでなく大学での仕事など多くのことをサポートいただいている。お二人の先生方とは教授会の後にJR六甲道駅の焼き鳥屋や新梅田食道街にある居酒屋によく行くのだが，そこで私のまとまっていない研究構想や悩みを聞いていただくだけでなく，研究目的に合ったデータの入手方法や理解したい現象に関連する概念のアイディアなど研究に関連する具体的なこと，そして研究者ネットワークなど，非常に多くの研究アドバイスをいただいている。また，大学院生の研修指導や学部の講義設計など学務に関することまでたくさんのことにご助言をいただいている。筆者は性格が前向きではないので特に分析や査読がうまくいかないときはとても落ち込むのだが，途中で心が折れることなく本書を書き上げることができたのはお二人のおかげである。

小川進先生（神戸大学名誉教授，関西学院大学教授）には，研究会や勉強会を通じて「社会に必要とされる研究とは何か」，「問題の本質は何か」ということについて思考する多くの機会をいただいた。大学院を卒業して間もなくは，実際に起こっている現象やそこではどのような疑問が共有されているのかということについて注意を払うことができていたとは言えない時期があった。この研究会・勉強会において，小川先生や日本から世界に優れた研究を発信している先生方，そして多くの研究で議論・分析の対象となった企業のトップマネジャーにお話を伺う機会を得たことで，社会に貢献する研究をしようとする姿勢を得ることができたことは大きな幸運である。

筆者の研究はいくつかの研究会と研究会に参加されている先生方にも支えていただいた。まず，MD 研究会にご参加の先生方にもお礼を申し上げたい。平野光俊先生（神戸大学名誉教授，大手前大学教授），西村順二先生（甲南大学教授），近藤公彦先生（小樽商科大学教授），崔相鐵先生（関西大学教授），松尾睦先生（青山学院大学教授），西岡健一先生（関西大学教授），秋山秀一先生（兵庫県立大学教授），小宮一高先生（兵庫県立大学教授），清水信年先生（流通科学大学教授），金雲鎬先生（日本大学教授），猪口純路先生（小樽商科大学教授），金昌柱先生（立命館大学教授），田頭拓己先生（一橋大学准教授）には，研究会を通して示唆に富む多くのご助言をいただいた。そして，筆者が博士課程後期課程のときに参加させていただいていたＮ＆Ａ研究会（頭文字はかっこいいが，正式名称は「（N）ねっとり＆（A）あっさり」）メンバーの方々にも感謝を述べたい。この研究会は BtoB 取引の中でも特に情報システムを対象としたマーケティング戦略や組織的特徴を明らかにすることを目的としていた。当時の筆者はインターナル・マーケティングやナレッジ・マネジメントを基に情報システム部門と他部門の連携，情報システムのカスタマイズの程度，そして得られる成果について研究を行っていた。研究会には依田祐一先生（立命館大学教授）や吉田満梨先生も参加されており，未熟な筆者の研究に対して温かいアドバイスをいただいた。加えて，情報システム部門に所属する実務家の方々にお話を伺う機会をたくさん得たことで，情報システム部門の役割，IT ベンダーと IT ユーザーが情報システムを共に創るプロセスの難しさといった現実を知ることができた。この経験が無ければ，本書で掲げる問題意識は持ちえなかったし，本書を執筆しようという動機は生まれなかった。

本書を完成させるにあたり，第一線で活躍する実務家の方々に示唆に富むコメントをたくさんいただいた。一芝省吾氏（三菱重工業株式会社　成長推進室事業開発部），袖崎大悟氏（トヨタ自動車株式会社　エンジン製造技術部企画総括室），松井美佳氏（株式会社光洋　デジタル推進グループ）には，本書が掲げる問題意識は現実的に意味があるのかという点や，各章の主張は日々の業務で起こる事柄とずれていないかという点などについて具体的にアドバイスをいただいた。また，新たに情報システムやデータ分析システムを導入したときに起こる変化や抵抗，データ分析と事業開発プロセスの関係や各機能部門の関わり方などについてたくさんのお話をいただいた。そのおかげで，分析結果をより深く解釈し気づきを得ることができた。高いモチベーションを維持して書籍を完成させることができたのも，この方々のおかげである。

本書の刊行に向けて，原稿執筆を支えていただいた千倉書房の岩澤孝氏にも厚くお礼申し上げる。2022年12月の第12回商業学会全国研究報告会で初めて書籍構想についてお話させていただいた。すでにいくつかの実証研究が形になっており書籍構想はあったものの，相談させていただいたときには原稿は1文字も書いていなかった。それにもかかわらず，本書の企画を会議で通していただくとともに，遅々として進まない原稿執筆を厚くサポートしていただいた。岩澤氏のご支援が無ければ，本書を無事に刊行することはできなかった。

最後に，家族に感謝を述べることをお許しいただきたい。父・正博と母・優子は，スポーツや芸術を含め教育・教養について非常に多くのことを気にかけて筆者を育ててくれた。例えば，幼少期から海外文化や英語と触れる機会をたくさん設けてくれたし，家の至るところに様々な分野の本が積まれていた。思考世界が違う人や本に絶えず触れることができたからからこそ，人や組織の異質性に注目しながら現象を分解し理解することができたし，本書の問題意識にたどり着くことができた。また，大学在学時からことあるごとに研究書を読むことを勧めてくれたことや「大学院に進学しなさい」と勧めてくれたことが無ければ，大学院には進学しなかっただろう。大学院在籍時には，金銭面・精神面あらゆる面でサポートしてくれたからこそ今の筆者が存在すると確信している。感謝の意を表するとともに本書を捧げたい。

2024年 2 月

森村文一

参考文献

Aaker, D. A. (1991). *Managing Brand Equity*. The Free Press.

Adams, P., Bodas Freitas, I. M., & Fontana, R. (2019). Strategic orientation, innovation performance and the moderating influence of marketing management. *Journal of Business Research, 97*, 129-140.

Agarwal, R., & Sambamurthy, V. (2002). Principles and models for organizing the IT function. *MIS Quarterly Executive, 1* (1), 1-16.

Agrawal, A. K., Gans, J. S., & Goldfarb, A. (2017). What to expect from artificial intelligence. *MIT Sloan Management Review, 58* (3), 23-27.

Aiken, L. S., & West, S. G. (1991). *Multiple regression: Testing and interpreting interactions*. Sage Publications.

Akter, S., Gunasekaran, A., Wamba, S. F., Babu, M. M., & Hani, U. (2020). Reshaping competitive advantages with analytics capabilities in service systems. *Technological Forecasting and Social Change, 159*, 120180.

Akter, S., & Wamba, S. F. (2016). Big data analytics in E-commerce: a systematic review and agenda for future research. *Electronic Markets, 26* (2), 173-194.

Akter, S., Wamba, S. F., Gunasekaran, A., Dubey, R., & Childe, S. J. (2016). How to improve firm performance using big data analytics capability and business strategy alignment? *International Journal of Production Economics, 182*, 113-131.

Al-Karaghouli, W., Ghoneim, A., Sharif, A., & Dwivedi, Y. K. (2013). The effect of knowledge management in enhancing the procurement process in the UK healthcare supply chain. *Information Systems Management, 30* (1), 35-49.

Alavi, M., & Leidner, E. D. (2001). Knowledge management and knowledge management systems: Conceptual foundations and research issues. *MIS Quarterly, 25* (1), 107-136.

Aljumah, A. I., Nuseir, M. T., & Alam, M. M. (2021). Organizational performance and capabilities to analyze big data: do the ambidexterity and business value of big data analytics matter? *Business Process Management Journal, 27* (4), 1088-1107.

Alkhatib, A. W., & Valeri, M. (2022). Can intellectual capital promote the competitive advantage? Service innovation and big data analytics capabilities in a moderated mediation model. *European Journal of Innovation Management*.

AlNuaimi, B. K., Khan, M., & Ajmal, M. M. (2021). The role of big data analytics capabilities in greening e-procurement: A higher order PLS-SEM analysis. *Technological Forecasting and Social Change, 169*, 120808.

Aloysius, J. A., Hoehle, H., & Venkatesh, V. (2016). Exploiting big data for customer and retailer benefits. *International Journal of Operations & Production Management, 36* (4), 467-486.

Amit, R., & Schoemaker, P. J. H. (1993). Strategic assets and organizational rent. *Strategic Management Journal, 14* (1), 33-46.

Anthony Byrd, T., Lewis, B. R., & Bryan, R. W. (2006). The leveraging influence of strategic alignment on IT investment: An empirical examination. *Information and Management, 43* (3), 308-321.

Antons, D., & Breidbach, C. F. (2018). Big data, big insights? Advancing service innovation and design with machine learning. *Journal of Service Research, 21* (1), 17-39.

Aoki, M. (2001). *Toward a comparative institutional analysis*. MIT Press.

Arias-Pérez, J., Coronado-Medina, A., & Perdomo-Charry, G. (2022). Big data analytics capability as a mediator in the impact of open innovation on firm performance. *Journal of Strategy and Management, 15* (1), 1-15.

Armstrong, C. P., & Sambamurthy, V. (1999). Information technology assimilation in firms: The influence of senior leadership and IT infrastructures. *Information Systems Research, 10* (4), 304-327.

Arshad, M., Kun Yu, C., Qadir, A., Ahmad, W., & Rafique, M. (2022). The impact of big data analytics on organizational sustainability: The influencing factors of autonomous research and development and absorptive capacity. *International Journal of Engineering Business Management, 14*, 1-17.

Asatiani, A., Penttinen, E., & Kumar, A. (2019). Uncovering the nature of the relationship between outsourcing motivations and the degree of outsourcing: An empirical study on Finnish small and medium-sized enterprises. *Journal of Information Technology, 34* (1), 39-58.

Ashaari, M. A., Singh, K. S. D., Abbasi, G. A., Amran, A., & Liebana-Cabanillas, F. J. (2021). Big data analytics capability for improved performance of higher education institutions in the Era of IR 4.0: A multi-analytical SEM & ANN perspective. *Technological Forecasting and Social Change, 173*, 121119.

Ashrafi, A., Zare Ravasan, A., Trkman, P., & Afshari, S. (2019). The role of business analytics capabilities in bolstering firms' agility and performance. *International Journal of Information Management, 47*, 1-15.

Atuahene-Gima, K. (2005). Resolving the capability - Rigidity paradox in new product innovation. *Journal of Marketing, 69* (4), 61-83.

Atuahene-Gima, K., & Ko, A. (2001). An empirical investigation of the effect of market orientation and entrepreneurship orientation alignment on product innovation. *Organization Science, 12* (1), 54-74.

Atuahene-Gima, K., Slater, S. F., & Olson, E. M. (2005). The contingent value of responsive and proactive market orientations for new product program performance. *Journal of Product Innovation Management*, 22 (6), 464-482.

Audia, P. G., Locke, E. A., & Smith, K. G. (2000). The paradox of success: An archival and a laboratory study of strategic persistence following radical environmental change. *Academy of Management Journal, 43* (5), 837-853.

Autio, E., Nambisan, S., Thomas, L. D. W., & Wright, M. (2018). Digital affordances, spatial affordances, and the genesis of entrepreneurial ecosystems. *Strategic Entrepreneurship Journal, 12* (1), 72-95.

Aversa, J., Hernandez, T., & Doherty, S. (2021). Incorporating big data within retail organizations: A case study approach. *Journal of Retailing and Consumer Services, 60,* 102447.

Awan, M. J., Khan, M. A., Ansari, Z. K., Yasin, A., & Shehzad, H. M. F. (2022). Fake profile recognition using big data analytics in social media platforms. *International Journal of Computer Applications in Technology, 68* (3), 215-222.

Awan, U., Shamim, S., Khan, Z., Zia, N. U., Shariq, S. M., & Khan, M. N. (2021). Big data analytics capability and decision-making: The role of data-driven insight on circular economy performance. *Technological Forecasting and Social Change, 168,* 120766.

Aydiner, A. S., Tatoglu, E., Bayraktar, E., & Zaim, S. (2019). Information system capabilities and firm performance: Opening the black box through decision-making performance and business-process performance. *International Journal of Information Management, 47,* 168-182.

Bagozzi, R. P. (1975). Marketing as exchange. *Journal of Marketing, 39* (4), 32-39.

Bagozzi, R. P., & Yi, Y. (1988). On the evaluation of structural equation models. *Journal of the Academy of Marketing Science, 16* (1), 74-94.

Bapna, R., Barua, A., Mani, D., & Mehra, A. (2010). Cooperation, coordination, and governance in multisourcing: An agenda for analytical and empirical research. *Information Systems Research, 21* (4), 785-795.

Barney, J. B. (1986). Organizational culture: Can it be a source of sustained competitive advantage? *Academy of Management Review, 11* (3), 656-665.

Barney, J. B. (1991). Firm resources and sustained competitive advantage. *Journal of Management, 17* (1), 99-120.

Barney, J. B. (1995). Looking inside for competitive advantage. *Academy of Management Perspectives, 9* (4), 49-61.

Barney, J. B., & Arikan, A. M. (2001). The resource-based view: Origins and implications. In M. A. Hitt, R. E. Freeman, & J. S. Harrison (Eds.), *The Blackwell handbook of strategic management* (pp. 124-188). Blackwell Publishing.

Barney, J. B., & Clark, D. N. (2007). *Resource-Based Theory: Creating and Sustaining Competitive Advantage*. Oxford University Press.

Barney, J. B., & Hesterly, W. S. (2012). *Strategic Management and Competitive Advantage: Concepts and Cases*. Prentice-Hall.

Barney, J. B., Ketchen, D. J., & Wright, M. (2011). The future of resource-based theory: Revitalization or decline? *Journal of Management, 37* (5), 1299-1315.

Barthélemy, J. (2003). The seven deadly sins of outsourcing. *Academy of Management Perspectives, 17* (2), 87-98.

Bean, R. (2017). How companies say they're using big data. *Harvard Business Review*.

Becker, J., Beverungen, D. F., & Knackstedt, R. (2010). The challenge of conceptual modeling for product-service systems: Status-quo and perspectives for reference models and modeling languages. *Information Systems and E-Business Management, 8* (1), 33-66.

Behl, A. (2022). Antecedents to firm performance and competitiveness using the lens of big data analytics: a cross-cultural study. *Management Decision, 60* (2), 368-398.

Benner, M. J., & Tushman, M. L. (2003). Exploitation, exploration, and process management: The productivity dilemma revisited. *Academy of Management Review, 28* (2), 238-256.

Bentler, P. M. (1990). Comparative fit indexes in structural models. *Psychological Bulletin, 107* (2), 238-246.

Berger, J., Humphreys, A., Ludwig, S., Moe, W. W., Netzer, O., & Schweidel, D. A. (2020). Uniting the tribes: Using text for marketing insight. *Journal of Marketing, 84* (1), 1-25.

Bharadwaj, A. S. (2000). A resource-based perspective on information technology capability and firm performance: An empirical investigation. *MIS Quarterly, 24* (1), 169-196.

Bharadwaj, N., & Noble, C. (2017). Finding innovation in data rich environments. *Journal of Product Innovation Management, 34* (5), 560-564.

Bhatt, G. D., & Grover, V. (2005). Types of information technology capabilities and their role in competitive advantage: An empirical study. *Journal of Management Information Systems, 22* (2), 253-277.

Bhatt, G., Emdad, A., Roberts, N., & Grover, V. (2010). Building and leveraging information in dynamic environments: The role of IT infrastructure flexibility as enabler of organizational responsiveness and competitive advantage. *Information and*

Management, 47 (7-8), 341-349.

Bhatti, A., Malik, H., Kamal, A. Z., Aamir, A., Alaali, L. A., & Ullah, Z. (2021). Much-needed business digital transformation through big data, internet of things and blockchain capabilities: implications for strategic performance in telecommunication sector. *Business Process Management Journal, 27* (6), 1854-1873.

Bi, R., Davison, R., & Smyrnios, K. (2019). The role of top management participation and IT capability in developing SMEs' competitive process capabilities. *Journal of Small Business Management, 57* (3), 1008-1026.

Bierly, P. E., Damanpour, F., & Santoro, M. D. (2009). The Application of external knowledge: Organizational conditions for exploration and exploitation. *Journal of Management Studies, 46* (3), 481-509.

Blut, M., Wang, C., & Schoefer, K. (2016). Factors influencing the acceptance of self-service technologies: A meta-analysis. *Journal of Service Research, 19* (4), 396-416.

Bodlaj, M., & Čater, B. (2022). Responsive and proactive market orientation in relation to SMEs' export venture performance: The mediating role of marketing capabilities. *Journal of Business Research, 138*, 256-265.

Boso, N., Story, V. M., & Cadogan, J. W. (2013). Entrepreneurial orientation, market orientation, network ties, and performance: Study of entrepreneurial firms in a developing economy. *Journal of Business Venturing, 28* (6), 708-727.

Boyd, D., & Crawford, K. (2012). Critical questions for big data. *Information, Communication & Society, 15* (5), 662-679.

Bradlow, E. T., Gangwar, M., Kopalle, P., & Voleti, S. (2017). The role of big data and predictive analytics in retailing. *Journal of Retailing, 93* (1), 79-95.

Braganza, A., Brooks, L., Nepelski, D., Ali, M., & Moro, R. (2017). Resource management in big data initiatives: Processes and dynamic capabilities. *Journal of Business Research, 70*, 328-337.

Braun, I., & Sieger, P. (2021). Under pressure: Family financial support and the ambidextrous use of causation and effectuation. *Strategic Entrepreneurship Journal, 15* (4), 716-749.

Brehmer, P.-O., & Rehme, J. (2009). Proactive and reactive: drivers for key account management programmes. *European Journal of Marketing, 43* (7/8), 961-984.

Brettel, M., Mauer, R., Engelen, A., & Küpper, D. (2012). Corporate effectuation: Entrepreneurial action and its impact on R&D project performance. *Journal of Business Venturing, 27* (2), 167-184.

Brown, B., Chul, M., & Manyika, J. (2011). Are you ready for the era of "big data"? *McKinsey Quarterly, 4*, 24-35.

Brynjolfsson, E., & Hitt, L. M. (1998). Beyond the productivity paradox. *Communications of the ACM, 41* (8), 49-55.

Bui, Q., Leo, E., & Adelakun, O. (2019). Exploring complexity and contradiction in information technology outsourcing: A set-theoretical approach. *Journal of Strategic Information Systems, 28* (3), 330-355.

Byrd, T. A., Lewis, B. R., & Bryan, R. W. (2006). The leveraging influence of strategic alignment on IT investment: An empirical examination. *Information and Management, 43* (3), 308-321.

Cai, L., Guo, R., Fei, Y., & Liu, Z. (2017). Effectuation, exploratory learning and new venture performance: evidence from China. *Journal of Small Business Management, 55* (3), 388-403.

Cai, L., Lu, S., & Chen, B. (2022). Constructing technology commercialization capability: The critical role of user engagement and big data analytics capability. *Journal of Organizational and End User Computing, 34* (9), 1-21.

Cai, Z., Liu, H., Huang, Q., & Liang, L. (2019). Developing organizational agility in product innovation: the roles of IT capability, KM capability, and innovative climate. *R&D Management, 49* (4), 421-438.

Cameron, K. S., & Freeman, S. (1991). Cultural congruence, strength, and type: Relationships to effectiveness. *Research in Organizational Change and Development, 5*, 23-58.

Camisón, C., & Villar-López, A. (2014). Organizational innovation as an enabler of technological innovation capabilities and firm performance. *Journal of Business Research, 67* (1), 2891-2902.

Cao, D., Wang, Y., Berkeley, N., & Tjahjono, B. (2022). Configurational conditions and sustained competitive advantage: A fsQCA approach. *Long Range Planning, 55* (4), 102131.

Cao, G., & Duan, Y. (2014). A path model linking business analytics, data-driven culture, and competitive advantage. *ECIS 2014 Proceedings - 22nd European Conference on Information Systems*, 0-16.

Cao, L., Liu, X., & Cao, W. (2018). The effects of search-related and purchase-related mobile app additions on retailers' shareholder wealth: The roles of firm size, product category, and customer segment. *Journal of Retailing, 94* (4), 343-351.

Cao, Q., Gedajlovic, E., & Zhang, H. (2009). Unpacking organizational ambidexterity: Dimensions, contingencies, and synergistic effects. *Organization Science, 20* (4), 781-796.

Carr, N. (2003). IT doesn't matter. *Harvard Business Review, 81* (5), 41-49.

Cenfetelli, R. T., & Bassellier, G. (2009). Interpretation of formative measurement in information systems research. *MIS Quarterly, 33* (4), 689-707.

Cerruto, F., Cirillo, S., Desiato, D., Gambardella, S. M., & Polese, G. (2022). Social network data analysis to highlight privacy threats in sharing data. *Journal of Big Data, 9* (1).

Chan, Y. E., Sabherwal, R., & Thatcher, J. B. (2006). Antecedents and outcomes of strategic IS alignment: An empirical investigation. *IEEE Transactions on Engineering Management, 53* (1), 27-47.

Chandler, G. N., DeTienne, D. R., McKelvie, A., & Mumford, T. V. (2011). Causation and effectuation processes: A validation study. *Journal of Business Venturing, 26* (3), 375-390.

Chang, W., Park, J. E., & Chaiy, S. (2010). How does CRM technology transform into organizational performance? A mediating role of marketing capability. *Journal of Business Research, 63* (8), 849-855.

Chatterjee, J. (2017). Strategy, human capital investments, business-domain capabilities, and performance: a study in the global software services industry. *Strategic Management Journal, 38* (3), 588-608.

Chatterji, A., & Patro, A. (2014). Dynamic capabilities and managing human capital. *Academy of Management Perspectives, 28* (4), 395-408.

Chau, D. C. K., Ngai, E. W. T., Gerow, J. E., & Thatcher, J. B. (2020). The effects of business-IT strategic alignment and IT governance on firm performance: A moderated polynomial regression analysis. *MIS Quarterly, 44* (4), 1679-1703.

Chen, Chiang, & Storey. (2012). Business intelligence and analytics: From big data to big impact. *MIS Quarterly, 36* (4), 1165.

Chen, H., & Xu, Q. (2022). Synergy of Effectuation and Causation: An Emotional Complexity Perspective. *Frontiers in Psychology, 12.*

Chen, L., Liu, H., Zhou, Z., Chen, M., & Chen, Y. (2022). IT-business alignment, big data analytics capability, and strategic decision-making: Moderating roles of event criticality and disruption of COVID-19. *Decision Support Systems, 161*, 113745.

Chen, X., Chen, A. X., & Zhou, K. Z. (2014). Strategic orientation, foreign parent control, and differentiation capability building of international joint ventures in an emerging market. *Journal of International Marketing, 22* (3), 30-49.

Chen, Y. C., Li, P. C., & Evans, K. R. (2012). Effects of interaction and entrepreneurial orientation on organizational performance: Insights into market driven and market driving. *Industrial Marketing Management, 41* (6), 1019-1034.

Chen, Yang, Wang, Y., Nevo, S., Jin, J., Wang, L., & Chow, W. S. (2014). IT capability and organizational performance: the roles of business process agility and environmental factors. *European Journal of Information Systems, 23* (3), 326-342.

Chen, Yao, Liang, L., Yang, F., & Zhu, J. (2006). Evaluation of information technology investment: A data envelopment analysis approach. *Computers and Operations*

Research, 33 (5), 1368-1379.

Chen, Yupeng, Iyengar, R., & Iyengar, G. (2017). Modeling multimodal continuous heterogeneity in conjoint analysis—a sparse learning approach. *Marketing Science, 36* (1), 140-156.

Chesbrough, H. (2010). Business model innovation: Opportunities and barriers. *Long Range Planning, 43* (2 - 3), 354-363.

Chiang, L. L. (Luke), & Yang, C. S. (2018). Does country-of-origin brand personality generate retail customer lifetime value? A Big Data analytics approach. *Technological Forecasting and Social Change, 130,* 177-187.

Choi, H., & Park, J. (2022). Do data-driven CSR initiatives improve CSR performance ? The importance of big data analytics capability. *Technological Forecasting & Social Change, 182,* 121802.

Christensen, C. M., & Bower, J. L. (1996). Customer power, strategic investment, and the failure of leading firms. *Strategic Management Journal, 17* (3), 197-218.

Ciampi, F., Demi, S., Magrini, A., Marzi, G., & Papa, A. (2021). Exploring the impact of big data analytics capabilities on business model innovation: The mediating role of entrepreneurial orientation. *Journal of Business Research, 123,* 1 -13.

Ciasullo, M. V., Montera, R., & Douglas, A. (2022). Building SMEs' resilience in times of uncertainty: the role of big data analytics capability and co-innovation. *Transforming Government: People, Process and Policy, 16* (2), 203-217.

Clarke, R. (2016). Big data, big risks. *Information Systems Journal, 26* (1), 77-90.

Clemons, E. K., & Row, M. C. (1991). Sustaining IT advantage: The role of structural differences. *MIS Quarterly, 15* (3), 275-292.

Cohen, W. M., & Levinthal, D. A. (1990). Absorptive capacity: A new perspective on learning and innovation. *Administrative Science Quarterly, 35* (1), 128.

Contreras Pinochet, L. H., Amorim, G. d. C. B., Lucas Júnior, D., & Souza, C. A. d. (2021). Consequential factors of big data's analytics capability: How firms use data in the competitive scenario. *Journal of Enterprise Information Management, 34* (5), 1406-1428.

Côrte-Real, N., Oliveira, T., & Ruivo, P. (2017). Assessing business value of big data analytics in european firms. *Journal of Business Research, 70,* 379-390.

Côrte-Real, N., Ruivo, P., & Oliveira, T. (2020). Leveraging internet of things and big data analytics initiatives in European and American firms: Is data quality a way to extract business value? *Information and Management, 57* (1), 103141.

Côrte-Real, N., Ruivo, P., Oliveira, T., & Popovič, A. (2019). Unlocking the drivers of big data analytics value in firms. *Journal of Business Research, 97,* 160-173.

Covin, J. G. (1991). Entrepreneurial versus conservative firms: A comparison of strategies and performance. *Journal of Management Studies, 28* (5), 439-462.

Cui, Y., Firdousi, S. F., Afzal, A., Awais, M., & Akram, Z. (2022). The influence of big data analytic capabilities building and education on business model innovation. *Frontiers in Psychology, 13,* 1 -17.

Cullen, S., Seddon, P. B., & Willcocks, L. P. (2005). IT outsourcing configuration: Research into defining and designing outsourcing arrangements. *Journal of Strategic Information Systems, 14* (4), 357-387.

Daabes, A. S. A., & Kharbat, F. F. (2017). Customer-based perceptual map as a marketing intelligence source. *International Journal of Economics and Business Research, 13* (4), 360-379.

Daft, R. L., & Weick, K. E. (1984). Toward a model of organizations as interpretation systems. *Academy of Management Review, 9* (2), 284-295.

Danneels, E. (2002). The dynamics of product innovation and firm competences. *Strategic Management Journal, 23* (12), 1095-1121.

Danneels, E. (2004). Disruptive technology reconsidered: A critique and research agenda. *Journal of Product Innovation Management, 21* (4), 246-258.

Danneels, E. (2007). The process of technological competence leveraging. *Strategic Management Journal, 28* (5), 511-533.

Davenport, T. ., Barth, P., & Bean, R. (2012). How 'big data'is different. *MIT Sloan Management Review, 54*, 43-46.

Davenport, T. ., & Kudyba, S. (2016). Designing and developing analytics-based data products. *MIT Sloan Management Review, 58* (1), 83-89.

Davis, F. D. (1989). Perceived usefulness, perceived ease of use, and user acceptance of information technology. *MIS Quarterly, 13* (3), 319-339.

Davis, F. D., Bagozzi, R. P., & Warshaw, P. R. (1989). User acceptance of computer technology: A comparison of two theoretical models. *Management Science, 35* (8), 982-1003.

Day, G. S. (1983). Gaining insights through strategy analysis. *Journal of Business Strategy, 4* (1), 51-58.

Day, G. S. (1994). The capabilities of market-driven organizations. *Journal of Marketing, 58* (4), 37-52.

Day, G. S. (1999). Misconceptions about market orientation. *Journal of Market-Focused Management, 4,* 5 -16.

Day, G. S., & Moorman, C. (2010). *Strategy from the Outside-In: Profiting from Customer Value.* McGraw-Hill.

Day, G. S., & Schoemaker, P. J. H. (2016). Adapting to fast-changing markets and technologies. *California Management Review, 58* (4), 59-77.

Day, G. S., & Wensley, R. (1983). Marketing theory with a strategic orientation. *Journal of Marketing, 47* (4), 79-89.

De Bruyn, A., Viswanathan, V., Beh, Y. S., Brock, J. K. U., & von Wangenheim, F. (2020). Artificial intelligence and marketing: Pitfalls and opportunities. *Journal of Interactive Marketing, 51*, 91-105.

Dean, J., & Ghemawat, S. (2004). MapReduce: simplified data processing on large clusters. *OSDI'04: Sixth Symposium on Operating System Design and Implementation*, 137-150.

Dean, J., & Ghemawat, S. (2008). MapReduce: simplified data processing on large clusters. *Communications of the ACM, 51* (1), 107-113.

DeFillippi, R. J., & Arthur, M. B. (1998). Paradox in project-based enterprise: The case of film making. *California Management Review, 40* (2), 125-139.

Dekimpe, M. G. (2020). Retailing and retailing research in the age of big data analytics. *International Journal of Research in Marketing, 37* (1), 3-14.

Dekimpe, M. G., & Geyskens, I. (2019). Retailing research in rapidly changing times: On the danger of being leapfrogged by practice. *Journal of Retailing, 95* (1), 6-9.

Delen, D., & Zolbanin, H. M. (2018). The analytics paradigm in business research. *Journal of Business Research, 90* (April), 186-195.

Delen, G. P. A. J., Peters, R. J., Verhoef, C., & van Vlijmen, S. F. M. (2016). Lessons from Dutch IT-outsourcing success and failure. *Science of Computer Programming, 130*, 37-68.

Demir, M., Demir, Ş. Ş., & Yaşar, E. (2022). Big data and innovative organizational performance: Evidence from a moderated-mediated model. *Creativity and Innovation Management, 31* (4), 696-709.

Deng, C., Yang, J., Su, Z., & Zhang, S. (2021). The double-edged sword impact of effectuation on new product creativity: The moderating role of competitive intensity and firm size. *Journal of Business Research, 137*, 1-12.

Deshpande, R., Farley, J. U., & Webster, F. E. (1993). Corporate culture, customer orientation, and innovativeness in Japanese firms - a quadrad analysis. *Journal of Marketing, 57* (1), 23-27.

Desyllas, P., Miozzo, M., Lee, H. fen, & Miles, I. (2018). Capturing value from innovation in knowledge-intensive business service firms: the role of competitive strategy. *British Journal of Management, 29* (4), 769-795.

Dew, N., Read, S., Sarasvathy, S. D., & Wiltbank, R. (2009). Effectual versus predictive logics in entrepreneurial decision-making: Differences between experts and novices. *Journal of Business Venturing, 24* (4), 287-309.

Dierickx, I., & Cool, K. (1989). Asset stock accumulation and sustainability of competitive advantage. *Management Science, 35* (12), 1504-1511.

Doney, P. M., Cannon, J. P., & Mullen, M. R. (1998). Understanding the influence of national culture on the development of trust. *Academy of Management Review, 23*(3), 601-620.

Dong, S., Xu, S. X., & Zhu, K. X. (2009). Information technology in supply chains: The value of IT-enabled resources under competition. *Information Systems Research, 20* (1), 18-32.

Dorfman, P. W., & Howell, J. P. (1988). Dimensions ofnational culture and effective leadership patterns: Hofstede revisited. *Advances in International Comparative Management, 3*, 127-150.

Dougherty, D. (1992). Interpretive barriers to successful product innovation in large firms. *Organization Science, 3* (2), 179-202.

Dremel, C., Wulf, J., Engel, C., & Mikalef, P. (2020). Looking beneath the Surface - Concepts and Research Avenues for Big Data Analytics Adoption in IS research. *Proceedings of the 41st International Conference on Information Systems (ICIS)*, 1 -17.

Du, R. Y., & Kamakura, W. A. (2012). Quantitative trendspotting. *Journal of Marketing Research, 49* (4), 514-536.

Dubey, R., Bryde, D. J., Graham, G., Foropon, C., Kumari, S., & Gupta, O. (2021). The role of alliance management, big data analytics and information visibility on new-product development capability. *Annals of Operations Research.*

Dubey, R., Gunasekaran, A., Childe, S. J., Papadopoulos, T., Luo, Z., Wamba, S. F., & Roubaud, D. (2019a). Can big data and predictive analytics improve social and environmental sustainability? *Technological Forecasting and Social Change, 144*, 534-545.

Dubey, R., Gunasekaran, A., Childe, S. J., Roubaud, D., Fosso Wamba, S., Giannakis, M., & Foropon, C. (2019b). Big data analytics and organizational culture as complements to swift trust and collaborative performance in the humanitarian supply chain. *International Journal of Production Economics, 210*, 120-136.

Dutta, D. K., Gwebu, K. L., & Wang, J. (2011). Strategy and vendor selection in IT outsourcing: is there a method in the madness? *Journal of Global Information Technology Management, 14* (2), 6 -26.

Dwivedi, Y. K., Ismagilova, E., Hughes, D. L., Carlson, J., Filieri, R., Jacobson, J., Jain, V., Karjaluoto, H., Kefi, H., Krishen, A. S., Kumar, V., Rahman, M. M., Raman, R., Rauschnabel, P. A., Rowley, J., Salo, J., Tran, G. A., & Wang, Y. (2021). Setting the future of digital and social media marketing research: Perspectives and research propositions. *International Journal of Information Management, 59*, 102168.

Dzyabura, D., & Hauser, J. R. (2019). Recommending products when consumers learn their preference weights. *Marketing Science, 38* (3), 417-441.
Edwards, J. R. (2001). Multidimensional constructs in organizational behavior research: An integrative analytical framework. *Organizational Research Methods, 4* (2), 144-192.
Eisenhardt, K. M. (1989). Making fast strategic decisions in high-velocity environments. *Academy of Management Journal, 32* (3), 543-576.
Eisenhardt, K. M., & Martin, J. A. (2000). Dynamic capabilities: What are they? *Strategic Management Journal, 21* (10-11), 1105-1121.
El Manzani, Y., El Idrissi, M., & Lissaneddine, Z. (2023). Soft quality management practices and product innovation ambidexterity: the mediating role of market orientation ambidexterity. *European Journal of Innovation Management, 26* (5), 1333-1364.
Elg, U. (2003). Retail market orientation: a preliminary framework. *International Journal of Retail & Distribution Management, 31* (2), 107-117.
Elia, G., Raguseo, E., Solazzo, G., & Pigni, F. (2022). Strategic business value from big data analytics: An empirical analysis of the mediating effects of value creation mechanisms. *Information and Management, 59* (8), 103701.
Erevelles, S., Fukawa, N., & Swayne, L. (2016). Big Data consumer analytics and the transformation of marketing. *Journal of Business Research, 69* (2), 897-904.
Escribano, A., Fosfuri, A., & Tribó, J. A. (2009). Managing external knowledge flows: The moderating role of absorptive capacity. *Research Policy, 38* (1), 96-105.
Espino-Rodríguez, T. F., & Ramírez-Fierro, J. C. (2018). Outsourcing performance in hotels: Evaluating partnership quality. *Sustainability (Switzerland), 10* (8).
Fabrigar, L. R., Wegener, D. T., MacCallum, R. C., & Strahan, E. J. (1999). Evaluating the use of exploratory factor analysis in psychological research. *Psychological Methods, 4* (3), 272-299.
Fang, S.-R., Chang, E., Ou, C.-C., & Chou, C.-H. (2014). Internal market orientation, market capabilities and learning orientation. *European Journal of Marketing, 48* (1), 170-192.
Faraj, S., & Xiao, Y. (2006). Coordination in fast-response organizations. *Management Science, 52* (8), 1155-1169.
Ferraris, A., Mazzoleni, A., Devalle, A., & Couturier, J. (2019). Big data analytics capabilities and knowledge management: impact on firm performance. *Management Decision, 57* (8), 1923-1936.
Fink, L., & Neumann, S. (2009). Exploring the perceived business value of the flexibility enabled by information technology infrastructure. *Information and Management, 46*

(2), 90-99.

Fink, L., Yogev, N., & Even, A. (2017). Business intelligence and organizational learning: An empirical investigation of value creation processes. *Information and Management, 54* (1), 38-56.

Fitzgerald, M., Kruschwitz, N., Bonnet, D., & Welch, M. (2014). Embracing digital technology: a new strategic imperative. *MIT Sloan Management Review, 55* (2), 1 -12.

Forkmann, S., Ramos, C., Henneberg, S. C., & Naudé, P. (2017). Understanding the service infusion process as a business model reconfiguration. *Industrial Marketing Management, 60*, 151-166.

Fornell, C., & Larcker, D. F. (1981). Evaluating structural equation models with unobservable variables and measurement error. *Journal of Marketing Research, 18* (1), 39-50.

Füller, J., Hutter, K., & Faullant, R. (2011). Why co-creation experience matters? Creative experience and its impact on the quantity and quality of creative contributions. *R&D Management, 41* (3), 259-273.

Galkina, T., & Lundgren-Henriksson, E. L. (2017). Coopetition as an entrepreneurial process: Interplay of causation and effectuation. *Industrial Marketing Management, 67*, 158-173.

Gambal, M. J., Asatiani, A., & Kotlarsky, J. (2022). Strategic innovation through outsourcing - A theoretical review. *Journal of Strategic Information Systems, 31* (2), 101718.

Gandomi, A., & Haider, M. (2015). Beyond the hype: Big data concepts, methods, and analytics. *International Journal of Information Management, 35* (2), 137-144.

Gartner. (2023). *Gartner IT spending forecast.* https://www.gartner.com/en/newsroom/press-releases/2023-04-06-gartner-forecasts-worldwide-it-spending-to-grow- 5 -percent-in-2023

Gatignon, H., & Xuereb, J. M. (1997). Strategic orientation of the firm and new product performance. *Journal of Marketing Research, 34* (1), 77-90.

Ghantous, N., & Alnawas, I. (2020). The differential and synergistic effects of market orientation and entrepreneurial orientation on hotel ambidexterity. *Journal of Retailing and Consumer Services, 55*, 102072.

Ghasemaghaei, M. (2019a). Does data analytics use improve firm decision making quality? The role of knowledge sharing and data analytics competency. *Decision Support Systems, 120*, 14-24.

Ghasemaghaei, M. (2019b). Are firms ready to use big data analytics to create value? The role of structural and psychological readiness. *Enterprise Information Systems, 13*

(5), 650-674.

Ghasemaghaei, M., & Calic, G. (2020). Assessing the impact of big data on firm innovation performance: Big data is not always better data. *Journal of Business Research, 108*, 147-162.

Gilbert, C. G. (2005). Unbundling the structure of inertia: Resource versus routine rigidity. *Academy of Management Journal, 48* (5), 741-763.

Gilbert, C. G. (2006). Change in the presence of residual fit: Can competing frames coexist? *Organization Science, 17* (1), 150-167.

Gittleman, M., Horrigan, M., & Joyce, M. (1998). "Flexible" workplace practices: Evidence from a nationally representative survey. *Industrial and Labor Relations Review, 52* (1), 99-115.

Giudici, A., Reinmoeller, P., & Ravasi, D. (2018). Open-system orchestration as a relational source of sensing capabilities: Evidence from a venture association. *Academy of Management Journal, 61* (4), 1369-1402.

Glaser, S. R., Zamanou, S., & Hacker, K. (1987). Measuring and interpreting organizational culture. *Management Communication Quarterly, 1* (2), 173-198.

Goodhue, D. L., Chen, D. Q., Boudreau, M. C., & Davis, A. R. (2009). Addressing business agility challenges with enterprise systems. *MIS Quarterly Executive, 8* (2), 73-88.

Gopalakrishnan, S., & Zhang, H. (2019). Client dependence: A boon or bane for vendor innovation? A competitive mediation framework in IT outsourcing. *Journal of Business Research, 103*, 407-416.

Grant, R. M. (1995). *Contemporary Strategy Analysis*. Blackwell Publishing.

Grant, R. M. (1996). Prospering in dynamic-competence environments: Organizational capability as knowledge integration. *Organization Science, 7* (4), 375-387.

Grewal, D., Ahlbom, C. P., Beitelspacher, L., Noble, S. M., & Nordfält, J. (2018). In-store mobile phone use and customer shopping behavior: Evidence from the field. *Journal of Marketing, 82* (4), 102-106.

Grewal, D., Levy, M., & Kumar, V. (2009). Customer experience management in retailing: An organizing framework. *Journal of Retailing, 85* (1), 1-14.

Grossman, R. L., & Siegel, K. P. (2014). Organizational models for big data and analytics. *Journal of Organization Design, 3* (1), 20.

Grover, V., Cheon, M. J., & Teng, J. T. C. (1994). A descriptive study on the outsourcing of information systems functions. *Information and Management, 27* (1), 33-44.

Grover, V., Chiang, R. H. L., Liang, T.-P., & Zhang, D. (2018). Creating strategic business value from big data analytics: A research framework. *Journal of Management Information Systems, 35* (2), 388-423.

Gu, V. C., Zhou, B., Cao, Q., & Adams, J. (2021). Exploring the relationship between supplier development, big data analytics capability, and firm performance. *Annals of Operations Research, 302* (1), 151–172.

Günther, W. A., Rezazade Mehrizi, M. H., Huysman, M., & Feldberg, F. (2017). Debating big data: A literature review on realizing value from big data. *Journal of Strategic Information Systems, 26* (3), 191–209.

Gupta, A. K., Smith, K. G., Shalley, C. E., & Smith, K. E. N. G. (2006). The Interplay between Exploration and exploitation. *Academy of Management Journal, 49* (4), 693–706.

Gupta, M., & George, J. F. (2016). Toward the development of a big data analytics capability. *Information and Management, 53* (8), 1049–1064.

Gupta, Shaphali, & Ramachandran, D. (2021). Emerging market retail: Transitioning from a product-centric to a customer-centric approach. *Journal of Retailing, 97* (4), 597–620.

Gupta, Shivam, Drave, V. A., Dwivedi, Y. K., Baabdullah, A. M., & Ismagilova, E. (2020). Achieving superior organizational performance via big data predictive analytics: A dynamic capability view. *Industrial Marketing Management, 90*, 581–592.

Hair, J. F., Hult, G. T. M., Ringle, C. M., & Sarstedt, M. (2014). *A primer on partial least squares structural equation modeling (PLS-SEM)*. Sage Publications.

Hair, J. F., Ringle, C. M., & Sarstedt, M. (2011). PLS-SEM: Indeed a silver bullet. *The Journal of Marketing Theory and Practice, 19* (2), 139–152.

Hair, J. F., Ringle, C. M., & Sarstedt, M. (2013). Partial least squares structural equation modeling: Rigorous applications, better results and higher acceptance. *Long Range Planning, 46* (1–2), 1–12.

Hair, J. F., Sarstedt, M., Ringle, C. M., & Mena, J. A. (2012). An assessment of the use of partial least squares structural equation modeling in marketing research. *Journal of the Academy of Marketing Science, 40* (3), 414–433.

Hamel, G., & Prahalad, C. K. (1994). *Competing For the Future*. Harvard Business School Press.

Han, H. S., Lee, J. N., & Seo, Y. W. (2008). Analyzing the impact of a firm's capability on outsourcing success: A process perspective. *Information and Management, 45* (1), 31–42.

Han, J. K., Kim, N., & Srivastava, R. K. (1998). Market orientation and organizational performance: Is innovation a missing link?. *Journal of Marketing, 62* (4), 30–45.

Hartmann, J., Huppertz, J., Schamp, C., & Heitmann, M. (2019). Comparing automated text classification methods. *International Journal of Research in Marketing, 36* (1), 20–38.

Haseli, G., Ranjbarzadeh, R., Hajiaghaei-Keshteli, M., Jafarzadeh Ghoushchi, S., Hasani, A.,

Deveci, M., & Ding, W. (2023). HECON: Weight assessment of the product loyalty criteria considering the customer decision's halo effect using the convolutional neural networks. *Information Sciences, 623*, 184-205.

He, Z.-L., & Wong, P.-K. (2004). Exploration vs. exploitation: An empirical test of the ambidexterity hypothesis. *Organization Science, 15* (4), 481-494.

Helfat, C. E., Finkelstein, S., Mitchell, W., Peteraf, M. A., Singh, H., Teece, D. J., & Winter, S. G. (2007). *Dynamic Capabilities: Understanding Strategic Change in Organizations.* Blackwell Publishing.

Helfat, C. E., & Peteraf, M. A. (2009). Understanding dynamic capabilities: Progress along a developmental path. *Strategic Organization, 7* (1), 91-102.

Helfat, C. E., & Winter, S. G. (2011). Untangling dynamic and operational capabilities: Strategy for the (n) ever-changing world. *Strategic Management Journal, 32* (11), 1243-1250.

Henschen, D. (2012). Why Sears is going all-in on Hadoop. *InformationWeek, November*, 1-6.

Henseler, J., Hubona, G., & Ray, P. A. (2016). Using PLS path modeling in new technology research: Updated guidelines. *Industrial Management and Data Systems, 116* (1), 2-20.

Henseler, J., Ringle, C. M., & Sarstedt, M. (2015). A new criterion for assessing discriminant validity in variance-based structural equation modeling. *Journal of the Academy of Marketing Science, 43* (1), 115-135.

Herhausen, D. (2016). Unfolding the ambidextrous effects of proactive and responsive market orientation. *Journal of Business Research, 69* (7), 2585-2593.

Hoecht, A., & Trott, P. (2006). Innovation risks of strategic outsourcing. *Technovation, 26* (5-6), 672-681.

Hofstede, G. (1983). National cultures in four dimensions : A research-based theory of cultural differences among nations. *International Studies of Management & Organization, 13* (1-2), 46-74.

Hofstede, G. (1984). *Culture's consequence: International differences in work-related values.* Sage Publications.

Hofstede, G. (2001). *Culture's Consequences: Comparing Values, Behaviors, Institutions and Organizations Across Nations.* Sage Publications.

Hooley, G. J., Greenley, G. E., Cadogan, J. W., & Fahy, J. (2005). The performance impact of marketing resources. *Journal of Business Research, 58* (1), 18-27.

Horng, J. S., Liu, C. H., Chou, S. F., Yu, T. Y., & Hu, D. C. (2022). Role of big data capabilities in enhancing competitive advantage and performance in the hospitality sector: Knowledge-based dynamic capabilities view. *Journal of Hospitality and*

Tourism Management, 51, 22-38.

Hortinha, P., Lages, C., & Lages, L. F. (2011). The trade-off between customer and technology orientations: Impact on innovation capabilities and export performance. *Journal of International Marketing, 19* (3), 36-58.

Hossain, M. A., Akter, S., & Yanamandram, V. (2020). Revisiting customer analytics capability for data-driven retailing. *Journal of Retailing and Consumer Services, 56*, 102187.

Huang, B., Song, J., Xie, Y., Li, Y., & He, F. (2022). The effect of big data analytics capability on competitive performance: The mediating role of resource optimization and resource bricolage. *Frontiers in Psychology, 13*, 1-14.

Huang, M. H., & Rust, R. T. (2021a). Engaged to a robot? The role of AI in service. *Journal of Service Research, 24* (1), 30-41.

Huang, M. H., & Rust, R. T. (2021b). A strategic framework for artificial intelligence in marketing. *Journal of the Academy of Marketing Science, 49* (1), 30-50.

Huddar, M. G., & Ramannavar, M. M. (2013). A survey on big data analytical tools. *International Journal of Latest Trends in Engineering and Technology*, 85-91.

Hult, G. T. M., & Ketchen, D. J. (2001). Does market orientation matter?: A test of the relationship between positional advantage and performance. *Strategic Management Journal, 22* (9), 899-906.

Hult, G. T. M., Ketchen, D. J., & Slater, S. F. (2005). Market orientation and performance: An integration of disparate approaches. *Strategic Management Journal, 26* (12), 1173-1181.

Hunt, S. D., & Morgan, R. M. (1995). The comparative advantage theory of competition. *Journal of Marketing, 59* (2), 1.

Hurley, R. F., & Hult, G. T. M. (1998). Innovation, market orientation, and organizational learning: An integration and empirical examination. *Journal of Marketing, 62* (3), 42-54.

Iivari, J., & Huisman, M. (2007). The relationship between organizational culture and the deployment of systems development methodologies. *MIS Quarterly, 31* (1), 35-58.

Ilie, V., & Turel, O. (2020). Manipulating user resistance to large-scale information systems through influence tactics. *Information and Management, 57* (3), 103178.

IRT. (2023). 国内 IT 投資動向調査報告書2023.

Itami, H. (1987). *Mobilizing Invisible Assets*. Harvard University Press.

Iyer, P., Davari, A., Zolfagharian, M., & Paswan, A. (2019). Market orientation, positioning strategy and brand performance. *Industrial Marketing Management, 81*, 16-29.

Jafari Navimipour, N., & Soltani, Z. (2016). The impact of cost, technology acceptance and employees' satisfaction on the effectiveness of the electronic customer relationship management systems. *Computers in Human Behavior, 55*, 1052–1066.

Jain, R. P., Poston, R. S., & Simon, J. C. (2011). An empirical investigation of client managers responsibilities in managing offshore outsourcing of software-testing projects. *IEEE Transactions on Engineering Management, 58* (4), 743–757.

Janssen, M., van der Voort, H., & Wahyudi, A. (2017). Factors influencing big data decision-making quality. *Journal of Business Research, 70*, 338–345.

Jarvenpaa, S. L., & Leidner, D. E. (1998). An information company in Mexico: Extending the resource-based view of the firm to a developing country context. *Information Systems Research, 9* (4), 342–361.

Jarvenpaa, S. L., & Mao, J. Y. (2008). Operational capabilities development in mediated offshore software services models. *Journal of Information Technology, 23* (1), 3–17.

Jarvis, C. B., Mackenzie, S. B., & Podsakoff, P. M. (2003). A critical review of construct indicators and measurement model misspecification in marketing and consumer research. *Journal of Consumer Research, 30* (2), 199–218.

Jaworski, B. J., & Kohli, A. K. (1993). Market orientation: Antecedents and consequences. *Journal of Marketing, 57* (3), 53–70.

Jaworski, B., Kohli, A. K., & Sahay, A. (2000). Market-driven versus driving markets. *Journal of the Academy of Marketing Science, 28* (1), 45–54.

Jiang, Y., & Rüling, C. C. (2019). Opening the black box of effectuation processes: Characteristics and dominant types. *Entrepreneurship: Theory and Practice, 43* (1), 171–202.

Johnson, J. S., Friend, S. B., & Lee, H. S. (2017). Big data facilitation, utilization, and monetization: Exploring the 3Vs in a new product development process. *Journal of Product Innovation Management, 34* (5), 640–658.

Kafetzopoulos, D., & Psomas, E. (2015). The impact of innovation capability on the performance of manufacturing companies the Greek case. *Journal of Manufacturing Technology Management, 26* (1), 104–130.

Kalaignanam, K., Tuli, K. R., Kushwaha, T., Lee, L., & Gal, D. (2021). Marketing agility: The concept, antecedents, and a research agenda. *Journal of Marketing, 85* (1), 35–58.

Kaleka, A. (2002). Resources and capabilities driving competitive advantage in export markets: Guidelines for industrial exporters. *Industrial Marketing Management, 31* (3), 273–283.

Kaleka, A. (2011). When exporting manufacturers compete on the basis of service: Resources and marketing capabilities driving service advantage and performance.

Journal of International Marketing, 19 (1), 40–58.

Kamakura, W. A., & Kang, W. (2007). Chain-wide and store-level analysis for cross-category management. *Journal of Retailing, 83* (2), 159–170.

Kane, G. C., & Alavi, M. (2007). Information technology and organizational learning: An investigation of exploration and exploitation processes. *Organization Science, 18* (5), 796–812.

Karaboga, T., Zehir, C., Tatoglu, E., Karaboga, H. A., & Bouguerra, A. (2022). Big data analytics management capability and firm performance: the mediating role of data-driven culture. *Review of Managerial Science.*

Karimi-Alaghehband, F., & Rivard, S. (2019). Information technology outsourcing and architecture dynamic capabilities as enablers of organizational agility. In *Journal of Information Technology* (Vol. 34, Issue 2).

Karimi-Alaghehband, F., & Rivard, S. (2020). IT outsourcing success: A dynamic capability-based model. *Journal of Strategic Information Systems, 29* (1), 101599.

Keen, P. G. W. (1991). *Shaping the Future: Business Design Through Information Technology.* Harvard Business School Press.

Keen, P. G. W. (1993). Information technology and the management difference: A fusion map. *IBM Systems Journal, 32* (1), 17–39.

Khan, A., Tao, M., & Li, C. (2022). Knowledge absorption capacity's efficacy to enhance innovation performance through big data analytics and digital platform capability. *Journal of Innovation and Knowledge, 7* (3).

Khan, Z., & Vorley, T. (2017). Big data text analytics: an enabler of knowledge management. *Journal of Knowledge Management, 21* (1), 18–34.

Khin, S., & Ho, T. C. F. (2019). Digital technology, digital capability and organizational performance: A mediating role of digital innovation. *International Journal of Innovation Science, 11* (2), 177–195.

King, W. R., & Teo, T. S. H. (1994). Facilitators and inhibitors for the strategic use of information technology. *Information and Management, 27* (2), 71–87

Kirkpatrick, K. (2020). Tracking shoppers. *Communications of the ACM, 63* (2), 19–21.

Kiron, D., Prentice, P. K., & Ferguson, R. B. (2014). The analytics mandate. *MIT Sloan Management Review, 55* (4), 1–25.

Kiron, D., & Shockley, R. (2011). Creating business value with analytics. *MIT Sloan Management Review, 53* (1), 57–63.

Kogut, B., & Zander, U. (1992). Knowledge of the firm, combinative capabilities, and the replication of technology. *Organization Science, 3* (3), 383–397.

Kohli, A. K., & Jaworski, B. J. (1990). Market orientation: The construct, research propositions, and managerial implications. *Journal of Marketing, 54* (2), 1–18.

Könning, M., Westner, M., & Strahringer, S. (2019). A systematic review of recent developments in IT outsourcing research. *Information Systems Management, 36* (1), 78-96.

Kozlenkova, I. V., Samaha, S. A., & Palmatier, R. W. (2014). Resource-based theory in marketing. *Journal of the Academy of Marketing Science, 42* (1), 1-21.

Kumar, V., Jones, E., Venkatesan, R., & Leone, R. P. (2011). Is market orientation a source of sustainable competitive advantage or simply the cost of competing? *Journal of Marketing, 75* (1), 16-30.

Lacity, M. C., & Willcocks, L. P. (2013). Outsourcing business processes for innovation. *MIT Sloan Management Review, 53* (3), 63-69.

Lahiri, S., & Kedia, B. L. (2009). The effects of internal resources and partnership quality on firm performance: An examination of Indian BPO providers. *Journal of International Management, 15* (2), 209-224.

Lai, Y., Sun, H., & Ren, J. (2018). Understanding the determinants of big data analytics (BDA) adoption in logistics and supply chain management: An empirical investigation. *International Journal of Logistics Management, 29* (2), 676-703.

Lamore, P. R., Berkowitz, D., & Farrington, P. A. (2013). Proactive/responsive market orientation and marketing - Research and development integration. *Journal of Product Innovation Management, 30* (4), 695-711.

Larke, R. (1992). Japanese retailing: Fascinating, but little understood. *International Journal of Retail & Distribution Management, 20* (1), 3-15.

LaValle, S., Lesser, E., Shockley, R., Hopkins, M. S., & Kruschwitz, N. (2011). Big data, analytics and the path from insights to value. *MIT Sloan Management Review, 52* (2), 21-32.

Lawson, B., & Samson, D. (2001). Developing innovation capability in organisations: a dynamic capabilities approach. *International Journal of Innovation Management, 5* (3), 377-400.

Lee, R. P., & Kim, D. (2010). Implications of service processes outsourcing on firm value. *Industrial Marketing Management, 39* (5), 853-861.

Lee, S., & Kim, K. (2007). Factors affecting the implementation success of Internet-based information systems. *Computers in Human Behavior, 23* (4), 1853-1880.

Lee, S. M., & Trimi, S. (2021). Convergence innovation in the digital age and in the COVID-19 pandemic crisis. *Journal of Business Research, 123*, 14-22.

Lehner, A.-C., Koldewey, C., & Gausemeier, J. (2018). Approach for a pattern-based development of frugal innovations. *Technology Innovation Management Review, 8* (4), 14-27.

Lema, R., Quadros, R., & Schmitz, H. (2015). Reorganising global value chains and building innovation capabilities in Brazil and India. *Research Policy, 44* (7), 1376-1386.

Levinthal, D. A., & March, J. G. (1993). The myopia of learning. *Strategic Management Journal, 14* (S2), 95-112.

Lewis, J. D., & Weigert, A. (1985). Trust as a social reality. *Social Forces, 63* (4), 967-985.

Lewis, W., Agarwal, R., & Sambamurthy, V. (2003). Sources of Influence on Beliefs about Information Technology Use: An Empirical Study of Knowledge Workers. *MIS Quarterly, 27* (4), 657.

Li, F., Larimo, J., & Leonidou, L. C. (2021). Social media marketing strategy: definition, conceptualization, taxonomy, validation, and future agenda. *Journal of the Academy of Marketing Science, 49* (1), 51-70.

Li, H., Wu, Y., Cao, D., & Wang, Y. (2021). Organizational mindfulness towards digital transformation as a prerequisite of information processing capability to achieve market agility. *Journal of Business Research, 122,* 700-712.

Li, T., & Calantone, R. J. (1998). The impact of market knowledge competence on new product advantage: conceptualization and empirical examination. *Journal of Marketing, 62* (4), 13-29.

Liang, H., Wang, N., Xue, Y., & Ge, S. (2017). Unraveling the alignment paradox: How does business-IT alignment shape organizational agility? *Information Systems Research, 28* (4), 863-879.

Lieberman, M. B., & Montgomery, D. B. (1988). First-mover advantages. *Strategic Management Journal, 9* (1), 41-58.

Lim, J. S., Darley, W. K., & Marion, D. (2017). Market orientation, innovation commercialization capability and firm performance relationships: the moderating role of supply chain influence. *Journal of Business and Industrial Marketing, 32* (7), 913-924.

Lin, C., & Kunnathur, A. (2019). Strategic orientations, developmental culture, and big data capability. *Journal of Business Research, 105,* 49-60.

Lippman, S. A., & Rumelt, R. P. (1982). Uncertain imitability: An analysis of interfirm differences in efficiency under competition. *The Bell Journal of Economics, 13* (2), 418.

Lisboa, A., Skarmeas, D., & Lages, C. (2011). Innovative capabilities: Their drivers and effects on current and future performance. *Journal of Business Research, 64* (11), 1157-1161.

Liu, S. S., Luo, X., & Shi, Y.-Z. (2002). Integrating customer orientation, corporate entrepeneurship, and learning orientation in organizations-in-transition: an empirical study. *International Journal of Research in Marketing, 19* (4), 367-382.

Liu, X., Singh, P. V., & Srinivasan, K. (2016). A structured analysis of unstructured big data by leveraging cloud computing. *Marketing Science, 35* (3), 363-388.

Low, C., Chen, Y., & Wu, M. (2011). Understanding the determinants of cloud computing adoption. *Industrial Management and Data Systems*, 111 (7), 1006-1023.

Lozada, N., Arias-Pérez, J., & Henao-García, E. A. (2023). Unveiling the effects of big data analytics capability on innovation capability through absorptive capacity: why more and better insights matter. *Journal of Enterprise Information Management, 36* (2), 680-701.

Lu, Y., & Ramamurthy, K. (2011). Understanding the link between information technology capability and organizational agility: An empirical examination. *MIS Quarterly, 35* (4), 931-954.

Lukas, B. A., & O.C. Ferrell. (2000). The effect of market orientation on product innovation. *Journal of the Academy of Marketing Science, 28* (2), 239-247.

Lumpkin, G. ., & Dess, G. G. (2001). Linking two dimensions of entrepreneurial orientation to firm performance. *Journal of Business Venturing, 16* (5), 429-451.

Lycett, M. (2013). 'Datafication' : making sense of (big) data in a complex world. *European Journal of Information Systems, 22* (4), 381-386.

MacKenzie, Podsakoff, & Podsakoff. (2011). Construct measurement and validation procedures in MIS and behavioral research: Integrating new and existing techniques. *MIS Quarterly, 35* (2), 293-334.

Madhavan, R., & Grover, R. (1998). From embedded knowledge to embodied knowledge: New product development as knowledge management. *Journal of Marketing, 62* (4), 1 -12.

Maduku, D. K., Mpinganjira, M., & Duh, H. (2016). Understanding mobile marketing adoption intention by South African SMEs: A multi-perspective framework. *International Journal of Information Management, 36* (5), 711-723.

Maine, E., Soh, P. H., & Dos Santos, N. (2015). The role of entrepreneurial decision-making in opportunity creation and recognition. *Technovation, 39-40* (1), 53-72.

Makadok, R. (1998). Can first-mover and early-mover advantages be sustained in an industry with low barriers to entry/imitation? *Strategic Management Journal, 19* (7), 683-696.

Makadok, R. (2001). Toward a synthesis of the resource-based and dynamic-capability views of rent creation. *Strategic Management Journal, 22* (5), 387-401.

Manning, S., Massini, S., Peeters, C., & Lewin, A. Y. (2018). The changing rationale for governance choices: Early vs. late adopters of global services sourcing. *Strategic Management Journal, 39* (8), 2303-2334.

Mao, H., Gong, Y., & Titah, R. (2022). Understanding the relationship between IT capabilities and operational agility: a multi-method approach. *Journal of Enterprise Information Management, 36* (2), 409-436.

March, J. G. (1991). Exploration and exploitation in organizational learning. *Organization Science, 2* (1), 71-87.

March, S. T., & Scudder, G. D. (2019). Predictive maintenance: strategic use of IT in manufacturing organizations. *Information Systems Frontiers, 21* (2), 327-341.

March, J. G., & Simon, H. (1958). *Organizations*. John Wiley & Sons.

Markides, C., & Sosa, L. (2013). Pioneering and first mover advantages: The importance of business models. *Long Range Planning, 46* (4-5), 325-334.

Martins, C., Oliveira, T., & Popovič, A. (2014). Understanding the internet banking adoption: A unified theory of acceptance and use of technology and perceived risk application. *International Journal of Information Management, 34* (1), 1-13.

Martins, R., Oliveira, T., & Thomas, M. A. (2015). Assessing organizational adoption of information systems outsourcing. *Journal of Organizational Computing and Electronic Commerce, 25* (4), 360-378.

Mata, F. J., Fuerst, W. L., & Barney, J. B. (1995). Information technology and sustained competitive advantage: A resource-based analysis. *MIS Quarterly, 19* (4), 487-504.

Mathiassen, L., & Pries-Heje, J. (2006). Business agility and diffusion of information technology. *European Journal of Information Systems, 15* (2), 116-119.

Matsuno, K., & Mentzer, J. T. (2000). The effects of strategy type on the market orientation-performance relationship. *Journal of Marketing, 64* (4), 1-16.

Matsuno, K., Mentzer, J. T., & Özsomer, A. (2002). The effects of entrepreneurial proclivity and market orientation on business performance. *Journal of Marketing, 66* (3), 18-32.

Mazumder, S., & Garg, S. (2021). Decoding digital transformational outsourcing: The role of service providers' capabilities. *International Journal of Information Management, 58* (February), 102295.

Mazzei, M. J., & Noble, D. (2017). Big data dreams: A framework for corporate strategy. *Business Horizons, 60* (3), 405-414.

McAfee, A. (2004). Do you have too much IT? *MIT Sloan Management Review, 45* (3), 18-22.

McAfee, A., & Brynjolfsson, E. (2012). Big data: The management revolution. *Harvard Business Review, 90* (10), 1-9.

McDaniel, S. W., & Kolari, J. W. (1987). Marketing strategy implications of the Miles and Snow strategic typology. *Journal of Marketing, 51* (4), 19-30.

McKinley, W., Latham, S., & Braun, M. (2014). Organizational decline and innovation:

Turnarounds and downward spirals. *Academy of Management Review, 39* (1), 88-110.

Menguc, B., & Auh, S. (2006). Creating a firm-level dynamic capability through capitalizing on market orientation and innovativeness. *Journal of the Academy of Marketing Science, 34* (1), 63-73.

Menguc, Bulent, & Auh, S. (2008). The asymmetric moderating role of market orientation on the ambidexterity-firm performance relationship for prospectors and defenders. *Industrial Marketing Management, 37* (4), 455-470.

Merrilees, B., Rundle-Thiele, S., & Lye, A. (2011). Marketing capabilities: Antecedents and implications for B2B SME performance. *Industrial Marketing Management, 40* (3), 368-375.

Metz, C. (2018). *Good news: A.I. is getting cheaper. That's bad news.* New York Times.

Michell, V., & Fitzgerald, G. (1997). The IT outsourcing market-place: vendors and their selection. *Journal of Information Technology, 12* (3), 223-237.

Mikalef, P., Boura, M., Lekakos, G., & Krogstie, J. (2019a). Big data analytics and firm performance: Findings from a mixed-method approach. *Journal of Business Research, 98*, 261-276.

Mikalef, P., Boura, M., Lekakos, G., & Krogstie, J. (2019b). Big data analytics capabilities and innovation: The mediating role of dynamic capabilities and moderating effect of the environment. *British Journal of Management, 30* (2), 272-298.

Mikalef, P., Boura, M., Lekakos, G., & Krogstie, J. (2020a). The role of information governance in big data analytics driven innovation. *Information and Management, 57* (7), 103361.

Mikalef, P., & Krogstie, J. (2020). Examining the interplay between big data analytics and contextual factors in driving process innovation capabilities. *European Journal of Information Systems, 29* (3), 260-287.

Mikalef, P., Krogstie, J., Pappas, I. O., & Pavlou, P. (2020b). Exploring the relationship between big data analytics capability and competitive performance: The mediating roles of dynamic and operational capabilities. *Information and Management, 57* (2), 103169.

Mikalef, P., Pappas, I. O., Krogstie, J., & Giannakos, M. (2018). Big data analytics capabilities: a systematic literature review and research agenda. *Information Systems and E-Business Management, 16* (3), 547-578.

Mikalef, P., & Pateli, A. (2017). Information technology-enabled dynamic capabilities and their indirect effect on competitive performance: Findings from PLS-SEM and fsQCA. *Journal of Business Research, 70*, 1 -16.

Mikalef, P., van de Wetering, R., & Krogstie, J. (2021). Building dynamic capabilities by leveraging big data analytics: The role of organizational inertia. *Information and Management, 58* (6), 103412.

Miller, D. (1983). The correlates of entrepreneurship in three types of firms. *Management Science, 29* (7), 770-791.

Miller, K. D., & Chen, W. (2004). Variable organizational risk preferences: Tests of the March-Shapira model. *Academy of Management Journal, 47* (1), 105-115.

Mintzberg, H. (1987). Crafting strategy. *Harvard Business Review, 65*, 66-75.

Miozzo, M., & Grimshaw, D. (2005). Modularity and innovation in knowledge-intensive business services: IT outsourcing in Germany and the UK. *Research Policy, 34* (9), 1419-1439.

Mithas, S., Ramasubbu, N., & Sambamurthy, V. (2011). How information management capability influences firm performance. *MIS Quarterly*, 35 (1), 237-256.

Mithas, S., Tafti, A., Bardhan, I., & Goh, J. M. (2012). Information technology and firm profitability: Mechanisms and empirical evidence. *MIS Quarterly, 36* (1), 205-224.

Moorman, C. (1995). Organizational market information processes: Cultural antecedents and new product outcomes. *Journal of Marketing Research, 32* (3), 318-335.

Morgan, N. A., Vorhies, D. W., & Mason, C. H. (2009). Market orientation, marketing capabilities, and firm performance. *Strategic Management Journal, 30* (8), 909-920.

Morgan, N. A., Whitler, K. A., Feng, H., & Chari, S. (2019). Research in marketing strategy. *Journal of the Academy of Marketing Science, 47* (1), 4-29.

Morgan, N. A., Zou, S., Vorhies, D. W., & Katsikeas, C. S. (2003). Experiential and informational knowledge, architectural marketing capabilities, and the adaptive performance of export ventures: A cross-national study. *Decision Sciences, 34* (2), 287-321.

Morgan, R. E., & Berthon, P. R. (2008). Market orientation, generative learning, innovation strategy and business performance inter-relationships in bioscience firms. *Journal of Management Studies, 45* (8), 1329-1353.

Morimura, F., & Sakagawa, Y. (2018). Information technology use in retail chains: Impact on the standardisation of pricing and promotion strategies and performance. *Journal of Retailing and Consumer Services, 45*, 81-91.

Morimura, F., & Sakagawa, Y. (2023). The intermediating role of big data analytics capability between responsive and proactive market orientations and firm performance in the retail industry. *Journal of Retailing and Consumer Services, 71*, 103193.

Mukherjee, D., Gaur, A. S., & Datta, A. (2013). Creating value through offshore outsourcing: An integrative framework. *Journal of International Management, 19* (4), 377-389.

Murthy, C., Padhi, S. S., Gupta, N., & Kapil, K. (2016). An empirical investigation of the antecedents of value co-creation in B2B IT services outsourcing. *Business Process Management Journal, 22* (3), 484-506.

Naman, J. P. & Slevin, D. P. (1993). Entrepreneurship and the concept of fit : A entrepreneurship tests model and empirical tests. *Strategic Management Journal, 14* (2), 137-153.

Narver, J. C., & Slater, S. F. (1990). The effect of a market orientation on business profitability. *Journal of Marketing, 54* (4), 20-35.

Narver, J. C., Slater, S. F., & MacLachlan, D. L. (2000). *Total market orientation, business performance, and innovation* (Report Summary No. 00-116).

Narver, J. C., Slater, S. F., & MacLachlan, D. L. (2004). Responsive and proactive market orientation and new-product success. *Journal of Product Innovation Management, 21* (5), 334-347.

Nevo, S., & Wade, M. R. (2010). The formation and value of IT-enabled resources: antecedents and consequences of synergistic relationships. *MIS Quarterly, 34* (1), 163-183.

Newell, S., & Galliers, R. D. (2006). Facilitating - or inhibiting - knowing in practice. *European Journal of Information Systems, 15* (5), 441-445.

Newey, L. R., & Zahra, S. A. (2009). The evolving firm: How dynamic and operating capabilities interact to enable entrepreneurship. *British Journal of Management, 20.*

NewVantage Partners. (2021). *Big data and AI executive survey.*

Ngo, L. V., & O'Cass, A. (2012). In search of innovation and customer-related performance superiority: The role of market orientation, marketing capability, and innovation capability interactions. *Journal of Product Innovation Management, 29* (5), 861-877.

Nilashi, M., Ahmadi, H., Arji, G., Alsalem, K. O., Samad, S., Ghabban, F., Alzahrani, A. O., Ahani, A., & Alarood, A. A. (2021). Big social data and customer decision making in vegetarian restaurants: A combined machine learning method. *Journal of Retailing and Consumer Services, 62,* 102630.

Nonaka, I. (1994). A dynamic theory of organizational knowledge creation. *Organization Science, 5* (1), 14-37.

Nummela, N., Saarenketo, S., Jokela, P., & Loane, S. (2014). Strategic decision-making of a born global: A comparative study from three small open economies. *Management International Review, 54* (4), 527-550.

OECD (2021). *Mobile broadband subscriptions per 100 inhabitants.*

OECD. (2023). *OECD Employment Outlook 2023: Artificial Intelligence and the Labour Market.*

Okhuysen, G. A., & Bechky, B. A. (2009). Coordination in organizations: An integrative perspective. *Academy of Management Annals, 3* (1), 463-502.

Olabode, O. E., Boso, N., Hultman, M., & Leonidou, C. N. (2022). Big data analytics capability and market performance: The roles of disruptive business models and competitive intensity. *Journal of Business Research, 139*, 1218-1230.

Oliver, R. L. (1997). *Satisfaction: A behavioral perspective on the consumer*. McGraw-Hill.

Ordanini, A., & Rubera, G. (2010). How does the application of an IT service innovation affect firm performance? A theoretical framework and empirical analysis on e-commerce. *Information and Management, 47* (1), 60-67.

Orr, L. M., Bush, V. D., & Vorhies, D. W. (2011). Leveraging firm-level marketing capabilities with marketing employee development. *Journal of Business Research, 64* (10), 1074-1081.

Ortega, A. M., García, M. T., & Santos, M. V. (2017). Effectuation-causation: what happens in new product development? *Management Decision, 55* (8), 1717-1735.

Ortega, J. (2001). Job rotation as a learning mechanism. *Management Science, 47* (10), 1361-1370.

Overby, E., Bharadwaj, A., & Sambamurthy, V. (2006). Enterprise agility and the enabling role of information technology. *European Journal of Information Systems, 15* (2), 120-131.

Palmatier, R. W., Dant, R. P., & Grewal, D. (2007). A comparative longitudinal analysis of theoretical perspectives of interorganizational relationship performance. *Journal of Marketing, 71* (4), 172-194.

Palmatier, R. W., Scheer, L. K., & Steenkamp, J. B. E. M. (2007). Customer loyalty to whom? Managing the benefits and risks of salesperson-owned loyalty. *Journal of Marketing Research, 44* (2), 185-199.

Palmié, M., Miehé, L., Oghazi, P., Parida, V., & Wincent, J. (2022). The evolution of the digital service ecosystem and digital business model innovation in retail: The emergence of meta-ecosystems and the value of physical interactions. *Technological Forecasting and Social Change, 177*.

Palvia, S. C., Palvia, P., Xia, W., & King, R. C. (2011). Critical issues of IT outsourcing vendors in India. *Communications of the Association for Information Systems, 29* (1), 203-220.

Pantano, E., & Dennis, C. (2019). Store buildings as tourist attractions: Mining retail meaning of store building pictures through a machine learning approach. *Journal of Retailing and Consumer Services, 51*, 304-310.

Paré, G., Guillemette, M. G., & Raymond, L. (2020). IT centrality, IT management model, and contribution of the IT function to organizational performance: A study in

Canadian hospitals. *Information and Management, 57* (3), 103198.

Patten, K. P., Fjermestad, J., & Whitworth, B. (2009). How CIOs use flexibility to manage uncertainty in dynamic business environments. *Proceedings of the Fifteenth Americas Conference on Information Systems, San Francisco, Paper 462,* 1-8.

Pavlou, P. A., & El Sawy, O. A. E. (2006). From IT leveraging competence to competitive advantage in turbulent environments: The case of new product development. *Information Systems Research, 17* (3), 198-227.

Pavlou, P. A., & EI Sawy, O. A. E. (2010). The "third hand" : IT-enabled competitive advantage in turbulence through improvisational capabilities. *Information Systems Research, 21* (3), 443-471.

Peng, D. X., & Lai, F. (2012). Using partial least squares in operations management research: A practical guideline and summary of past research. *Journal of Operations Management, 30* (6), 467-480.

Peng, X. B., Liu, Y. L., Jiao, Q. Q., Feng, X. Bin, & Zheng, B. (2020). The nonlinear effect of effectuation and causation on new venture performance: The moderating effect of environmental uncertainty. *Journal of Business Research, 117,* 112-123.

Penrose, E. T. (1959). *The Theory of the Growth of the Firm*. Wiley.

Peteraf, M. A. (1993). The cornerstones of competitive advantage: A resource-based view. *Strategic Management Journal, 14* (3), 179-191.

Peteraf, M. A., & Barney, J. B. (2003). Unraveling the resource-based tangle. *Managerial and Decision Economics, 24* (4), 309-323.

Pinsonneault, A., & Kraemer, K. L. (1993). Survey research methodology in management information systems: An assessment. *Journal of Management Information Systems, 10* (2), 75-105.

Podsakoff, P. M., MacKenzie, S. B., Lee, J. Y., & Podsakoff, N. P. (2003). Common method biases in behavioral research: A critical review of the literature and recommended remedies. *Journal of Applied Psychology, 88* (5), 879-903.

Porter, M. E. (1980). *Competitive Strategy*. Free Press.

Porter, M. E. (1985). *Competitive Advantage: Creating and Sustaining Superior Performance*. Free Press.

Powell, T. C., & Dent-Micallef, A. (1997). Information technology as competitive advantage: the role of human, business, and technology resources. *Strategic Management Journal, 18* (5), 375-405.

Prahalad, C. K. (2009). In volatile times, agility rules. *Business Week,* 80.

Prahalad, C. K., & Krishnan, M. S. (2002). The dynamic synchronization of strategy and information technology. *Sloan Management Review, 43* (4), 24-33.

Prawesh, S., Chari, K., & Agrawal, M. (2021). Industry norms as predictors of IT outsourcing behaviors. *International Journal of Information Management, 56*, 102242.

Qi, C., & Chau, P. Y. k. (2013). Investigating the roles of interpersonal and interorganizational trust in IT outsourcing success. *Information Technology & People, 26* (2), 120-145.

Queiroz, M. (2017). Mixed results in strategic IT alignment research: A synthesis and empirical study. *European Journal of Information Systems, 26* (1), 21-36.

Raghunathan, S. (1999). Impact of information quality and decision-maker quality on decision quality: A theoretical model and simulation analysis. *Decision Support Systems, 26* (4), 275-286.

Raisch, S., Birkinshaw, J., Probst, G., & Tushman, M. L. (2009). Organizational ambidexterity: Balancing exploitation and exploration for sustained performance. *Organization Science, 20* (4), 685-695.

Ramaswami, S. N., Srivastava, R. K., & Bhargava, M. (2009). Market-based capabilities and financial performance of firms: Insights into marketing's contribution to firm value. *Journal of the Academy of Marketing Science, 37* (2), 97-116.

Ramaswamy, Satya. (2013). *What the companies winning at big data do differently.* Harvard Business Review.

Ramaswamy, Sridhar, & DeClerck, N. (2018). Customer perception analysis using deep learning and NLP. *Procedia Computer Science, 140*, 170-178.

Rancic Moogk, D. (2012). Minimum viable product and the importance of experimentation in technology startups. *Technology Innovation Management Review, 2* (3), 23-26.

Randhawa, K., Wilden, R., & Gudergan, S. (2021). How to innovate toward an ambidextrous business model? The role of dynamic capabilities and market orientation. *Journal of Business Research, 130*, 618-634.

Ravichandran, T. (2018). Exploring the relationships between IT competence, innovation capacity and organizational agility. *Journal of Strategic Information Systems, 27* (1), 22-42.

Ray, G., Muhanna, W. A., & Barney, J. B. (2005). Information technology and the performance of the customer service process: A resource-based analysis. *MIS Quarterly, 29* (4), 625-652.

Read, S., Dew, N., Sarasvathy, S. D., Song, M., & Wiltbank, R. (2009). Marketing under uncertainty: The logic of an effectual approach. *Journal of Marketing, 73* (3), 1-18.

Read, S., Sarasvathy, S. D., Dew, N., & Wiltbank, R. (2016). Response to Arend, Sarooghi, and Burkemper (2015): Cocreating effectual entrepreneurship research. *The Academy of Management Review, 41* (3), 528-536.

Reich, B. H., & Benbasat, I. (2000). Factors that influence the social dimension of alignment between business and information technology objectives. *MIS Quarterly, 24* (1), 81-113.

Renko, M., Carsrud, A., & Brännback, M. (2009). The effect of a market orientation, entrepreneurial orientation, and technological capability on innovativeness: A study of young biotechnology ventures in the United States and in Scandinavia. *Journal of Small Business Management, 47* (3), 331-369.

Reymen, I., Berends, H., Oudehand, R., & Stultiëns, R. (2017). Decision making for business model development: a process study of effectuation and causation in new technology-based ventures. *R and D Management, 47* (4), 595-606.

Reymen, I. M. M. J., Andries, P., Berends, H., Mauer, R., Stephan, U., & van Burg, E. (2015). Understanding dynamics of strategic decision making in venture creation: a process study of effectuation and causation. *Strategic Entrepreneurship Journal, 9* (4), 351-379.

Rezazade Mehrizi, M. H., & Lashkarbolouki, M. (2016). Unlearning troubled business models: From realization to marginalization. *Long Range Planning, 49* (3), 298-323.

Rhee, M., & Kim, T. (2015). Great vessels take a long time to mature: Early success traps and competences in exploitation and exploration. *Organization Science, 26* (1), 180-197.

Rialti, R., Zollo, L., Ferraris, A., & Alon, I. (2019). Big data analytics capabilities and performance: Evidence from a moderated multi-mediation model. *Technological Forecasting and Social Change, 149*, 119781.

Ringle, C. M., Sarstedt, M., & Straub, D. W. (2012). Editor's comments: A critical look at the use of PLS-SEM in "MIS quarterly." *MIS Quarterly, 36* (1), 3-14.

Ritter, T., & Pedersen, C. L. (2020). Digitization capability and the digitalization of business models in business-to-business firms: Past, present, and future. *Industrial Marketing Management, 86*, 180-190.

Roberts, N., & Grover, V. (2012). Leveraging information technology infrastructure to facilitate a firm's customer agility and competitive activity: An empirical investigation. *Journal of Management Information Systems, 28* (4), 231-270.

Rosemann, M., & Vessey, I. (2008). Toward improving the relevance of information systems research to practice: The role of applicability checks. *MIS Quarterly, 32* (1), 7-22.

Ross, J. W. (2003). Creating a strategic IT architecture competency: Learning in stages. *MIS Quarterly Executive, 2* (1), 31-43.

Ross, J. W., Beath, C. M., & Goodhue, D. L. (1996). Developing long-term competitiveness through IT assets. *Sloan Management Review*, 38 (1), 31-42.

Ross, J. W., Beath, C. M., & Quaadgras, A. (2013). You may not need big data after all.

Harvard Business Review, 91 (12), 90-98.

Ross, J. W., & Beath, C. M. (2006). Sustainable IT outsourcing success: Let enterprise architecture be your guide. *MIS Quarterly Executive, 5* (4), 181-192.

Ross, J. W., Beath, C. M., & Sebastian, I. M. (2017). How to develop a great digital strategy. *MIT Sloan Management Review, 58* (2), 6-9.

Roy, S., & Sivakumar, K. (2011). Managing intellectual property in global outsourcing for innovation generation. *Journal of Product Innovation Management, 28* (1), 48-62.

Rumelt, R. P. (1984). Towards a strategic theory of the firm. In R. B. Lamb (Ed.), *Competitive Strategic Management* (pp. 556-570). Prentice Hall.

Ryu, H. S., & Lee, J. N. (2018). Understanding the role of technology in service innovation: Comparison of three theoretical perspectives. *Information and Management, 55* (3), 294-307.

Sabherwal, R., Sabherwal, S., Havakhor, T., & Steelman, Z. (2019). How does strategic alignment affect firm performance? The roles of information technology investment and environmental uncertainty1. *MIS Quarterly, 43* (2), 453-474.

Safari, M. R., & Jiang, Q. (2018). The theory and practice of IT governance maturity and strategies alignment: Evidence from banking industry. *Journal of Global Information Management, 26* (2), 127-146.

Saini, A., & Johnson, J. L. (2005). Organizational capabilities in e-commerce: An empirical investigation of e-brokerage service providers. *Journal of the Academy of Marketing Science, 33* (3), 360-375.

Salonen, A., & Jaakkola, E. (2015). Firm boundary decisions in solution business: Examining internal vs. external resource integration. *Industrial Marketing Management, 51*, 171-183.

Salunke, S., Weerawardena, J., & McColl-Kennedy, J. R. (2011). Towards a model of dynamic capabilities in innovation-based competitive strategy: Insights from project-oriented service firms. *Industrial Marketing Management, 40* (8), 1251-1263.

Sambamurthy, V., Bharadwaj, A., & Grover, V. (2003). Shaping agility through digital options: Reconceptualizing the role of information technology in contemporary firms. *MIS Quarterly, 27* (2), 237-263.

Sanders, N. R. (2008). Pattern of information technology use: The impact on buyer-suppler coordination and performance. *Journal of Operations Management, 26* (3), 349-367.

Santhanam, & Hartono. (2003). Issues in linking information technology capability to firm performance. *MIS Quarterly, 27* (1), 125.

Santoro, G., Fiano, F., Bertoldi, B., & Ciampi, F. (2019). Big data for business management in the retail industry. *Management Decision, 57* (8), 1980-1992.

Santos, B. Dos, & Sussman, L. (2000). Improving the return on IT invesment: The productivity paradox. *International Journal of Information Management, 20* (6), 429-440.

Sarasvathy, S. D. (2001). Causation and effectuation : Toward a theoretical shift from economic inevitability to entrepreneurial contingency. *Academy of Management Review, 26* (2), 243-263.

Sarasvathy, S. D. (2008). *Effectuation: Elements of Entrepreneurial Expertise.* Edward Elgar.

Sarasvathy, S. D., & Dew, N. (2005). New market creation through transformation. *Journal of Evolutionary Economics, 15* (5), 533-565.

Sarstedt, M., Hair, J. F., Ringle, C. M., Thiele, K. O., & Gudergan, S. P. (2016). Estimation issues with PLS and CBSEM: Where the bias lies! *Journal of Business Research, 69* (10), 3998-4010.

Saunila, M., & Ukko, J. (2012). A conceptual framework for the measurement of innovation capability and its effects. *Baltic Journal of Management, 7* (4), 355-375.

Schaeffer, S. E., & Sanchez, S. V. R. (2020). Forecasting client retention - A machine-learning approach. *Journal of Retailing and Consumer Services, 52,* 101918.

Schein, E. H. (1985). *Organizational culture and leadership.* John Wiley & Sons.

Schlosser, F., Beimborn, D., Weitzel, T., & Wagner, H. T. (2015). Achieving social alignment between business and IT - An empirical evaluation of the efficacy of IT governance mechanisms. *Journal of Information Technology, 30* (2), 119-135.

Schneider, S., & Sunyaev, A. (2016). Determinant factors of cloud-sourcing decisions: Reflecting on the IT outsourcing literature in the era of cloud computing. *Journal of Information Technology, 31* (1), 1 -31.

Schroeck, M., Shockley, R., Smart, J., Romero-Morales, D., & Tufano, P. P. (2012). Analytics : The real-world use of big data. *IBM Global Business Services,* 1-15.

Schwab, K., & Zahidi, S. (2020). *The global competitiveness report.*

Seddon, P. B., Constantinidis, D., Tamm, T., & Dod, H. (2017). How does business analytics contribute to business value?. *Information Systems Journal,* 27 (3), 237-269.

Sen, S., Kotlarsky, J., & Budhwar, P. (2020). Extending organizational boundaries through outsourcing: Toward a dynamic risk-management capability framework. *Academy of Management Perspectives, 34* (1), 97-113.

Setia, P., Venkatesh, V., & Joglekar, S. (2013). Leveraging digital technologies: How information quality leads to localized capabilities and customer service performance. *MIS Quarterly, 37* (2), 565-590.

Shamim, S., Zeng, J., Khan, Z., & Zia, N. U. (2020). Big data analytics capability and decision making performance in emerging market firms: The role of contractual and relational governance mechanisms. *Technological Forecasting and Social Change, 161*, 120315.

Shankar, V., & Parsana, S. (2022). An overview and empirical comparison of natural language processing (NLP) models and an introduction to and empirical application of autoencoder models in marketing. *Journal of the Academy of Marketing Science, 50* (6), 1324-1350.

Shannon, C. E., & Weaver, W. (1949). *The Mathmatical Theory of Communication*. University of Illinois Press.

Shen, J., & Benson, J. (2016). When CSR Is a Social Norm: How Socially Responsible Human Resource Management Affects Employee Work Behavior. *Journal of Management, 42* (6), 1723-1746.

Sheth, J. (2020). Impact of Covid-19 on consumer behavior: Will the old habits return or die? *Journal of Business Research, 117*, 280-283.

Shirazi, F., & Mohammadi, M. (2019). A big data analytics model for customer churn prediction in the retiree segment. *International Journal of Information Management, 48*, 238-253.

Shirokova, G., Morris, M. H., Laskovaia, A., & Micelotta, E. (2021). Effectuation and causation, firm performance, and the impact of institutions: A multi-country moderation analysis. *Journal of Business Research, 129*, 169-182.

Sia, S. K., Koh, C., & Tan, C. X. (2008). Strategic maneuvers for outsourcing flexibility: An empirical assessment. *Decision Sciences, 39* (3), 407-443.

Sitoh, M. K., Pan, S. L., & Yu, C. Y. (2014). Business models and tactics in new product creation: The interplay of effectuation and causation processes. *IEEE Transactions on Engineering Management, 61* (2), 213-224.

Slater, S. F., & Narver, J. C. (1993). Product-market strategy and performance: An analysis of the Miles and Snow strategy types. *European Journal of Marketing, 27*(10), 33-51.

Slater, S. F., & Narver, J. C. (1994). Does competitive environment moderate the market orientation-performance relationship? *Journal of Marketing, 58* (1), 46-55.

Slater, S. F., & Narver, J. C. (1995). Market orientation and the learning organization. *Journal of Marketing, 59* (3), 63-74.

Slater, S. F., & Narver, J. C. (1998). Customer-led and market-oriented: let's not confuse the two. *Strategic Management Journal, 19* (10), 1001-1006.

Slater, S. F., & Narver, J. C. (1999). Market-oriented is more than being customer-led. *Strategic Management Journal, 20* (12), 1165-1168.

Smolka, K. M., Verheul, I., Burmeister-Lamp, K., & Heugens, P. P. (2018). Get it together! Synergistic effects of causal and effectual decision-making logics on venture performance. *Entrepreneurship: Theory and Practice, 42* (4), 571–604.

Snow, C. C., & Hrebiniak, L. G. (1980). Strategy, distinctive competence, and organizational performance. *Administrative Science Quarterly, 25* (2), 317–336.

Snow, C. P. (1959). *The Two Cultures*. Cambridge University Press.

Søderberg, A. M., Krishna, S., & Bjørn, P. (2013). Global software development: Commitment, trust and cultural sensitivity in strategic partnerships. *Journal of International Management, 19* (4), 347–361.

Sok, P., & O'Cass, A. (2013). Examining the new product innovation - performance relationship: Optimizing the role of individual-level creativity and attention-to-detail. *Industrial Marketing Management, 47*, 156–165.

Song, J., Xia, S., Vrontis, D., Sukumar, A., Liao, B., Li, Q., Tian, K., & Yao, N. (2022). The source of SMEs' competitive performance in COVID-19: Matching big data analytics capability to business models. *Information Systems Frontiers, 24* (4), 1167–1187.

Sorescu, A. (2017). Data-driven business model innovation. *Journal of Product Innovation Management, 34* (5), 691–696.

Sorescu, A., Frambach, R. T., Singh, J., Rangaswamy, A., & Bridges, C. (2011). Innovations in retail business models. *Journal of Retailing, 87* (1), 3–16.

Srinivasan, U., & Arunasalam, B. (2013). Leveraging big data analytics to reduce healthcare costs. *IT Professional, 15* (6), 21–28.

Srite, M., & Karahanna, E. (2006). The role of espoused national cultural values in technology acceptance. *MIS Quarterly, 30* (3), 679–704.

Srivastava, R. K., Shervani, T. A., & Fahey, L. (1998). Market-based assets and shareholder value: A framework for analysis. *Journal of Marketing, 62* (1), 2–18.

Stalk, G., Evans, P., & Shulman, L. E. (1992). Competing on capabilities: The new rules of corporate strategy. *Harvard Business Review, 70* (2), 54–66.

Starbuck, W. H., & Milliken, F. J. (1988). Executives' perceptual filters: What they notice and how they make sense. In D. C. Hambrick & G. L. Brandon (Eds.), *Executive Effect: Concepts and Methods for Studying Top Managers* (pp. 35–65). JAI Press.

Statista (2023). IT outsourcing - Worldwide. https://www.statista.com/outlook/tmo/it-services/it-outsourcing/worldwide (2023年8月1日アクセス).

Steelman, Z. R., Havakhor, T., Sabherwal, R., & Sabherwal, S. (2019). Performance consequences of information technology investments: Implications of emphasizing new or current information technologies. *Information Systems Research, 30* (1), 204–218.

Storbacka, K., & Nenonen, S. (2015). Learning with the market: Facilitating market innovation. *Industrial Marketing Management, 44*, 73–82.

Stringham, E. P., Miller, J. K., & Clark, J. R. (2015). Overcoming barriers to entry in an established industry: Tesla motors. *California Management Review, 57* (4), 85–103.

Su, N., Levina, N., & Ross, J. W. (2016). The long-tail strategy for IT outsourcing. *MIT Sloan Management Review, 57* (2), 81-89.

Su, X., Zeng, W., Zheng, M., Jiang, X., Lin, W., & Xu, A. (2022). Big data analytics capabilities and organizational performance: the mediating effect of dual innovations. *European Journal of Innovation Management, 25* (4), 1142-1160.

Suarez, F. F., & Lanzolla, G. (2007). The role of environmental dynamics in building a first-mover advantage theory. *Academy of Management Review, 32* (2), 377-392.

Subramani. (2004). How do suppliers benefit from information technology use in supply chain relationships? *MIS Quarterly, 28* (1), 45-73.

Sumo, R., van der Valk, W., Duysters, G., & van Weele, A. (2016). Using performance-based contracts to foster innovation in outsourced service delivery. *Industrial Marketing Management, 59,* 12-24.

Sun, B., & Liu, Y. (2020). Business model designs, big data analytics capabilities and new product development performance: evidence from China. *European Journal of Innovation Management, 24* (4), 1162-1183.

Susarla, A., & Mukhopadhyay, T. (2019). Can outsourcing of information technology foster innovations in client organizations? An empirical analysis. *MIS Quarterly, 43* (3), 929-949.

Susarla, A., Subramanyam, R., & Karhade, P. (2010). Contractual provisions to mitigate holdup: Evidence from information technology outsourcing. *Information Systems Research, 21* (1), 37-55.

Swafford, P. M., Ghosh, S., & Murthy, N. (2008). Achieving supply chain agility through IT integration and flexibility. *International Journal of Production Economics, 116* (2), 288-297.

Swanson, E. B., & Ramiller, N. C. (2004). Innovating mindfully with information technology. *MIS Quarterly, 28* (4), 553-583.

Szajna, B. (1996). Empirical evaluation of the revised technology acceptance model. *Management Science, 42* (1), 85-92.

Tallon, P. P. (2007). A process-oriented perspective on the alignment of information technology and business strategy. *Journal of Management Information Systems, 24* (3), 227-268.

Tallon, P. P., & Pinsonneault, A. (2011). Competing perspectives on the link between strategic information technology alignment and organizational agility: Insights from a mediation model. *MIS Quarterly, 35* (2), 463-486.

Tallon, P. P., Ramirez, R. V., & Short, J. E. (2013). The information artifact in IT governance: Toward a theory of information governance. *Journal of Management Information Systems, 30* (3), 141-178.

Tambe, P. (2014). Big data investment, skills, and firm value. *Management Science, 60* (6), 1452-1469.

Tan, C., & Sia, S. (2006). Managing flexibility in outsourcing. *Journal of the Association for Information Systems, 7* (4), 179-206.

Tan, K. H., Zhan, Y. Z., Ji, G., Ye, F., & Chang, C. (2015). Harvesting big data to enhance supply chain innovation capabilities: An analytic infrastructure based on deduction graph. *International Journal of Production Economics, 165*, 223-233.

Teece, D. J. (2007). Explicating dynamic capabilities: the nature and microfoundations of (sustainable) enterprise performance. *Strategic Management Journal, 28* (13), 1319-1350.

Teece, D. J., & Linden, G. (2017). Business models, value capture, and the digital enterprise. *Journal of Organization Design, 6* (8).

Teece, D. J., Pisano, G., & Shuen, A. (1997). Dynamic capabilities and strategic management. *Strategic Management Journal, 18* (7), 509-533.

Teece, D., Peteraf, M., & Leih, S. (2016). Dynamic capabilities and organizational agility: Risk, uncertainty, and strategy in the innovation economy. *California Management Review, 58* (4), 13-35.

Tiefenbacher, K., & Olbrich, S. (2015). Increasing the level of customer orientation - A big data case study from insurance industry. *ECIS 2015 Research-in-Progress Papers*, 1-10.

Timoshenko, A., & Hauser, J. R. (2019). Identifying customer needs from user-generated content. *Marketing Science, 38* (1), 1 -20.

Tippins, M. J., & Sohi, R. S. (2003). IT competency and firm performance: Is organizational learning a missing link? *Strategic Management Journal, 24* (8), 745-761.

Tiwana, A., & Kim, S. K. (2016). Concurrent IT sourcing: Mechanisms and contingent advantages. *Journal of Management Information Systems, 33* (1), 101-138.

Trantopoulos, K., von Krogh, G., Wallin, M. W., & Woerter, M. (2017). External Knowledge and Information Technology: Implications for Process Innovation Performance. *MIS Quarterly, 41* (1), 287-300.

Tueanrat, Y., Papagiannidis, S., & Alamanos, E. (2021). A conceptual framework of the antecedents of customer journey satisfaction in omnichannel retailing. *Journal of Retailing and Consumer Services, 61*, 102550.

Ulrich, D., & Smallwood, N. (2004). Capitalizing on capabilities. *Harvard Business Review, 82* (6), 119-127.

Upadhyay, P., & Kumar, A. (2020). The intermediating role of organizational culture and internal analytical knowledge between the capability of big data analytics and a firm's performance. *International Journal of Information Management, 52*, 102100.

van Raaij, E. M., & Stoelhorst, J. W. (2008). The implementation of a market orientation: A review and integration of the contributions to date. *European Journal of Marketing, 42* (11/12), 1265-1293.

Velu, C. (2017). A systems perspective on business model evolution: The case of an agricultural information service provider in India. *Long Range Planning, 50* (5), 603-620.

Venkatesh, V., Aloysius, J. A., & Burton, S. (2017). Design and evaluation of auto-ID enabled shopping assistance artifacts in customers' mobile phones: Two retail store laboratory experiments. *MIS Quarterly, 41* (1), 83-113.

Venkatesh, V., & Davis, F. D. (2000). A theoretical extension of the technology acceptance model: Four longitudinal studies. *Management Science, 46* (2), 186-205.

Venkatesh, V., Morris, M. G., Davis, G. B., & Davis, F. D. (2003). User acceptance of information technology: Toward a unified view. *MIS Quarterly, 27* (3), 425-478.

Verhoef, P. C., Broekhuizen, T., Bart, Y., Bhattacharya, A., Qi Dong, J., Fabian, N., & Haenlein, M. (2021). Digital transformation: A multidisciplinary reflection and research agenda. *Journal of Business Research, 122*, 889-901.

Verhoef, P. C., Kooge, E., & Walk, N. (2016). *Creating value with big data analytics*. Routledge.

Vermeulen, F., & Barkema, H. (2001). Learning through acquisitions. *Academy of Management Journal, 44* (3), 457-476.

Vidal, E., & Mitchell, W. (2013). When do first entrants become first survivors? *Long Range Planning, 46* (4-5), 335-347.

Vidgen, R., Shaw, S., & Grant, D. B. (2017). Management challenges in creating value from business analytics. *European Journal of Operational Research, 261* (2), 626-639.

Virtana (2021). State of hybrid cloud and migration: Febrary 2021. https://www.virtana.com/state-of-hybrid-cloud-research-report-feb-2021/ (2023年9月1日アクセス).

von Hippel, E. (1994). "Sticky Information" and the Locus of Problem Solving: Implications for Innovation. *Management Science, 40* (4), 429-439.

Voola, R., & O'Cass, A. (2010). Implementing competitive strategies: The role of responsive and proactive market orientations. *European Journal of Marketing, 44* (1-2), 245-266.

Vorhies, D. W., & Morgan, N. A. (2005). Benchmarking marketing capabilities for sustainable. *Journal of Marketing, 69* (1), 80-94.

Vorhies, D. W., Morgan, R. E., & Autry, C. W. (2009). Product-market strategy and the marketing capabilities of the firm: impact on market effectiveness and cash flow performance. *Strategic Management Journal, 30* (12), 1310-1334.

Vorhies, D. W., Orr, L. M., & Bush, V. D. (2011). Improving customer-focused marketing capabilities and firm financial performance via marketing exploration and exploitation. *Journal of the Academy of Marketing Science, 39* (5), 736-756.

Wamba, Samuel Foss, Akter, S., Edwards, A., Chopin, G., & Gnanzou, D. (2015). How 'big data' can make big impact: Findings from a systematic review and a longitudinal case study. *International Journal of Production Economics, 165*, 234-246.

Wamba, Samuel Fosso, Gunasekaran, A., Akter, S., Ren, S. J., Dubey, R., & Childe, S. J. (2017). Big data analytics and firm performance: Effects of dynamic capabilities. *Journal of Business Research, 70*, 356-365.

Wang, C. L., Senaratne, C., & Rafiq, M. (2015). Success traps, dynamic capabilities and firm performance. *British Journal of Management, 26* (1), 26-44.

Wang, G., & Miao, C. F. (2015). Effects of sales force market orientation on creativity, innovation implementation, and sales performance. *Journal of Business Research, 68* (11), 2374-2382.

Wang, M. M., & Wang, J. J. (2019). How vendor capabilities impact IT outsourcing performance: An investigation of moderated mediation model. *Journal of Enterprise Information Management, 32* (2), 325-344.

Wang, T., Lin, X., & Sheng, F. (2022). Digital leadership and exploratory innovation: From the dual perspectives of strategic orientation and organizational culture. *Frontiers in Psychology, 13*, 1 -20.

Wang, Yejing, Zhang, H., & Song, M. (2020). Pure or ambidextrous strategy? A study of responsive and proactive market orientations in industrial firms. *Journal of Business and Industrial Marketing, 35* (6), 1001-1010.

Wang, Yichuan, & Hajli, N. (2017). Exploring the path to big data analytics success in healthcare. *Journal of Business Research, 70*, 287-299.

Wang, Yichuan, Kung, L. A., Wang, W. Y. C., & Cegielski, C. G. (2018). An integrated big data analytics-enabled transformation model: Application to health care. *Information and Management, 55* (1), 64-79. https://doi.org/10.1016/j.im.2017.04.001

Warner, K. S. R., & Wäger, M. (2019). Building dynamic capabilities for digital transformation: An ongoing process of strategic renewal. *Long Range Planning, 52* (3), 326-349.

Weick, K. E. (1984). Small wins: Redefining the scale of social problems. *American Psychologist, 39* (1), 40-49.

Weigelt, C. (2009). The impact of outsourcing new technologies on integrative capabilities and performance. *Strategic Management Journal, 30* (6), 595-616.

Weigelt, C. (2013). Leveraging supplier capabilities: The role of locus of capability deployment. *Strategic Management Journal, 34*（1）, 1-21.

Weigelt, C., & Sarkar, M.（2012）. Performance implications of outsourcing for technological innovations: managing the efficiency and adaptability trade-off. *Strategic Management Journal, 33*（2）, 189-216.

Weill, P., & Ross, J. W.（2004）. *IT governance: How top performers manage IT decision rights for superior results.* Harvard Business School Press.

Weill, P., & Ross, J. W.（2005）. A matrixed approach to designing IT governance. *MIT Sloan Management Review, 46*（2）, 26-34.

Weill, P., Subramani, M., & Broadbent, M.（2002）. IT Infrastructure for Strategic Agility. *SSRN Electronic Journal.*

Werder, K., & Richter, J.（2022）. A meta-analysis on the effects of IT capability toward agility and performance: New directions for information systems research. *PLoS ONE, 17*（10）, 1-23.

Wernerfelt, B.（1984）. A resource-based view of the firm. *Strategic Management Journal, 5*（2）, 171-180.

Wetzels, M., Odekerken-Schröder, G., & van Oppen, C.（2009）. Using PLS Path modeling for assessing hierarchical construct models: Guidelines and empirical illustration. *MIS Quarterly, 33*（1）, 177.

Weyer, S., Schmitt, M., Ohmer, M., & Gorecky, D.（2015）. Towards industry 4.0 - Standardization as the crucial challenge for highly modular, multi-vendor production systems. *IFAC-PapersOnLine, 28*（3）, 579-584.

Whang, S.（1992）. Contracting for software development. *Management Science, 38*（3）, 307-324.

Wilden, R., Gudergan, S., & Lings, I.（2019）. The interplay and growth implications of dynamic capabilities and market orientation. *Industrial Marketing Management, 83,* 21-30.

Wilden, R., & Gudergan, S. P.（2015）. The impact of dynamic capabilities on operational marketing and technological capabilities: investigating the role of environmental turbulence. *Journal of the Academy of Marketing Science, 43*（2）, 181-199.

Wilke, J. R.（1992）. Supercomputers manage holiday stock. *Wall Street Journal,* December 23.

Winter, S. G.（2003）. Understanding dynamic capabilities. *Strategic Management Journal, 24*（10 SPEC ISS.）, 991-995.

Wixom, B. H., & Todd, P. A.（2005）. A theoretical integration of user satisfaction and technology acceptance. *Information Systems Research, 16*（1）, 85-102.

Wright, P. M., & Boswell, W. R.（2002）. Desegregating HRM: A review and synthesis of micro and macro human resource management research. *Journal of Management, 28*

(3), 247-276.
Wu, C.-H., Liu, J., Kwan, H. K., & Lee, C. (2016). Why and when workplace ostracism inhibits organizational citizenship behaviors: An organizational identification perspective. *Journal of Applied Psychology, 101* (3), 362-378.
Wu, K., Zhao, Y., Zhu, Q., Tan, X., & Zheng, H. (2011). A meta-analysis of the impact of trust on technology acceptance model: Investigation of moderating influence of subject and context type. *International Journal of Information Management, 31* (6), 572-581.
Wu, L., Dodoo, N. A., Wen, T. J., & Ke, L. (2022). Understanding Twitter conversations about artificial intelligence in advertising based on natural language processing. *International Journal of Advertising, 41* (4), 685-702.
Wu, L., Liu, H., & Su, K. (2020). Exploring the dual effect of effectuation on new product development speed and quality. *Journal of Business Research, 106* (135), 82-93.
Xiao, Xin, Fang, C., Lin, H., & Chen, J. (2022). A framework for quantitative analysis and differentiated marketing of tourism destination image based on visual content of photos. *Tourism Management, 93*, 104585.
Xiao, Xiaohong, Tian, Q., & Mao, H. (2020). How the interaction of big data analytics capabilities and digital platform capabilities affects service innovation: A dynamic capabilities view. *IEEE Access, 8*, 18778-18796.
Xie, C., Xu, X., Gong, Y., & Xiong, J. (2022). Big data analytics capability and business alignment for organizational agility. *Journal of Global Information Management, 30* (1), 1-27.
Xu, Y., & Koivumäki, T. (2019). Digital business model effectuation: An agile approach. *Computers in Human Behavior, 95* (October 2018), 307-314.
Yasmin, M., Tatoglu, E., Kilic, H. S., Zaim, S., & Delen, D. (2020). Big data analytics capabilities and firm performance: An integrated MCDM approach. *Journal of Business Research, 114* (February), 1-15.
Yi, J., & Oh, Y. K. (2022). The informational value of multi-attribute online consumer reviews: A text mining approach. *Journal of Retailing and Consumer Services, 65*, 102519.
Yi, S., Knudsen, T., & Becker, M. C. (2016). Inertia in routines: A Hidden source of organizational variation. *Organization Science, 27* (3), 782-800.
Yu, W., Liu, Q., Zhao, G., & Song, Y. (2021). Exploring the effects of data-driven hospital operations on operational performance from the resource orchestration theory perspective. *IEEE Transactions on Engineering Management*, 1-13.
Yu, X., Tao, Y., Tao, X., Xia, F., & Li, Y. (2018). Managing uncertainty in emerging economies: The interaction effects between causation and effectuation on firm performance. *Technological Forecasting and Social Change, 135*, 121-131.

Zhang, D., Mishra, S., Brynjolfsson, E., Etchemendy, J., Ganguli, D., Grosz, B., Lyons, T., Manyika, J., Niebles, J. C., Sellitto, M., Shoham, Y., Clark, J., & Perrault, R. (2021). *AI Index 2021 Annual Report.*

Zhang, J., & Duan, Y. (2010). The impact of different types of market orientation on product innovation performance: Evidence from Chinese manufacturers. *Management Decision, 48* (6), 849-867.

Zhang, Y., Li, Z., Sha, Y., & Yang, K. (2023). The impact of decision-making styles (effectuation logic and causation logic) on firm performance: a meta-analysis. *Journal of Business and Industrial Marketing, 38* (1), 85-101.

Zheng, L. J., Zhang, J. Z., Wang, H., & Hong, J. F. L. (2022). Exploring the impact of big data analytics capabilities on the dual nature of innovative activities in MSMEs: A data-agility-innovation perspective. *Annals of Operations Research.*

Zheng, Q., & Ding, Q. (2022). Exploration of consumer preference based on deep learning neural network model in the immersive marketing environment. *PLoS ONE, 17* (5), 1-14.

Zheng, W., Yang, B., & McLean, G. N. (2010). Linking organizational culture, structure, strategy, and organizational effectiveness: Mediating role of knowledge management. *Journal of Business Research, 63* (7), 763-771.

Zhou, J., Bi, G., Liu, H., Fang, Y., & Hua, Z. (2018). Understanding employee competence, operational IS alignment, and organizational agility - An ambidexterity perspective. *Information and Management, 55* (6), 695-708.

Zhu, K., Kraemer, K. L., & Xu, S. (2006). The process of innovation assimilation by firms in different countries: A technology diffusion perspective on e-business. *Management Science*, 52 (10), 1557-1576.

Zhu, Z., & Nakata, C. (2007). Reexamining the link between customer orientation and business performance: The role of information systems. *Journal of Marketing Theory and Practice, 15* (3), 187-203.

Zollo, M., Reuer, J. J., & Singh, H. (2002). Interorganizational routines and performance in strategic alliances. *Organization Science, 13* (6), 701-713.

Zollo, M., & Winter, S. G. (2002). Deliberate learning and the evolution of dynamic capabilities. *Organization Science, 13* (3), 339-351.

Zott, C., & Amit, R. (2007). Business model design and the performance of entrepreneurial firms. *Organization Science, 18* (2), 181-199.

安藤妙子・後藤彩子：村田純・宮野公樹（2023）「納得の文系に説得の理系」サントリー文化財団・アステイオン編集委員会 編『連載企画 第三回：超えるのではなく辿る，二つの文化』98, 204-221。

一般社団法人・電子情報技術産業協会（2021）「IT トレンド調査報告書2021」。
川上智子（2005）「顧客志向の新製品開発」『マーケティングと技術のインターフェイス』有斐閣。
経済産業省（2018）「DX レポート～ IT システム「2025年の崖」の克服と DX の本格的な展開～」。
経済産業省（2017）「IT 関連産業の給与等に関する実態調査結果」。
経済産業省・みずほ情報総研株式会社（2021）「我が国における IT 人材の動向」。
国連（2019）*The 2019 revision of world population prospects.*
櫻井悟史・チャラン プラダン ゴウランガ・三谷宗一郎・宮野公樹（2022）「解く理系に問う文系」サントリー文化財団・アステイオン編集委員会 編『連載企画 第２回：超えるのではなく辿る，二つの文化』97, 196-211。
情報処理推進機構（2021）『DX 白書2021』。
総務省（2020）「令和２年度版情報通信白書」。
総務省（2021）「令和３年度版情報通信白書」。
総務省（2022）「令和４年度版情報通信白書」。
高嶋克義・桑原秀史（2008）『現代マーケティング論』有斐閣アルマ。
高嶋克義・南知恵子（2010）『生産財マーケティング』有斐閣。
高林龍・田村善之・前田健・酒井將行・山口和弘（2020）「イノベーション推進に役立つ特許の保護対象―ソフトウェア・AI・ビジネス方法―」『パテント』*73*（13）, 91-217。
独立行政法人情報処理推進機構社会基盤センター（2020）「IT 人材白書2020」。
中沢潔（2018）「米国におけるテック人材に関する動向」『JETRO 調査レポート2018年７月』。
山神清和（2019）「55 ビジネス関連発明［会計処理システム事件］」小泉直樹・田村善之編『別冊ジュリスト 特許判例百選（pp.112-113）』有斐閣。
吉原英樹（1988）『「バカな」と「なるほど」 経営成功のキメ手！』同文舘出版。

主要事項索引

ⓢ

タ

ナ

ハ

マ

ヤ

ラ

著者略歴

森村文一（もりむら・ふみかず）

神戸大学大学院経営学研究科准教授

2005年立命館大学経済学部卒業，2010年神戸大学大学院経営学研究科博士課程後期課程修了。博士（商学）。京都産業大学経営学部助教を経て，2014年より現職。

主要業績に“Information technology use in retail chains: Impact on the standardisation of pricing and promotion strategies and performance”（2018年，共著）や“The intermediating role of big data analytics capability between responsive and proactive market orientations and firm performance in the retail industry”（2023年，共著）（いずれも *Journal of Retailing and Consumer Services*）など。

ビッグデータ分析能力

ビッグデータ時代のマーケティング組織と意思決定メカニズム

2024年3月3日 初版第1刷発行

著　者　森村文一

発行者　千倉成示
発行所　株式会社 千倉書房
〒104-0031 東京都中央区京橋3丁目7番1号
電話 03-3528-6901（代表）
https://www.chikura.co.jp/

印刷・製本　精文堂印刷株式会社

ISBN 978-4-8051-1311-0 C3034